"四自教育"

培养学生核心素养策略探究

张行满 著

吉林人民出版社

图书在版编目（CIP）数据

"四自教育"：培养学生核心素养策略探究／张行
满著 . -- 长春：吉林人民出版社，2023.11

ISBN 978-7-206-20435-7

Ⅰ.①四… Ⅱ.①张… Ⅲ.①素质教育-教学研究-
小学 Ⅳ.①G622.0

中国国家版本馆 CIP 数据核字（2023）第 257649 号

"四自教育"：培养学生核心素养策略探究
"SIZI JIAOYU"：PEIYANG XUESHENG HEXIN SUYANG CELÜE TANJIU

著　　者：张行满
责任编辑：衣　兵　　　　　　　装帧设计：书香力扬
出版发行：吉林人民出版社（长春市人民大街 7548 号　邮政编码：130022）
印　　刷：长春市华远印务有限公司
开　　本：880mm×1230mm　1/32
印　　张：13.375　　　　　　　字　　数：311 千字
标准书号：ISBN 978-7-206-20435-7
版　　次：2024 年 2 月第 1 版　　　印　　次：2024 年 2 月第 1 次印刷
定　　价：68.00 元

"四自教育"序

　　初识张行满校长，那是 2017 年我在教育部校长培训中心兼职做专家期间，张行满校长上传的一篇《推行"四自教育"培养学生核心素养》的文章，引起了我的兴趣。由此，结下了与张校长的教育之缘。2018 年 4 月，我们校长培训中心专家组"现场诊断指导打磨"活动走进了张校长当时领导的凤鸣小学。通过"学校全面考察、校长专题汇报、校长团队质疑、学校材料查阅、学校师生访谈、学校师生问卷、专家主题讲座"等环节，比较全面地了解了凤鸣小学发展情况，对张校长、对该校又有了较全面的认识，尤其是对其正在推行的"四自教育"进行了务实的诊断和点评。

　　凤鸣小学坐落于国家级贫困县重庆市庆阳县凤鸣镇的一个小山村。其办学水平远出乎我所料——其校园之精美、办学历史之久远、办学定位之端正、教育理念之先进、教育实践之踏实、办学成效之喜人，着实让我吃惊不小。尤其是张校长正在推行的"四自教育"闪烁的教育智慧之光为山区小镇争辉不少。

"四自教育"：培养学生核心素养策略探究

　　张校长将自主教育理念落地为"四自教育"。他在执着的信念驱使下，坚定地走自主教育之路，深耕细作，躬力探索，距教育的本源愈行愈近，逐渐形成了自己稳定的教育主张和一套可操作的实践做法，其本人也随之快速成长。着实令人欣慰。我对专著的质量高度认可。既有丰富的理论内涵，又有科学的操作系统，还有师生的创新智慧。是可以解决核心素养落地、师生生命幸福成长的方法论。他的价值会在读者阅读与运用中得到充分的显现，他的影响会在教育与教学中变得持久而深远。

　　自主，最基本的含意就是自觉、主动。

　　自主性是人作为主体的根本属性。人和小鸟一样都不希望被困在笼子里，无论是躯体还是思想，都需要施展，需要释放，需要作为，需要成就。人生来就具有自主性。自主性是人性的灵光，它使人生命闪光，让人精力充沛，让人动力不绝；自主了，就有积极性，就有兴趣，就有热望，就不会懈怠；自主了，就有灵性，就有灵动，就有灵感；自主了，让人有责任感，让人有主人翁意识，让人释放潜能；自主了，让人光芒四射，让人生赋予鲜活的意义，让人生命增值。

　　自主教育是以学生作为主体的最根本的教育，是真正意义上的教育。自主教育最能调动学生的生命激情，激发潜能，启迪思维，放飞思想，涌动生命；自主教育是对学生生命的尊重，人格的尊重，因而能调动学生的情感，激发学生思维，是真正的以人为本；自主教育开启的是学生的自主性，通过学生自身的探索、求知经历，体验成功、挫折，从而不断的有所收获，有所成长。只有自觉、主动才能诱发内因，才能投入真正的认知过程。只有把人的自觉意识调动起来了，把生命的自觉因子调动起来了，才能开发生命的能量，才能思想活跃，思路清晰，思维缜密；才能思想有灵性，精力充沛，精气旺盛，精神饱满；才能毅力顽强，意志坚强，意识刚强；才能发现盲点，破解疑点，把握重点，攻克难点；才能心里明亮，眼睛铮亮，视野清亮；才能启迪天资，提高才智，愉悦心智；才能找到个体生命成长的密码，不断的有所突破，有所收获，真正的有所成长。

自主教育既是教育理念，又是教育策略、方法、手段、途径，还是育人实践、育人过程，更是育人成果。之于学生而言，首先是自主学习，它是学习者进入未知、获得新知的内在动力。自主学习启动了学生的自主意识，让学生产生了较高的自我心理期待，激发了兴趣，激活了潜力，唤醒了主动性，它使学习者精神亢奋、全身心投入、凝神其中。如此，学生的学习不再是一场心力交瘁的苦役，而是一场渴求知识、激情成长的生命历程。"四自教育"，不只是自主学习，更有让学生在一个自觉、主动的生命状态下，而进行的自我管理、自觉文明，从而达到自我发展。

"四自教育"不仅促进了新课程理念在一个全国贫困县的山区小学落地生根，更可喜的是，其已延伸到家庭，延伸到社会。由此，"四自教育"更有了生命张力和存在的价值。这正是一个教育思考者、一个教育实践者、一个教育追求者，不断的探寻教育规律，努力寻找教育的本源，在山区教育开出的希望之花。

"教育之强，强在平实；教育之道，道法自然"。"四自教育"依道而行，做法平实，落地有声。然，自主教育永远在路上，光明在前，任重而道远。

刘　静

2023 年 8 月 9 日于静微斋

前　言

我有几句凡人名言：教师这个职业是一个充满丰富色彩富于挑战的职业，因为他要塑造灵魂。教育是一门艺术，且是一门遗憾的艺术。教育如棋招招新，太教条也不行。教师应该有大格局，应该有家国情怀，应该有面向民族的未来培养人才的使命感。教育改革可以是一个人的思想，但绝不是一个人的功劳，是参与改革者共同的事业。培养学生核心素养是每一个教育人理所当然的职责和使命，推行素质教育是每一个教育人可以完成也应该完成的教育历史任务。

我想拥有一个自己的教育品牌，一个属于民族的教育品牌。这个品牌就是四自教育，即"自觉文明""自我管理""自主学习""自我发展"。它是一场教育革命，通过建构一套操作系统解决实践德育、练习道德、训练能力素质、培养核心素养的问题。

教育部"中国学生发展核心素养"课题组组长林崇德教授从素质教育改革的角度出发，提出了核心素养在教育改革中的重要功能，体现了以"学生发展"为核心的教育视角的变化。他表示，核心素养已逐渐成为一套有系统规则、具有实践操作经验的、完整的育人目标体系，而现阶段核心素养培养亟需解决的问题是如何切实地在学校落地。看到这一句话，我是心花怒放、洋洋自得，夜不能寐啊，没有想到自己多年以来研究的"四自教育"成了解决核心素养落地的最后一公里的问题—济良药。这是一种成就感，浅薄的夜郎自大式的。于是我用了一个暑假时间，对照我多年形成的"四自教育"到底培养了哪些核心素养，怎样培养这些素养，具体达到了什么效果，进行了深入思考，仔细梳理，让"四自教育"不仅仅只停留在操作层面，而是上升到理论的高度，感觉自己的研究更有了目标和意义，也有了动力和勇气。

当我经历了35年教育工作之后，我突然发现，教育的成败，教师不仅仅起主导作用，更多的时候是起了决定性作用。是我们可以把学校变成学生的自由乐园，也可以把学校变成学生的悲惨世界；是我们可以让学生如沐和煦春风、也可以让学生遭遇狂风暴雨；是我们可以让学生自信如天使，也可以让学生自卑如加西莫多；是我们可以用语言暴力让学生颜面无存、伤心不已、痛苦万分，也可以用语言让学生茅塞顿开、改弦易辙、悬崖勒马。

蓦然回首吓出一身冷汗。原来人们一提起教师职业，会由然而生"太阳底下最光辉的职业""人类灵魂的工程师"的敬意；一提起教师，理所当然的是"春蚕""蜡烛""园丁"的奉献；一提起师德，肃然起敬的是"德高为师、行为世范""捧着一颗心来，不带半根草去"的超然。所以教师要以德铸魂，德要配位。西汉戴圣的《礼记·文王世子》有这样一句话，"师也者，教之以事而喻诸德也"，意思就是说，但凡为师者，都要注重德才兼备，不仅要教授学生"谋事之才"，更传授学生"立事之德"。从孔子到孙中山都提倡师者修德，追求"师范端严，学明德尊"的境界。可以说，亘古至今，教师这个职业承载着人们的最高期待和近乎吹毛求疵的严苛要求。2014年5月4日，习近平总书记在北京大学师生座谈会上的讲话时强调：教师要时刻铭记教书育人的使命，甘当人梯，甘当铺路石，以人格魅力引导学生心灵，以学术造诣开启学生的智慧之门。

回想自己走过的路，我顶多算一个坐井观天的观察者，看教育那片天，一方面字面理解为目光短浅观察片面，如果从哲学的角度正面理解，那就是一个教育实践人从最为基层的最为独特的角度去观察教育；盲人摸象的思考者，想教育那点事，教育的思想多么宏大而浩瀚，我只是一个基础教育实践者，也只有那些片面想法了；浅尝辄止的实践者，做教育那个活，其实从来没有成为理论家的理想，也没有做出实践家的实绩，如果我能对教育研究得深入深刻了，那就成了专家了。到目前为止还是只能以一个实践者的身份慢慢地把自己所思所想的问题弄个子丑寅卯，所以只总结出了个一二三四"四自教育"，让复杂的问题简单化，让简单的操作解决困扰教育工作者周而复始低效教育的问题，解决教育终极目标的问题。

多年来我一直想写一本书，盘点自己的教育过往，总结自己的点滴智慧，看能不能用情怀体现人文性，唤醒教育人心中的良知；用故事体现趣味性，原来教育并非那么枯燥乏味；用方法体现操作性，让人觉得原来我也可以这样做。其实学生生命有着自己成长的密码，学生的素质有着自己训练的路径，那么教育也就有了一定的规律。虽然说教无定法，但可以有的是对教育的热爱和对真理追求的精神，有的是摆渡人的本心良知，有的是面向学生未来的朴素理想，有的是教育人在实践中创造出的智慧与方法。

我们平心而论，目前农村教育的现状与教育方针、与新的课程目标差距在哪里呢？我调研了120余所农村中小学，差距在开齐课程开足课时打折扣；差距在新的课程改革落实到课堂不理想；差距在培养学生创新精神和实践能力不够。责任不全在我们校长，当然也不全在我们的教师。中考、高考的机制彰显了分数的重要性，但我们不能抱怨，如果没有这个机制，和我一样一个牧羊少年怎能有一份相对体面的工作。这个机制是目前世界上最公平的机制，美国的高考制度，成绩一般的学生上大学要有议员的推荐信，哈佛大学富裕家庭的孩子是贫困家庭孩子的 23 倍，看看我们身边上清华、北大的孩子有几个是出身豪门，他们大多来自农村。目前这个机制正在优化，新的高考制度改革正在进入深水区。不能等到万事俱备的时候我们的教师才思考什么是教育，什么是素质教育，什么是生命教育，什么是人民满意的教育。

从我们当教师的那天起，就应该思考面向学生未来与发展教师应有的担当与作为。只要我们不把中高考的机制当成只唯分数再无其他作为的借口，那我们可以思索我们也可以面向学生未来必备的关键能力进行有益的尝试。如普林斯顿大学前校长约翰·希本博士说："教育，即为解决生活问题的能力。"希本的话给了我们教育的目标，"四自教育"就是来自一个曾经是农村村校教师一路走来的砣砣实践探索最为草根的智慧，被首届齐鲁名校长、首届山东省十大教育科研名校长、山东省科研创新校长、中国好校长特别奖、教育部远程培训专家刘静认为找到了学生教育管理的密码。

其实"四自教育"的推行，不是我一个人的功劳，他凝聚了我走过学校太多教师和行政人员的智慧和汗水。是他们让"四自教育"有了生命力，有了可以发挥神奇作用的实践。我只是那个点燃智慧火焰的人。其实我不希望他只是一种教育模式，希望的是通过他摇动、唤醒教师与学生与生俱来的智慧和潜力，训练、培养学生与时俱进的素质与素养。让我们的教师品味到教书育人的尊严与幸福感；让我们的学生享受到学校生活的丰富多彩。

目 录
contents

理论的源起

chapter

01

第一篇

第一章 "四自教育"的理论源起

第一节 素质教育理论源起与"四自教育"萌芽

要谈"四自教育"理论源起，就肯定绕不开素质教育，是素质教育让我一点一点地萌生了"四自教育"的育人理念。

回忆过往，我与素质教育共同成长。我上小学的时候，"文化大革命"刚结束，除语文、算术以外，还有体育、唱歌、画画、劳动。我们的老师多才多艺，琴棋书画样样会，当时提倡一专多能。特别是劳动上得很真实，我们每一个班都开荒种地，搬石头的时候我摔跤了，头破血流，老师把我领到卫生院上了药，药费还是父亲后来去结的，连一句抱怨的话也没有，还对老师及时送医表示感谢，所以印象深刻。收获的蔬菜瓜果、红薯、土豆，放入学校伙食团。同时我们还参加了修公路的劳动。记得四年级的那个冬天，我脚上生了冻疮，真的很疼啊，修路的时候，估计不是太卖力，所以那年因为劳动不积极未能评上三好学生。不过当时的劳动的确培养了我们坚强的意志和集体主义精神。

我国较早出现系统素质教育要求的可以追溯到《论语》《孟子》《礼记》等典籍。南宋理学家、教育家朱熹比较系统把这些儒家思想汇集起来，用学规的形式固定下来，形成较为完整的素质教育要求的是《白鹿洞书院揭示》。我们来看看内容：父子有亲，君臣有义，夫妇有别，长幼有序，朋友有信，右五教之目。尧、舜使契为司徒，敬敷五教，即此是也，学者学此而已，而其所以学之之序，亦有五焉。其别如左：博学之，审问之，慎思之，明辨之，笃行之。右为学之序。学、问、思、辨，四者所以穷理也。若夫笃行之事，则自修身以至于处事、接物，亦各有要，其别如左：言忠信，行笃敬，惩忿窒欲，迁善改过，右修身之要。正其义不谋其利，明其道不计其功。右处事之要。己所不欲，勿施于人；行有不得，反求诸己。右接物之要。

大体意思是：父子间要有骨肉之亲，君臣间要有礼义之道，夫妻间要挚爱又要有内外之别，老少间要有长幼之序，朋友间要有诚信之德。这就是"五教"的纲目。圣人尧舜让司徒契教化百姓的就是这"五教"，学子学习这五教，而他们学习的顺序，也有五条。广博地学习，审慎地发问，谨慎地思考，明晰地分辨，忠实地贯彻。这就是学习的顺序。学、问、思、辨，四者已经穷究事物的道理。至于忠实地去贯彻，就要知道修身、处事、接物的原则，也有各自的要领。说话忠诚信实，行为笃厚恭敬；制住怒气，抑制欲望；改正错误不断向善。这是修身的原则。以礼义端正自己，不去追求物质利益；努力张扬阐明天下之大道，不去计较个人得失。这是处事的原则。自己所不愿意做的事，不要再让别人去做；自己做事未达到目的，应从自己身上找原因。这是接物的原则。

分别从做人、为学、修身、处事等方面提出了素质要求。这些学规体现的是古代的素质教育方向，但还是较为宏观，但如此系统地对人的素质教育提出要求也实属不易。

在《白鹿洞书院揭示》中，朱熹明确了教育的目的，阐明了教育教学的过程，提出了修身、处事、接物的基本要求，形成了书院教育理论体系，成为后世学规的范本和办学准则，成为早先素质教育的系统要求。使书院教育逐步走上制度化的发展轨道，其贡献是很大的，不仅对于当时及以后的书院教育，而且对于官学教育，包括现在的素质教育都产生了重大影响。

白鹿洞书院因为朱熹而芳泽流长，而德润致远的还有岳麓书院学规。南宋绍熙五年（1194），朱熹任湖南安抚使，振兴岳麓书院，将《白鹿洞书院教条》颁予该书院，以贯彻他的办学方针和教学思想，成为岳麓书院最早的正式的学规，对岳麓书院的教学，学风产生了重大影响。乾隆十三年（1748 年）清代国学大师王文清与时俱进将其手定为 18 条规章，大致分成德行修养、学习内容和态度方法三方面内容："时常省问父母；朔望恭谒圣贤；气习各矫偏处；举止整齐严肃；服食宜从俭素；外事毫不可干；行坐必依齿序；痛戒讦短毁长；损友必须拒绝；不可闲谈废时；日讲经书三起；日看《纲目》数页；通晓时务物理；参读古文诗赋；读书必须过笔；会课按时蚤完；夜读仍戒晏起；疑误定要力争"。对学生素质教育要求更细致、更具体、更有操作性。也是较早对学生素质及培养目标的系统的要求，只是那个时候人们没有玩概念，但对人的素质教育标准已经很明确了。

1978 年，被称为中国基础教育的"活化石"的吕型伟，在上海重建青少年科技指导站，在学生中大力开展"小发明、小制作、小饲养、小论文"活动。针对凯洛夫教学论中不全面的"双基"观点，他提出"加强基础，发展智能，提高素质"的理念。

而素质教育的提出，与国际教育发展的形势有关。1983 年，美国高质量教育委员会发表了《国家处在危急之中：教育改革势在必行》的报告，不仅震惊了美国，也震惊了世界。各国在 20

世纪八九十年代都出台了各种教育改革方案，目的都是为了提高教育质量。

那个时候我正就读初中，比起上小学时经常能上学校主席台发言，参加六一儿童节的节目表演，初中抛头露面就少之又少了。仿佛有一次，寝室同学就寝后不守纪律，说话声音大，执周领导冲进寝室，一把扯起那个同学的被子，从二楼扔下，然后整个寝室的 20 多名同学被带到学校办公室训话，虽然露了一次脸，遗憾是在晚上，并无光彩。还有音乐每期考试时，每个学生要到讲台唱歌，我有一副天然好嗓子，考分都在 90 分以上，感到无比荣耀。对了还有一次年级篮球比赛本人也上场了，而且后来还吃了包子，因为生活条件差，很少能吃到肉包子，所以印象深刻。露脸少是因为活动少，不用想是初中以升学应试为主了。记得到初三的最后一学期，听说学校准备不开设英语课了，因为大多数成绩好的学生来自农村，都要考师范解决职业问题，不上重点高中，所以就可上可不上英语课了。为此我还找了几位同学一起找学校理论，因为自己非常喜欢英语课，最后学校还是开设了英语课直到毕业。至于其他非考试科目，能不开的就不开了。

尽管如此，我认为我们的学业还是不够紧张。学校经常会和各单位举行篮球比赛，我们的语文老师和体育老师是主力队员，我们肯定去看，吃晚饭了，我们就在操场边上，边吃边观看。有时直到晚自己铃声响起，我们才依依不舍地离去。每天晚上只上两节晚自习，而且是属于学生的晚自习，我们可以看书、做作业，或者预习第二天的功课，老师很少来讲课，只是班主任会偶尔前来，悄悄地躲在外面，听是哪个学生在说话，或者干与学习无关的事，然后叫出去，狠狠地批评，或者罚站。我有一次和同桌说话，不，应该是同桌找我说话，我们被叫到班主任办公室，站了两个小时，他把作业批改完了，然后又教育我们一通后才把我们放回来。每天晚上八点多钟，我们就准备睡觉了。中午或者下午放学的时间，我们还是可以打篮球、打乒乓球、斗鸡，每天早上全校师生一起跑步，每期也开展学生运动会，感觉当时的学校还是很注意学生身体素质的培养。印象特别深刻的是斗鸡活动，下课、中午或放学，只要有空，一吆喝立即拉开架势，投入战斗，可以是班内，也可以是 1 班对垒 2 班，那场面斗智斗勇，拼耐力拼毅力，拼团队协作，屡战屡败，屡败屡战，呐喊声、欢笑声不绝于耳，蔚为壮观，酣畅淋漓。偶尔也有同学受伤，但那个时候，安全管理还是要粗放些。

正是我就读师范期间，记得有一次班会活动，教师出了一个题目"教育要改革"，分正反双方进行辩论，我作为正方代表，发表自己的看法。举了两个例子，一个是我小学时的校长，他可以说是多专多能啊，课间和我们一起打乒乓球，我们都不是他的对手，课余他的二胡拉得炉火纯青，我真的是佩服得五体投地啊，作为教师在学生中的地位瞬间提高了。一个是我自己，小学时教师喜欢我，自然受到的关注就越多，参加的各项活动就越多。我还能吹笛子、吹口琴。到初中后，就再也没有参加什么活动，一天就只有分数了。如果教育不改革仅仅只有分数，那结果会怎么样呢？学生的未来会怎么样呢？民族素质如何提高呢？所以只有我们今天的学生明天的老师，从思想上要有改革的勇气，从行动上要有改革的魄力，从我们每一个老师做起，教育的改革才能真正落到实处。

当时我就读的四川省云阳师范学校，是全国百所重点师范学校，应该说是真正推行的素质教育，具体体现在注重一专多能，全面发展，学校课程设置是全面的，同时做到了开齐课程、开足课时、上好课程。记得刚进校的时候，我们很多学生除了成绩很好，但不能唱歌，不能跳舞，不能上台讲话，不能和人交流沟通。个别同学上台时，连作自我介绍就结结巴巴，面红耳赤。有的学生雷都打不出一句话来，三天不说两句话。当我们通过平时训练、见习、实习，我们出校的时候，大家自信阳光、能说会道、落落大方，在教育教学工作中很快进入角色，驾轻就熟、独当一面。

1987 年，时任国家教委副主任的柳斌在《努力提高基础教育的质量》一文中正式使用"素质教育"一词。

那年我师范毕业，被分配到海拔 1000 米的我县最东端的一所村校工作，三间土坯房，其中两间教室中间夹着一间小房子，那就是我住的地方，墙有很多裂缝，足有拳头那么宽，看上去很危险，家徒四壁，于是我在墙上钉了一颗钉了，用铁丝把锅拴上，到后山上松林里去拾了些柴禾，开始了我的教学生涯。

每当下大雨，寝室、教室里会有积水，上课之前，我们只有到周边村民家借瓢，一瓢一瓢地舀出去，如果连续下了几天雨，我们就只好在水上上课与睡觉了。后来我和另一位老师带领学生在教室的后面重新修了排水沟，虽然水没有再渗进去教室寝室了，但一到雨季，那个教室和寝室就相当潮湿，地上总是稀泥，每当我睡到深更半夜，总是会被噩梦吓醒。当地人讲了很多灵异的故事，好在我是一个无神论者，不惧鬼神，不然的话，放学后，我一个人守一所学校，而且学校的东面不足三米的地方就有好几座土坟，一般的人真的是不敢在那里睡觉的。两年时间，我已经有了严重的风湿关节炎，只要腿一受凉，走路挪不动步。

特别是冬天，寒风呜呜直叫，仿佛有人推搡着门窗，加上毛狗（当地说的土语）的嘶鸣，有时真的叫人毛骨悚然，冬天的夜晚变得漫长而难熬。

这里冬季实在是太冷了，经常会下雪，下雪的时候，学校对面的山沟里，溪水被冻成冰的艺术品，太美了。我是靠一种革命的浪漫主义情怀和勇敢无畏的精神过着诗情画意的教育生活。

因为是一个人包班教学，学生人数21名，我创设一种"随意"教学法。冬天围着火堆，春天到山坡，秋到田野上课，课堂上可以随意发言，不用举手。学生人数少，像带研究生一样，还真的有意思。如果班级人数多，不可能有这样的尝试。

对于辅导，我写了一篇文章叫"对口扶贫转化差生的尝试"，通过小组负责，师徒结对转化后进生，效果真的是好，记得当时每期都是要统一考试的，我的学生考试成绩名列全区前茅。

我还教他们唱歌、吹笛子，因为我小时候就学会了吹笛子，在师范是学校合唱团的成员。体育自然也是孩子们喜欢的课程。那是一种培养学生全面素质的尝试，也是一段无法磨灭的美好回忆。

那时素质教育的概念还不是家喻户晓，我只有一个朴素的教育理想：让我的学生要变得能干起来。

1993年中共中央、国务院发布《中国教育改革和发展纲要》提出："中小学要由'应试教育'转向全面提高国民素质的轨道，面向全体学生，全面提高学生的思想道德、文化科学、劳动技能和身体心理素质，促进学生生动活泼主动地发展，办出各自的特色。"

1994年8月，《中共中央关于进一步加强和改进学校德育工作的若干意见》又明确提出："增强适应时代发展、社会进步，以及建立社会主义市场经济体制的新要求和迫切需要的素质教育。"这是首次在中央文件中使用素质教育的概念。

那个时候各个学校也进行了各自的探索，一至周五进行的是应试教育，周六进行艺术、特长发展教育。每当周六，各个学校的社团一起行动，那真的是艺术的天堂，学生的乐园，酣畅淋漓，大家都期待这一天早点到来，可以做自己有兴趣的事情。

1996年4月12日，李岚清在《基础教育是提高国民素质和培养跨世纪人才的奠基工程》一文中指出："素质教育与'应试教育'反映了两种不同的教育思想。'应试教育'以升学考试为目的，围绕应试开展教育教学活动，是一种片面的淘汰式的教育，它的危害：一是教育对象主要面向少数学生；二是教育内容主要偏重智育，轻视德、体、美、劳方面，忽视实践和动手能力，影响青少年的健康成长；三是违背教学规律和青少年成长规律。"

这个时候，湖南汨罗县"素质教育经验"风靡全国，大放异彩。学生德、智、体、美、劳各个方面受到重视。党和国家领导人先后3次视察汨罗素质教育综合改革，对汨罗经验给予充分肯定和高度赞扬。汨罗被誉为"全国素质教育"发源地，时任教育局长黄泽南也成为享誉全国的教育改革家。就是现在回头去看，黄泽南提出的素质教育综合改革理念，非常先进，他的超前战略眼光，令人敬佩。他的改革的勇气与担当，对我后来执掌一所九年制学校产生了很大的影响，我就是凭着一腔热血，一往无前的气魄，让一所混乱不堪的学校起死回生，由全面应试逐渐过渡到素质教育。

1995年在村校工作八年后我调入了中心校工作，应该说中心校应试教育的痕迹就更深刻了，小学六年级每天要上晚自习，每周星期六还要补课，因为要升学考试啊，所以素质教育只是提倡而已，穿新鞋走老路。但是作为教语文的我，还是敢于尝试课内衔接实验，目标教学法，红笔随身戴，随时随地面批学生作文，大大提高了学生的作文兴趣，同时运用小组合作，兵教兵，应该说在本学科渗透素质教育方面作出了自己的探索。一次下午上语文课，校长突然走进教室听课，记得当时我把本课的学习目标，板书在黑板上，学生根据目标先行"自主学习"，提出自己不能完成的问题，然后在我的指导下一个目标一个目标地讨论完成。校长当时感觉这种课型和传统的课型有点区别，当时听课后至少没有说出什么缺点来，但也没有特别地赞扬。我的"改变作文批改方式提高学生作文兴趣"在《四川教育》刊载后，教导主任在全校教师会上进行了宣读并提出了表扬。

同时在班级管理方面：我组织讨论了 12 条班规，做了好人好事加分，做了违规违纪的事减分，没想到效果出奇地好，这就是"自觉文明"的雏形。

1999 年 6 月《中共中央国务院关于深化教育改革全面推进素质教育的决定》明确指出："实施素质教育，就是全面贯彻党的教育方针，以提高国民素质为根本宗旨，以培养学生创新精神和实践能力为重点，造就'有理想、有道德、有文化、有纪律'的、德智体美等全面发展的社会主义事业建设者和接班人。"明确了素质教育的定义。

接下来的几年，中国大力提倡实施"两基普实"，国家加大经费投入增加了初中学位，几乎每个乡镇都办起了初中，逐渐取消了小升初入学考试，这是对小学教师与学生的极大解放，各校对探索推进素质教育积极性空前高涨，素质教育在小学阶段得到了较好的落实。

2003 年，中国素质教育改革出现了"新课程改革""新基础教育"和"新教育实验"的"三新鼎立"的盛况。他们从各自的抓手或者说突破口走出不同的素质教育的路径，实际是对素质教育如何落地的探索和实践。有国家意志，有学者和民间作为，取得了前所未有的成果。

"新课程改革"从 2001 年开始实施，是政府行为，行政主导，抓手是课程。它希望通过知识与技能、过程与方法、情感、态度价值观三维目标的实现改革课程实现素质教育的理想。核心和最高宗旨是一切为了学生的发展，关注、尊重、关心每一个学生，关注学生的情绪生活和情感体验，关注学生的道德生活和人格养成。

"新基础教育"是学者和民间的行动，领军人物是全国模范教师、上海市教书育人楷模叶澜教授，其抓手是课堂，即通过课堂改革推动素质教育，这是新基础教育的灵魂。追求的学校效应："把课堂还给学生，让课堂充满生命活力；把班级留给学生，让班级充满成长气息；把创造还给教师，让教育充满智慧挑战；把精神发展主动权还给师生，让学校充满勃勃生机。"她还首创并主持"生命　实践"教育学派建设。

"新教育实验"，也是学者和民间的行动，2000 年由中国教育风云人物、中国十大教育英才、著名的朱永新教授发起，其抓手是教师，通过抓教师成长而促进教育品质的提升。新教育实验有六大行动："营造书香校园"，就是把校园和每一间教室都建成"书房"，让师生随时都浸染在书香之中；"师生共写随笔"，这里的随笔其实是反思，就是让教师和学生通过写教育随笔或成长日记的方式，在反思中成长；"培养卓越口才"，通过讲故事、演讲、辩论等形式，使师生愿说、敢说、会说，从而形成终身受益的自信心、沟通能力和表达能力；"构筑理想课堂"，通过创设平等、民主、和谐的课堂气氛，通过在人类文化知识与学生生活体验之间形成有机联系，实现高效的课堂并追求个性的课堂，达到知识、生活与生命的深刻共鸣；"聆听窗外声音"，通过开展学校报告会、参加社区活动等形式，充分利用社区教育资源，引导教师与学生热爱生活、关注社会，将学者大师、英雄模范、能工巧匠……请进校园，让孩子们直接和他们对话，促进教师与学生形成多元的价值观；"建立数码社区"，通过加强学校内外网络资源的整合，建设学习型网络社区，让师生利用网络学习与交流，在实践中培养师生的信息意识与信息应用能力，特别是引导孩子们学会基于网络的学习、娱乐和交往。

2004 年 8 月，我已经能体现自己的办学意志了，因为我被组织任命为一所集初中、小学、幼儿园、村校、民校为一体的拥有 4000 余师生的九年制学校的校长。

我当时做了三件事：一是请市教科院专家专门到学校给老师讲新课程改革，当时在乡村学校来说并不多，主要是给老师带来新的教育思想、教育改革的信息，三新中"新基础教育"与"新教育实验"思想就是专家讲座中带来的，但当时面对学校现实，实施推动肯定是成问题的，只是在老师备课时教案上设计了一项，课后反思，要求教师必写，要求学生语文课前 3 分钟进行演讲，但没有要求教师。二是请云阳县教育科学研究所连续三年进驻学校指导新课程改革，重点也是聚焦课堂改革，关注课堂效率的提高，因为当时初中部的教学质量太差了，名列全县倒数第一，所以必须从课堂入手，提高学业成绩。他们的确很专业，针对每一个学科，每一种课型，每一堂课具体操作进行诊断，提出改进，直到满意为止。三是推行"自觉文明""自我管理""自主学习""三自"教育，全面培养学生的综合素质。通过三年的努力，我们彻底走出教学质量的低谷，实现历史性突破。在庆功会上，我总结了八大成功经验，把教科所的指导，放在了第一位。

2006年发布的《素质教育系统调研总报告》对素质的概念做出了一个新的界定："一般说来，素质即人所具有的维持生存、促进发展的基本要素。它是以人的先天禀赋为基础，在后天环境和教育的影响下形成并发展起来的内在的、相对稳定的身心组织结构及其质量水平，主要包括身体素质、心理素质和社会文化素质等。"

《报告》让我更加清晰地理解了素质教育的内涵，确立了我的办学理想。我认为办学要让教师品味到教书育人的尊严和幸福感，让学生享受到学校生活的丰富多彩。针对乡镇学校普及九年义务的职能职责，面对学生基础较差，学习成绩较低的现实，我提出开齐课程、开足课时，培养学习兴趣，面向学生的未来与发展，用体育活动增强学生体质，用文化艺术活动训练学生素质，用"自我管理"、"自主学习"、"自觉文明"培养学生习惯。

当时九年制学校仍然面临来自升学的压力，因为初中部原来是一所单设初级中学，从建校起就没有一个学生考上重点高中，教学质量低，地理位置偏僻，为了普及九年义务教育，实现了整体搬迁，成立了九年制学校。面对学生现状，我把原来初三年级5节晚自习，初一、初二年级4节晚自习统一调整为两节，同时设立自觉学习班，让各年级成绩较好的学生自觉到指定地点进行自习。同时要求教师调整教学难度，最大可能照顾大多数学生，实行有效课堂。对那些完成普及九年义务教育的学生通过体育、艺术、劳动等各种活动，消耗他们过剩的精力，不让他们总是调皮捣蛋，违规违纪；提高他们可以提升的能力，不让他们再暗无天日地听天书。如每期一次运动会，初中各年级的篮球比赛，小学每年的六一儿童节、初中的 12.9 文艺汇演，同时学校有青蒿种植实践基地，那个时候学校都缺经费，提倡勤工俭学。正是这些思想与举措，培养了学生素质和能力，让他们享受到学校生活的丰富多彩，享受到激情燃烧的岁月，而不是度日如年。

2010 年 7 月 29 日，《国家中长期教育改革和发展规划纲要（2010—2020 年）》对素质教育的本质和目的作了如下解释："坚持以人为本、全面实施素质教育是教育改革发展的战略主题，是贯彻党的教育方针的时代要求，其核心是解决好培养什么人、怎样培养人的重大问题，重点是面向全体学生、促进学生全面发展，着力提高学生服务国家服务人民的社会责任感、勇于探索的创新精神和善于解决问题的实践能力"。对于素质教育的内涵，《纲要》提出三个要点：一是坚持德育为先，把立德树人作为教育的根本任务；二是坚持能力为重，着力提高学生的学习能力、实践能力和创新能力；三是坚持全面发展，坚持文化知识学习与思想品德修养的统一、理论学习与社会实践的统一、全面发展与个性发展的统一。

同年 8 月 28 日，我已经调入另一所区域中心校任校长，因为区位优势，这所学校的家庭教育资源、生源质量、师资水平都具有相对优势，当然也给办学水平提出了更高的要求。我把实践运用"自觉文明""自我管理"作为立德树人的方法与路径，作为提高学生服务国家服务人民的社会责任感和善于解决问题的实践能力的方法路径；把实践运用"自主学习"作为提高学生学习能力和勇于探索的有效抓手；把"一手好字，儒雅一生"，作为传承国粹、学校特色，培养学生艺术特长的具体项目。以此践行纲要要求。

同时在政策的影响下，各地各校教育改革实验如火如荼地开展起来。名噪全国的有北师附小、上海师范附小等七所学校开展的愉快教育，上海闸北八中开展的成功教育，南通师范附小的情境教育，武汉江岸区的和谐教育等。我县的文明礼仪教育也是红极一时，全国文明礼仪高端论坛在我县召开，文明礼仪教材由我县专家参与编著，我县还成为全国艺术教育实验县而且顺利通过验收，加上我县年年升入清华、北大的学生近两位数，让我县教育在重庆市有为有位。同时本县的教育实践最有名气的是云阳中学的道德感悟教育，初三中的习惯影响一生，后叶小学的心动课堂，青龙小学的六爱教育，双江小学的上善课堂，江口小学开展的星星课堂等。这些教育改革实验都是为了寻求培养学生素质，探索学生全面发展的最佳教育模式。

正是在和素质教育形成发展的浪潮中，我也在努力地探索"自觉文明""自我管理""自主学习""自觉发展"的"四自教育"，同时也在探索九年制学校小学与初中衔接培养学生的综合素质行动方法。

第二节　"四自教育"的理论源起

雅斯贝尔斯说过："教育的本质就是一棵树摇动另一棵树，一朵云推动另一朵云，一个灵魂唤醒另一个灵魂"。如此艺术抽象地表述教育的本质，让我们感觉可以意会又难以言传。但是可以考虑所有教育机制与教育实践活动的设置必须着眼于摇动、推动与唤醒，而不总是说教，这点我也认为是有意义的。

据一项心理健康调查，4—16岁的少年儿童中，71%的学生缺乏毅力，67%的学生难以承受失败。让我们细细咀嚼数据背后的秘密，有这样一个现象引起了我的思考：每到学校开学之际，我们高度紧张，三步一岗、五步一哨，生怕出安全事故，因为家长比学生多啊，凡是几个人陪一个学生的，那个学生一定是独生子女。2010年，我孩子考上了大学，我家离学校580公里，我还是决定开车送孩子去学校。到学校一看全是这样的模式，我感叹可怜中国父母心，我还是一个教育人，面对传统意识，自己还是选择了从众。如此合情合理的行为引发了另一个问题，学生没有独立实践的空间，没有体验生活的机会啊，过度的呵护让我们的孩子毅力缺乏，很少有挫折感。难怪现在有学生因为一点点小事就跳楼跳水。

记得我小时候，没有读过幼儿园，因为乡里根本就没有开办，一年级入学的时候，家里翻箱倒柜，把所有的积蓄一角一分收起来，3元5角钱，而我的学费、书本费加起是3元6角钱，还差一角钱。那个时期学生欠学费是普遍现象，父亲让我给老师讲一下，先欠几天。千叮万嘱不能把钱搞丢了。没有人陪我去，我记得开头我用手捏住放在裤兜里，手就捏出汗了。后来几个小伙伴，一起跑了起来，5里路下来，到了学校报名处，一摸钱没有了，这个时候，那种挫折与无助，真的无法形容啊！回到家里，自然遭遇竹条的亲密接触，那是我遭遇最为惨烈的一次挨打。自那后，每期父母还是没有陪我去报名，我也再也没有丢过钱。正因为那种艰难环境的磨砺，让自己逐渐变得异常坚毅与强大起来。后来做了两次小手术，未让人陪同。读师范的时候，假期被要求到学校进行声乐培训，准备到市里参加比赛，因为天太热，到学校游泳池里游泳喝水了，得了疟疾，开始也不知道，到药店拿了感冒药吃，不见效果，相信精神能够战胜一切。后来被送到医院时，已是生命垂危，但即便如此，精神一点没有垮，最后还是活了过来。住院的时候一个人，没有家人陪同，自己看书打发时间。反而担心 50 元的书本费已经交了医药费，家里又从哪里去筹集那 50 元呢？内心的自责不言而喻，从未怪罪父母没有前来关心，陪伴。开学之前父亲托人把钱送到了我的手上，听说父母到处筹钱，卖粮食，卖鸡蛋、父亲连天连夜编织箩筐到街上去卖，还有去向别人借，费了九牛二虎之力才把 50 元凑齐，我当时的心情难以言喻。唯有暗下决心，一定要学好本事，出去工作的时候好好报答他们。至那以后，很少有玩耍的时间，立志读完大学专科要求的汉语言文学专业所有必读和选读书目，每天除了利用课余时间外，晚上熄灯后，用手电筒在被窝里看书，后来把视力弄近视了。当时想法是，中国古典名著，四大名著、唐诗、宋词、元曲及东周列国等要好找得多。后来在专科自学考试中，外国文学作品选考了 85 分。

《幸福教师的五项修炼》有这样一段话：我们都知道，能否自立于社会是一个人成熟的标志，善于独立思考、独立行事的人，才能够有所作为。但独立和坚强不是与生俱来的，只有经过生活的不断磨炼和考验，人才能变得顽强而坚韧，才能变得有意志力、有创造力。这其实就回到了我研究的主题，实践德育，练习道德，训练能力素质，培养核心素养上来。

所以首先解决教育人怎么给被教育者实践与练习的机会的问题。这其实也是一种观念的革命，给孩子自由支配的时间，让他自己去计划；给孩子慢慢成长的时间，耐心等待他们一点一点地进步；给孩子自由支配空间，让他们有空间思考，有空间活动，有空间试错，有空间创造；给孩子创设恰当条件，让他自己去实践，去练习，去锻炼；给孩子设置现实问题，让他独立思考在生活中去寻找答案；给孩子适当机遇，让他们自己去选择，去决策；给孩子场景冲突，让他们自己去处理，去解决；给孩子一个对手，让他们自己去合作，去竞争；给孩子提供困难，让他们学会用毅力跳一跳去克服；给孩子设置现实课题，让他们自己去探索去发现，去结题。

好，给的项目提出来了。接下来要解决怎么给和主动受的问题才是落地的关键。可到底怎么给呢？一个一个地给，给完了，下次怎么给呢？我想这需要的是一个载体，让他做到不停地给，自觉地给，时时给，处处给。关于"受"，俗话讲，学艺之道是"师傅领进门，修行在个人"。佛门也有句话："各人吃饭各人饱，各人生死各人了。"说的都是一个道理，就是主动受的问题。就是说学生要明白：教师只能是引领、点拨、唤醒，自己必须主动积极地思考、体验、实践、创新、创造。只有经历艰难地求索并在事上磨炼，才能听到生命拔节的声音，感受成长的快乐与美好。这才是我们作为教育实践者应该悉心研究的问题。如果把这个问题研究清晰了，具体了，那学生真的就受益了。

我听了很多专家的报告，批评应试教育的很多，一场报告下来，全是批评的声音，时而激情飞扬，时而痛心疾首，那么具体解决的办法呢？几乎没有具体的指导意见。大多专家为了体现自己的学术水平，讲得深、宽、高，真正落实到具体方法的时候，要么讲的时间没有了，草草收兵，要么具体不下去，想当然地、理想化的方法指导，实践起来很成问题。其实我也做过这样的讲座，开始引经据典、拾人牙慧、高谈阔论、不着边际，当讲到自己真正的东西的时候，没有时间了，至今尚留余恨。

2003 年，我去重庆听了两天报告，其中一个专家讲体罚与变相体罚的问题，讲了新加坡的鞭刑，讲了东南亚一些国家允许体罚。讲体罚和变相体罚给学生带来的伤害。那个时候我就在想，能不能通过自己的努力去探索一种方法，一种非暴力的方式，让学生在不知不觉中接受教育，而不总是纸上谈兵。教育部制定颁布了《中小学教育惩戒规则（试行）》（以下简称《规则》），并于 2021 年 3 月 1 日起实施。《规则》指出，在确有必要的情况下，学校、教师可以在学生存在不服从、扰乱秩序、行为失范、具有危险性、侵犯权益等情形时实施教育惩戒。这就是学生不当行为进行合理惩戒的边际。

我想作为教育人，一方面要充分研究《规则》避免自己犯错，充分利用《规则》教育学生；另一方面应该更深入思考运用机制与方法让被惩戒的主体不当行为的减少，让你的惩戒没有机会或少有机会，这才是教育的效益。

二十多年前，我任学校的教导主任、毕业班的语文教学工作、班主任，另外要完成学校"两基""普实"工作和 108 个卷宗的软件整理工作，常常是工作到深夜，工作量之大让我必须改进自己的班级管理方法和教学方法。于是就有了"自觉文明""自主学习"和"自我管理"的雏形。

在追逐自己教育理想的过程中，有时也感觉力不从心甚至精疲力竭的时候。偶尔的无助，让自己陷入沉思：其实教师真不是万能的，你必须相信，你的某些方面的知识与能力有可能不如学生。孔子曰：是故弟子不必不如师，师不必贤于弟子，闻道有先后，术业有专攻，如是而已。特别是在信息化时代，数字鸿沟已经消失，你要面对几十个不同兴趣的学生，他们加起来的知识面就相当地宽了。所以要重新丰富师道尊严，重新架构师生关系，重新审视教育艺术。刘邦在打败西楚霸王项羽平定天下之后，总结道，"夫运筹帷幄之中，决胜于千里之外，吾不如子房；镇国家，抚百姓，给馈饷，不绝粮道，吾不如萧何；练百万之军，战必胜，攻必克，吾不如韩信。此三者人杰也，吾能用之，此吾所以取天下也。项羽有一范增而不能用，此其所以为我擒也。"我想一个优秀的教师，一定是一个深谋远虑的思想者，一个知人善任的领导者，一个文化制度的设计者，一个精于调度的组织者，一个团结师生的协作者，一个爱生如子的同行者。

记得有一次我在巡教室的时候，正赶上小学二年级学生在开故事会，两个小朋友在台上主持，我感觉是模仿了中央电视台2台的一个节目的风格，有模有样，落落大方。我感觉其实在我们老师身边，有无数个张良、韩信与萧何，我们要充分发现利用啊！我想到两件事，一是学生潜力是无限的，二是老师要知人善任给学生展示能力的平台。有一个老师给我讲，有时学生给学生讲题，学生更容易接受，他们有自己的语言密码。

作为一个从大山深处的村校到中心小校，从规模只有600名学生的小学校到近1000名初中生加3000多名小学生的九年制学校工作的教育人，无时无刻不在探索自己心目中那种梦寐以求的教育神话，最终形成了"四自教育"，即"自觉文明""自我管理""自主学习""自我发展"四个方面。这是我在多年的教育积淀中总结出来的一系列有关学生管理与素质培养的策略，也是促进学生生命成长的方法论，同时也是一套给的操作系统。也是前面所说的实践德育、练习道德、训练能力素质、培养核心素养的载体。"自觉文明"是德育的自觉实践，练习"礼、仪、仁、智、信、忠、孝"等道德要求。"自我管理"就是人人有事做、事事有人做、人人能做事、人人会管事，既是练习做事，又是练习管理。"自主学习"是练习学习能力，培养终身学习的兴趣与习惯。"自我发展"是练习身体素质、艺术特长、科学技能，培养面向未来人的素质要素。四个方面是层层递进和相互渗透的关系。"实践德育与练习道德，训练能力素质"是为了让学生学会文明、学会管理、学会组织、学会交际、学会生活、学会实践、学会负责、学会担当、学会勇敢、学会学习、学会创新，学会自信。它的终极目的是让学生达到全面发展，具有一定的艺术素养、实践能力、创新精神、身心双健，最终成为一个合格的中国公民。

一、"自觉文明"的理论源起

众里寻他千百度，蓦然回首，那人却在灯火阑珊处。其实最初的"自觉文明"根本没有高深的理论深度。我有一个同事，他很有才华，书教得很好，班级管理也相当不错，在当地算名师了。我从村校调入中心校后，和他探讨班级管理的方法时，他谈了他班上通过加分扣分的管理办法，效果非常好，学生变得非常能干。于是我在学生中讨论生成了十二条班规，对学生违规违纪给以减分，对学生做的好人好事给以加分。有一张学生操行记录表，记录每个学生的操行得分，这个分数就直接影响学生评为三好学生。就是这样一个小方法，却产生了神奇的教育效果。

印象最深的有几件事。记得当时学生上学是要缴书学费的，但是开学时从来就没有收齐过，欠账较多，因为我总是心太软，所以常常被奉献了，记得其中一名学生累计欠费62.5元，而我八七年至九五年的月工资水平在49.5元至130元。特别是村校八年，那个欠5元、10元的学生，就家常便饭了，有的家庭真的没办法要，真有困难的啊。我让学生讨论了一条细则，只要先缴费前五名的加5分，前6至10名的加3分，第一天缴的另加2分，第二天缴的加1分。从这个政策出来，就再也没有一个学生欠书学费了，当时还有点于心不忍，不知那些平时欠费的家庭是怎么想的办法，可想而知学生在家里要钱的力度了，估计是一哭二闹只差三上吊了。

另外一件事，学生为了挣分，总是去找好事做，如争着帮助低年级学生打扫教室，因为想去的同学多了，我只好让他们排出轮次去打扫，然后还是加分。后来同学们又打开了思路，教师办公室有人打扫了，学校公共区域卫生有人维护了，甚至连学校保坎外的山坡上的纸屑也有学生主动去捡了。学校的花草树木有人浇水了，好人好事蔚然成风的美好愿景居然在一所边远山区的农村小学校变成了现实。

还有我当教导主任后，对学校中午的午觉管理实行加分、减分制，不仅要减到学生头上，也要减到班级头上，一个值周教师带着高年级的几个值周学生进行巡逻打分，全校鸦雀无声，即使回家吃午饭学生回校三三两两的，也是轻脚轻手，默默无语，让教师感叹这是学校建校几十年来从未有过的奇迹。

后来调到一所初中学校负责，当时记录下这样几句话。"初来乍到，秋高气爽，十里金黄，十里稻香，穿过平坝，来到山脚下，铁板门，院墙有加高了一米的痕迹，青砖青瓦、几棵老榆树见证这所学校的古老沧桑的历史"。当时有两个疑问，为什么大门是铁板门呢？为什么要加高院墙？俨然一个看守所，或者少管所。这让我想起了鲁迅先生的《少年闰土》里那句"只看见院子里高墙上四角的天空"，大概这里的学生就是如此吧。后来我问明了原因是学生经常爬院墙出去，所以要加高院墙。我感觉办学理念有问题，其中涉及一个消极管理和积极管理的问题。消极管理，就是采用物理办法，比如有学生翻院墙，就加高围墙；有学生乱丢乱扔，就不准买零食，或者不让学校及周边开小卖部；怕出安全事故，就不搞春游、秋游了，不开展对抗性体育活动了，凡此种种。而积极管理呢，我认为要从制度上、文化上去规划、去设计，用制度规范行为，用文化引领精神。

当时的学校，管理非常混乱，凭你的想象，难以理解一个学校居然会办到那种状态。食堂房屋垮了，教室课桌凳一片狼藉，寝室的大门被一把把威风凛凛的三环锁守着，钥匙一把也找不到了，床东倒西歪破破烂烂，怎么开学呢？总务处一边让人搭篷子，一边找人修床、修课桌凳。刚开学，学生不能放假呀，于是我请几个当过兵的老师和体育老师一起在全校搞起了军训。晚上各班桌凳不够的，学生轮流坐。当时初中生搞军训还真是一个新事物，老师们不理解，学生倒是饶有兴致，几天下来，内务像模像样，整齐划一，队列整齐，步调一致，精气神与集体荣誉感都有所增强。9月5日，进行了隆重的开学典礼，当时镇委王春江书记亲自参加了我们的开学典礼，给予了很高评价，其实我知道这些都是鼓励。好像一切步入正轨，顺利祥和，但好景接二连三被几件事打破。

一件事是，晚上查寝，四个男生不见了，我们迅速组织人员兵分两路去找，一路到校外的河边找，原来他们会捉周围群众家的鸡子，摘村民的广柑橘子。一路到了学生家中。找了几个小时，他们在烧地瓜吃。

另一件事，十多个社会青年到学校来打一名初三的学生，我组织教师全副武装，严阵以待，同仇敌忾的气势吓退了他们，因为初三有学生和社会青年结怨。当时社会秩序还是较乱，镇上没有派出所。

第三件事是晚自习后有四个初三的女生不见了，这可了得，我们还兵分三路去找啊，一路到河边，一路到家中，一路到场镇的舞厅，最后还是在场镇上找到的。

晚上学生就寝任凭值周老师吼破嗓门，半个小时也安静不下来。

白天去教学楼查看，不少老师课堂纪律很差，教师有控制力的，班上只是有睡觉的，控制力差的教师，只有唱独角戏，把自己的45分钟表演过去，或者自说自话，教师学生各行其是。调查了解不少老师有进教室恐惧症，没有老师想当班主任。第一个月就这样结束了，好像没有一天是消停的。

不过在这一个月中，我也没有消停，通过调研，把过去管理学生的经验通过整理提炼，研究讨论，制订《学生操行量化考评细则》《文明班级考核细则》等。

首先我做的就是建立学生管理制度，记得当时我充分地运用了一个教育学原则，那就是集体影响原则。根据这个原则制定班级考核细则，学生操行量化考评细则，运用操行记录表加分减分记载，做了好事加分，做了坏事减分，加入班集体总分，影响班主任津贴。给学生的操行基础分八十分，就是对完成学校、班上的目标任务给予加分，如果分数低于70分就是操行考核不合格。也就是说加分上不封顶，每个学生每期只有10分的减分。操行不合格有什么后果呢？一是要请家长到校协助教育。二是操行不合格，要记入学生档案，毕业的时候，不发毕业证。三是男生如果要当兵，政教处政审的时候，在证明上直接证明政治审查不合格。不要小看这三条，每一条都是切中学生要害的，特别是第三条，那些最调皮的学生，往往都是要到部队进行锻炼的。所以学生减分后自觉自愿地去通过做好人好事加分。

给班级各班每天基分100分，每周500分，周总分不满350分，称常规管理有待规范班，班主任不享受奖励和补贴。由政教处根据值周教师提供的考核数据，分年级综合评定结果，评为示范班的每周奖班主任 8 元，其余按名次依次奖 6 元、5 元、4 元。虽然奖金不高，给学生的心理影响也是强烈的，毕竟他们的行为影响了教师的钱袋子。

发动学生"自觉文明"效果出奇地好。制度实施后学生晚上就寝五分之内差不多就安静了，因为铃声响后五分钟开始考核记录了。

有个相当调皮的姓朱的学生，他抽烟被发现了，减了分，他主动找到我说："张主任：我去把行政楼的瓷砖擦干净，给我加点分嘛"。我说："可以啊，只要你时时做好事，我都给你加分"。从那以后他便经常做好事获得了加分，干坏事减分的次数就越来越少了。

还有一件事印象深刻，就是校园内有三棵橘子树，已经很多年了，但是从来就没有让橘子黄过，因为没等成熟就被学生摘了。可是制度实施的那个秋季奇迹出现了，居然收获了几十斤，我让后勤人员去场镇上再买几十斤，分到各个班上，开一个品橘主题班会，讨论我们今年为什么享受到了胜利的果实。后来我在集体朝会上向全体师生讲道："成熟的果实才是甜蜜的，不成熟的果实是酸涩的，胜利的果实需要健全的规则和大家共同维护规则才能得到的"。

两年后，学校搬迁结束，成立九年制学校，我把这项工作在小学部推行，当时政府的宿舍楼与学校教学楼只相隔 6 米，原来这些官员中午无法睡午觉，各班推进"自觉文明"后，几千学生，中午能迅速安静下来，让他们能安心睡午觉了。以前每个班必须派一名教师维持纪律，但是效果不好，现在是一个楼层一个老师，加一名学生，就可以负责纪律和安全了。更多的老师有了午休时间。

后来我反思，"自觉文明"实际上就是把学生对分数的天性尊崇内化为行为自觉，从而形成自我控制的能力，在不知不觉中达到训练学生道德习惯，形成正确的价值观和良好道德素养。我把它界定为"实践德育""练习道德"。

如此好的方法要让每一个老师思想上认可，行为上积极参与教育尝试，真的很难。难在你要去改变人们固有的思维习惯和行为方式。比如：老师们普遍对学校要求学生每天打扫而且要求还高，较为反感，认为是形式。学生在学校主要是读书的，任何与成绩无关的都是花架子。很少有教师思考整个学校脏、乱、差到底与学生学习成绩有没有关系。我给他们讲东汉名士陈蕃的经典故事：陈蕃少年时自命不凡，不拘小节，一心只想干大事。有一天，好友薛勤来访，见他居的院内脏乱不堪，便对他说："孺子何不洒扫以待宾客？"他理直气壮地答道："大丈夫处世，当扫除天下，安事一屋？"薛勤当即反问道："一屋不扫，何以扫天下？"陈蕃无言以对，觉得批评得是，从此，他便注意从扫地小事做起，最终成为一代名臣。

我还提了几个问题让大家思考：一个行为习惯差的学生，学习习惯会好吗？学习习惯不好的学生，学业成绩会好吗？教师在课堂上学生纪律差，教学效果会好吗？新兵入伍后，要开展军训、队形、队列、站军姿，被子叠得四轮上线是为什么？这几个问题想清楚了，大家就理解为什么学校要从学生行为习惯教育开始抓起，而不是只抓学习成绩了。抓习惯才是更好地抓成绩。

《学生"自觉文明"习惯养成记录表》需要各班有专人记录，每周有统计，每月有汇总，有考核。但是有的班上做得很好，有的班上做得较差，当然班级管理效果也大相径庭。为了增强"自觉文明"机制的说服力，我必须找到理论的支撑，同时修改完善"自觉文明"的内容，让它更能够符合中国传统文化和相关理论。

几千年来，中国传统道德教育的方式是言传身教，言传就很好理解了，什么桌边教子、堂前教子、诲人不倦等。关于身教，《论语》子路篇，子曰："其身正，不令而行，其身不正，虽令不从"，放之四海而皆准的不二法则。所以大家从来没有质疑，也不可以质疑。这其实是榜样示范、榜样影响，作用肯定是有的，但影响有多大呢，效果有多好呢？我们能不能在言传和身教的方法之上探寻更为科学与实用的方法呢？我们可不可以用一种机制、一种方法去让学生不知不觉、自然而然形成这种自我控制的能力呢？实践证明，这个可以有。但是教育的目标要清晰，要在传统的儒家伦理文化中去寻找精华，要把道德能力素养的培养作为"自觉文明"的重要追求，把习惯养成当作"自觉文明"的训练重点，把实践德育练习道德当成"自觉文明"的方法路径。

"君子之学也，入乎耳，著乎心，布乎四体，形乎动静"。《荀子·劝学》。君子作学问，是把所学的听入耳中，记在心中，融会贯通到整个身心，表现在一举一动上，即使是极细小的言行，都可以作为别人效法的榜样。这说明为学者必须入脑入心并要能见诸行动。这里的"形乎动静"就是实践德育，体现自己的行为举止，按照君子的标准，榜样的标准。

中华文化博大精深，源远流长。在漫长的历史长河中，中华文明有精华也有糟粕。比如：中国儒家伦理文化中的重要思想，"三纲五常"。这是董仲舒针对为人处世标准提出的。三纲：君为臣纲，父为子纲，夫为妻纲。五常：仁、义、礼、智、信五种道德标准。他"罢黜百家，独尊儒术"的主张被汉武帝刘彻（公元前156—前87，前140—前87在位）所采纳，使儒学成为中国社会正统思想。儒教通过三纲五常的教化来维护社会的伦理道德、政治制度，在2000多年漫长的封建社会中起到了极为重要的作用。封建统治者用"三纲"作为奴化人民的工具，以等级名分教化社会的观点被称作"天理"，成为禁锢人们言行的桎梏。如违犯封建伦理纲常，即被视为"名教罪人"。这肯定是极端错误的，"五四运动"前夕的新文化运动，对维系封建社会的"三纲五常"进行了猛烈的抨击。

当然"三纲"早已不合时宜，本该寿终正寝了。但是五常之道"仁、义、礼、智、信"，在封建社会中是做人的起码道德准则。作为伦理原则，用以处理与谐和作为个体存在的人与人之间的关系，到现在仍然可以作为做人做事道德要求，不再提是道德准则，时代在发展，要求可以与之匹配，可以赋予"仁、义、礼、智、信"新的时代内涵。

"五四运动"的思想领袖陈独秀、李大钊反思新文化运动时说，他们都尊崇儒学，认为"三纲"是中国儒学极少的部分而已。陈独秀认为，他们反对的是统治阶级倡导的政治上尊孔，不反对文化上尊孔。

如何规避传统文化的糟粕，吸取其精华，运用一些载体让学生在不知不觉中实践德育、练习道德，自觉养成这些起码的道德习惯呢？我在"自觉文明"的设计中进行一些尝试。

《论语·子罕第九》中有一句话：曰："知者不惑，仁者不忧，勇者不惧。"孔子说，有智慧的人不会迷惑，仁义的人没有忧虑，勇敢的人不会畏惧。孔子还说："智、仁、勇三者，天下之达德也。"他把智仁勇这三种品质称为是品行高尚的君子必须具备的三种美德。《中庸·第二十章》子曰：好学近乎智，力行近乎仁，知耻近乎勇。孔子说：喜欢学习就接近了智，努力实行就接近了仁，知道羞耻就接近了勇。

《中庸·第二十章》曰："仁者人也，亲亲为大；义者宜也，尊贤为大；亲亲之杀，尊贤之等，礼所生焉。"仁以爱人为核心，义以尊贤为核心，礼就是对仁和义的具体规定。孔子将"仁义礼"组成一个系统。

孟子在仁义礼之外加入"智"，构成四德或四端，曰："仁之实事亲（亲亲）是也；义之实从兄（尊长）是也；礼之实节文斯二者是也；智之实，知斯二者弗去（背离）是也。"（出自《孟子·离娄章句上·第二十七节》）

曰："恻隐之心，人皆有之；羞恶之心，人皆有之；恭敬之心，人皆有之；是非之心，人皆有之。恻隐之心，仁也；羞恶之心，义也；恭敬之心，礼也；是非之心，智也。仁义礼智，非由外铄我也，我固有之也，弗思耳矣。"（出自《孟子·告子上》）

董仲舒又加入"信"，并将仁义礼智信说成是与天地长久的经常法则"常道"，号"正常"。曰："仁义礼智信五常之道。"（出自《贤良对策》）

当把孔、孟、董之道梳理通顺之后，"自觉文明"的设计便找到了它的文化土壤，有了肥沃的土壤，"自觉文明"才能生根、发芽、开花结果。

"仁者爱人，有礼者敬人。爱人者人恒爱之，敬人者人恒敬之。"摘自《孟子·离娄章句下·第二十八节》仁慈的人爱人，有礼貌的人尊敬人，爱别人的人，别人也爱他，尊敬别人的人，别人也尊敬他。

于是我在"自觉文明"中设置一条，凡是积极主动做好人好事一次，加1—5分。如拾金不昧、主动捡垃圾、帮助低年级同学扫除、主动打扫学校公共场所、乐于助人、关爱他人等等，只要是做好人好事，不论校内校外就是彰显自己的仁爱之心，就是践行仁者爱人。这其实是把空洞的"仁"的道德概念，化成具体的实践事项，让学生在生活中去练习"仁"的道德。

义：义者，宜也，则因时制宜，因地制宜，因人制宜之意也。所当做就做，不该做就不做。见得思义，不因果滥取不义之财物。子曰："君子喻于义，小人喻于利，不义而富且贵，于我如浮云。"所以人发为羞恶之心，发为刚义之气，义也。

这点我在设计的时候体现在做坏人坏事错事上减分，比如偷窃别人的东西要减分，损毁公物或农民的庄稼要减分，以大欺小，以强凌弱要减分，违反各类规章制度要减分等等。

礼：礼者，说文：礼，履也，所以事神致福也。释名：礼，体也，得其事证也，人事之仪则也。进退周旋得其体，乃是正人身之法也。尊卑长幼有序，处事有规，不败人伦，以正为本，发为恭敬之心，斋庄中正之态，礼也。

这个我就从仪表、仪态、言谈、举止、尊敬师长、团结同学、文明活动、安全规范等方面进行正面要求，正向引导，提出标准，如有违反则酌情减分。

智：智者，知也，无所不知也。明白是非、曲直、邪正、真妄，即人发为是非之心，文理密察，是为智也。

要求在具体操作的过程中，各班在"四自教育"的每一项都安排有要引导学生讨论相关的班规班纪，各项目的责任事项，讨论的过程本身就是一个明白是非、邪正，从而达到培养智的目标教育过程。

信：信者，不疑也，不差爽也，诚实也。就是"言出由衷，始终不渝"。信字从人言，人言不爽，方为有信也。诚心之意也，以诚居心，必然诚实。处世端正，不诳妄，不欺诈者，是为信也。

比如在"自觉文明"中有一条：凡事诚实守信，答应别人的事要尽力办到；不能办到时，向对方说明缘由，并表示歉意。有人提出了一个相反的观点，说现在骗子太多了，特别是电信诈骗，让老年人防不胜防，如果我教育孩子诚实，将来就容易被骗子所骗。这种观点是相当错误的。正是世风日下，社会诚信缺失，我们才更要从娃娃抓起，让他们学会诚实、童叟无欺，才能重新建构未来的诚信体系，社会风气才能一天天变好。如果我们教育孩子不要诚实，未来整个民族，诚信体系会崩塌，那将是社会的灾难。只是我们在教育孩子诚实的同时，运用自己的知识与智慧去辨别社会上种种欺骗的现象。教育不能做因噎废食的事，特别是我们的家庭教育更是如此。

除了"五常"之外，传统文化中孝道、感恩、节俭等内容，"自觉文明"都有涉及。

《孝经》开宗明义章曰："身体发肤，受之父母，不敢毁伤，孝之始也；立身行道，扬名于后世，以显父母，孝之终也。夫孝，始于事亲，中于事君，终于立身。"我们在"自觉文明"的设计中要赋予"孝"新的内涵：如要珍惜生命，这是孝道的开始，也是孝道的根本；珍视自己的荣誉，加强自身修养，推行道义，让父母因你而珍贵；在学校自觉文明，积极向上，为中华之崛起而读书；在社会遵纪守法，做一个践行社会主义核心价值观的合格公民。

在传统文化中，孝与感恩有不可分割的关系，孝本身就是一种感恩的形式，只是感恩的范围更广泛一些。

《增广贤文·朱子家训》有一句话"滴水之恩，当涌泉相报"。《说苑·复恩》里也有一句话"一日之惠当以终生相还"。意思很好理解，人在困难的时候即使受到别人一点小小的恩惠以后也应当加倍报答，或终身报答。

《增广贤文》里还有"羊有跪乳之恩，鸦有反哺之情。孝顺还生孝顺子，忤逆还生忤逆儿。不信但看檐前水，点点滴滴旧池窝"的句子。典故通过小羊羔在吃它的母亲的乳汁的时候，羊羔有跪下接受母乳的感恩举动。比喻做子女的更要学会感恩，懂得孝顺父母。通过乌鸦老了之后不能自己去找食物了，小鸦会把吃进去的东西吐出来给老乌鸦吃。这是小鸦回报老鸦的恩义，长大后反过来"赡养"父母的行为。说明了一个道理，孩子要感恩父母的养育，长大之后要回报父母的养育之恩。同时说明了孝顺父母的人，他的孩子肯定也是孝顺他的，忤逆的人，他的孩子肯定也是"忤逆之子"。当然也告诫为人父母，要给孩子做榜样，因为孩子会"有样学样"——不信但看檐前水，点点滴滴旧池窝。

《增广贤文》是中国古代儿童的启蒙读物，是中国传统道德伦理倡导的基本做人的准则。强调了读书的重要，孝义的可贵，向善的目标、勤奋的传统。也是我父亲经年累月桌边教子的唠叨教材，大多内容我现在能倒背如流。但是现在作为教育人，要摒弃里面糟粕的东西，运用里面精华的思想，训练学生的道德意识。

《朱子家训》中说："一粥一饭，当思来之不易；半丝半缕，恒念物力维艰。"

在"自觉文明"中就有节约粮食和衣着朴素大方的条文。

养成了节俭的习惯，学生之间就很少攀比，知足常乐；节俭的人，对外界要求少，容易知足，才能时时体会到幸福感。这样可以考虑唤醒孩子幸福的意识，培养孩子幸福的心态。

教育家陶行知"学生自治问题之研究"：德育注重自治，自治就是练习道德。学生在不停地做好人好事的过程中，抑制了做不恰当事情的想法和行为，在做到礼仪规范的事项的过程，就是练习礼仪、练习道德。不总把抽象的道德，停留在脑海里，口头上，或者眼高手低，或者知而不行，道德水平难以提高。

德国伦理学家泡尔生曾经说过，道德修养的全部要义在某种意义上就是形成某种自我控制的能力。而这种自我控制的能力，从主体心理的角度看，实际上就是人以自己的理性对自己欲望的合理引导和规约。"自觉文明"通过加分减分的机制，就是一种引导和规约，通过学生对分数的与生俱来敬畏与尊崇，形成自我控制的能力。

"只有能够激发学生去进行自我教育的教育，才是真正的教育"。又是苏霍姆林斯基说的。他在《帕夫雷什中学》中这样写道："为每一个人培养起善良、诚挚、同情心、助人精神以及对一切有生之物和美好事物的关切之情等品质，是学校教育基本的起码的目标。学校教育就要由此入手。"

有了以上几位的真知灼见，让我们那种无所适从的想法烟消云散。他们给了"自觉文明"一个很好的理论诠释，给了推动"自觉文明"一个强大的精神力量。

2016年我在东北师大培训，周六去了长春世界雕塑园，园内荟萃了来自多个国家及地区的多位雕塑家的众多雕塑艺术作品。园内的著名作品有程允贤老先生创作的《铁马金戈》、陈云岗的《大江东去》、德国雕塑家迈希亚斯的《平安》、非洲马孔德木雕作品等。给我印象深刻的是法国雕塑大师罗丹的《思想者》，我看到了，不过是人们公认的原模浇铸，但也不错了。还看到了米开朗基罗的《大卫》，我想起了他说的一句话："在每一块石头或大理石里面都蕴藏着一尊美丽的雕像，一个人仅仅需要把那多余的部分剔除就能展现出内在的艺术品。"

我想我们的教育就是抑恶扬善，我们的教师、家长就是雕刻师，我们所要做的一点一点地、日积月累地剔除学生身上不健康的部分。这个过程，是教师成为名师，成为名副其实的教育实践家的过程，这个过程，是学生凤凰涅槃、化蛹成蝶的过程。但这还远远不够，我们的教育，不能千人一面，千篇一律。我们要追寻有个性的教育，才能培养出有个性的学生。斯普朗格说："教育的最终目的，不是传授已有的东西，而是要把人的创造力量诱导出来，将生命感、价值感唤醒。"我们要有一种机制，激发学生的创造力量，让我们的每个学生都成为雕刻师，让他们都懂得如何去雕琢自己，也懂得去雕琢身边的同学，身边的家人，这样比传统的教师单项着力要好很多。通过双向，多项作用，滴滴向善，汇聚磅礴之势，共同塑造一个美丽和谐的世界，这就是"自觉文明"的设计初衷。

二、"自我管理"理论源起

陶行知十分重视学生能够"自立立人"，注重学生全面发展。他有这样一首诗："滴自己的汗，吃自己的饭，自己的事自己干，靠人、靠天、靠祖上，不算是好汉。"他强调"学生自治是学生结起团体来，大家学习自己管理自己的手续。"他认为：在集体中自治的学生，其力量更加"不可思议"。

我读《史蒂夫·乔布斯传》时，看扉页上一句苹果公司的那句广告词，我很有感触。"那些疯狂到以为自己能够改变世界的人，才能真正改变世界。"我在想只有那些自信到以为自己能够改变学校的校长，才能真正改变学校。也只有那些相信自己能够改变班级的人，才能真正改变班级。也只有那些相信自己能改变学生的教师才能教育好自己的学生。如果教育工作者永远只有亦步亦趋、故步自封、浑浑噩噩、随波逐流，那么教育生态必将是一潭死水，波澜不惊。

前北大校长教育家蔡元培强调发展个性，崇尚自然。为使学生的个性和才能得到充分发展，强调要有"自动""自学""自助"的精神。在那个军阀混战，民不聊生特定的历史时期，蔡元培能提出这样的教育思想，实属不易。当时陈独秀作为北大教授和李大钊一起推动新文化运动，对青年学生发展个性，也起了积极的推动作用。

《斯宾塞的快乐教育》中斯宾塞讲道：教育的目的除了传授知识，就是培养孩子的自助能力。要知道，知识的传授，比起一个有机生命自我完善、求知，再综合为生命、思维来说，要简单得多。

所以一直以来，我们的老师都是做了传授知识的直接劳动，而引导学生生命的自我完善，思维的发展、道德的成熟的确要复杂得多，也困难得多，漫长得多，收效也没有学生成绩来得具体而显而易见。

记得我在读小学三年级的时候，我的语文老师已经很老了，有一次他让我帮他去提桶水回来，我使出浑身力气，在30米外水井打了半桶水回来，他还说了声谢谢，我开心了整整一天，感觉受到了嘉奖一样。这是我当了教师后相信学生做事的意识萌芽。

我有八年的农村村校工作经历，有两年是一个人一个班。我把早上开门、晚上锁门交给离校较近平时又来得较早的学生，把记录学生迟到、早退、好人好事的任务交给那个班上字写得最好的学生，把每节课擦黑板的任务交给班上身高最高的学生，这就是最早的定人定岗。发现他们都非常负责，因为他们感觉得到了老师的信任，无比荣光。于是后来在面对全区成绩倒数第一的班级时我把班上的背诵、听写、作业检查、纪律、卫生、承包给相关干部。如果哪个小组长工作能力较弱，我也会派一个班干部去承包那个小组。这是"自我管理"的萌芽。

回想起自己当班主任，感觉最烦的是无休无止的软件记录，学生之间发生的鸡毛蒜皮，清官难断的家务事，浪费了大量的精力与心力啊，鲜有幸福感。在初中负责时，在学生会成立了一个组织，叫自主管理委员会，他们协助执周教师负责整个学校的学生管理。要求班上也成立一个自主管理委员会，负责处理班级事务，同时要求所有的软件记录，让给学生去做，班主任只作指导、督查、考核。如果班上发生的事自己没有处理好，交到了学校政教处处理那就要减该班集体的分。班上的记录与学校的记录不融合，不通用。政教处只针对自己处理的事，以及常规管理发现的事，这样杜绝了各班矛盾上交，也锻炼了班级自主管理委员会干部的能力。有一次，初三2班有两个同学在男生宿舍前发生了打架事情，当时就有其他班的学生反映到学校政教处。与此同时，他们班的班干部跑到政教处要求这个事交给班级自管委员会处理，并请求不能减班级的分。后来，他们把处理结果报告了政教处，处理得非常圆满。那个时候，诸如班会的组织，纪念12·9运动文艺汇演活动，班上家庭作业的批改，通通交给学生，为训练学生能力减轻教师工作负担，起到了超预期的效果。当时的那台文艺汇演很成功，与往年老师亲自请辅导教师教出来的节目质量，也没有多大的差距。另外学校公共区域的卫生承包到班级，但是班上的事务大多还是采取值日轮流进行，这就是"自我管理"的开始。

一个偶然的机会，听了一场魏书生的报告，当时可以说是激情澎湃，视听恨晚，如获至宝啦。回到学校，组织每位教师观看魏书生的报告。在全校教师大会上进行汇报、宣传、发动。学校进行顶层设计，确立竞聘上岗项目，及岗位职责。班上再进行第二次培训，根据班上实际和人数的多少，必须保证一人一岗，当然也可以一人多岗。把班主任从事务当中取出来，让他们有成功感、幸福感。于是就有了学生的系统的"自我管理"，让班上的事，事事有人做，让班上的人，人人有事做。这里面的内容除了班上的事情承包和魏书生的方式差不多，我们还进行了创新，把学校很多学生力所能及的工作也承包给学生志愿者，如绿化管理（除草、施肥、修剪），公共财物的管护（路灯、课桌、水龙头等），小的搬运（开学书本、作业本），都有学生积极主动参与，学校给班级加分，班上给学生加分。至此"自我管理"的操作系统已经成熟。

再后来我调入另一所中心校当校长，当时老师们很苦，改练习册就要改三套。有的教师白天改不完，放学后背回家去改。大家都不想当班主任，事情太多，压力太大，倦怠很严重，为了提高他们的幸福感，我首先是提倡一教一辅，然后我在全校推行把家庭作业、机械的基础作业，交给学生去批改，教师改那些不好把握的作业，但是学生改了教师必须了解批改情况，作业的完成情况，找准错误所在，确定等级、加注评语和批改日期。这是让教师了解学生作业情况，同时也让学生不敢马虎的举措。试想一下，学生去改一次别人作业，肯定要认真分析，这样是不是就等于复习一遍，温故知新了吗？如果学生改到和自己不一样的作业，是不是想方设法去搞清楚谁对谁错了呢？后来，政策性一教一辅了。

五年过后，我又调入另一所中心小学，三千多名学生，老师们非常敬业呀，有一个叫余关湖的老师，连续教了 15 个毕业年级，可见他的实力。他有一个特点，作业必须全批全改，不论改到什么时候，有时是凌晨 1 点至凌晨 2 点，有时是周六周日，不论酷暑严寒、不论天晴下雨，教学楼只有他的办公室亮到很晚。可以感动中国的事，他在给他母亲守灵时，仍在批改尚未改完的作业，太感人了。这里有一篇学生的演讲稿可以说明一切。

我和老师之间的故事
——老师，我不想说再见
学生　何利　指导老师：张晓丹

太阳从东边跳到西边，教鞭点亮一双双慧眼。结束了一天的功课望望黑板，老师，我不想说再见。（唱）这就是我今天演讲的题目老师，我不想说再见，就想说说我和你——余老师之间的故事。

"何利，昨天收的作业给我。"突然，您嘶哑的声音在我耳边响起，正低头默默背书的我猛然抬头，满脸疲惫的您正站在我面前，用布满血丝的眼看着我，两天不见，特爱整洁的您胡茬冒出来了，头发有几丝凌乱了。"啊，您，您怎么来了？您的母亲不是……？""糟了，昨天的作业我自作主张没收，想到您母亲过世，绝对不会批改作业，我们可以放松一下，没想到……我着急忙慌地开始收卷子，叮叮叮，电话响了，只听您平静地说："稍微等一下，作业还没收齐。"没有丁点儿埋怨，看着您拿着卷子步履匆匆，我后悔不已。后来，听语文老师说，深夜，您就坐在灵堂前，伴着低沉的哀乐，默默地陪着母亲，认真地改着作业。全班学生都红了眼，有的在小声抽泣。是的，我应该记得您雷打不动的习惯：今日事，今日毕。不觉间，我的眼里蓄满泪水……

朦胧的泪光中，您风趣幽默的讲课，伏案工作的辛劳，耐心细致的辅导历历在目。此时此刻，我只想走到您面前，为您拭去额头的汗，替您揉捏酸痛的肩。想到只有短短的一学期就要分别了，我内心酸涩。余老师，我不想说再见，只想永远留在您身边。

我的演讲完毕，谢谢大家！

这篇学生的演讲稿，情真意切，说明我们身边真有如此伟大的老师。对学生心灵产生巨大的影响，师生感情得到进一步升华，学生知道了老师的无私奉献，他们肯定会端正学习态度，更加愿意为老师为同学做力所能及的事务的。

从另一个侧面说明平时"自主学习"一项三分钟演讲，他的意义不仅在学业上提高学生写作能力，素质训练上提高学生表达能力和自信阳光的品质，有时的效果，可以远远大于教师重复的说教。

我为学校拥有这样的教师感到无限荣光，他是学校一笔宝贵的精神财富，当年县长慰问了这位教师。作为学校负责人，既要呵护教师的奉献精神，同时又要带领教师寻找更为有效的教育教学方法，让他们不要那么累，那么苦，同时更要推行教育改革培养学生实践能力，不能让学生的人生只有分数，再无其他快乐的记忆。

我告诉老师们，作为每一个教育工作者，我们都会涉及班级管理和课堂管理。几十年教学实践告诉我，老师的班级管理艺术，有效开展组织教育教学，会直接影响教学效果。可是我们很多老师把教学成绩差、学生习惯差归因到学生身上，不从自身找原因，唯我独尊，刚愎之用，跟着感觉走。

我们经常会听到很多老师感叹，现在的学生是越来越难教了，实际上是说越来越难管了，他们根本不把老师放在眼里，不像以往的学生那样尊重老师，而且一届不如一届。我的一位同学是全县优秀教师，优秀班主任，他说教了30多年了，从来没有遇到过像这一届学生，纪律太差了，自觉性太差了，我有点精疲力竭的感觉。他的话引起了我的深思，也引起了我的研究兴趣。

我想我们要用更为宏大的视野去看教育，去看待孩子。中国的发展实在是太快了，快到我们还来不及思考。现在入学的这一代，不论是独生子女，还是二胎，他们在物质丰富的时代长大，从小到大受到的关注是最多的，受到的关爱是最多的，他们变得非常强大。

他们大多心里没有什么权威感。他们在信息化时代成长，虽然小，但也很有知识了，他不一定认为老师比他强了，而是和自己一样是一个平平常常的人，不是20世纪六七十年代，老师在学生心目中，就是一尊神。

冷静梳理现象的来龙去脉，他们恰恰是正常的，是我们没有根据他们的正常调整自己认知的不正常。所以建议教师在感叹越来越难教的同时，一定要创新思维方式，调整居高临下对待学生的待人方式，把原来的俯视变为平视学生，真正做到自己的思想与时代同步，静下心来去思考面向时代发展的有效管理。

那么什么是管理？什么是目标管理？什么是"自我管理"？什么是情商管理？

管理：诺贝尔奖获得者赫伯特·西蒙在《管理决策新科学》

中对管理的定义是："管理就是制定决策"。决策，指决定的策略或办法。是人们为各种事件出主意、做决定的过程。它是一个复杂的思维操作过程，是信息搜集、加工，最后作出判断、得出结论的过程。可以意会一下就行了。那么一个班级管理一个课堂管理教师要有顶层设计，要科学地制定决策。不能总是兵来将挡，水来土掩，好像成竹在胸，什么都能解决，其实在疲于应付，盲目应对。

我当校长开始都有清晰的施政策略，让施政策略提供行政的方法，指引行政战略方向，从而共同努力来实现办学理想。

我的行政施政策略是：诚信为人，正直为官，严格执政，追求最大限度的公平；科学管理，民主决策，重心下沉，指挥前移，强调执行，让卓越成为一种习惯；团结班子、依靠群众，工作讲策略、讲方法，作细致的思想工作。

而班级管理策略，重点是"自我管理"，而"自我管理"的办法是人人有事做，事事有人做，人人能做事，人人能管理。当然具体为各种问题或事项出主意、做决定的过程，要做到民主与科学、民主与集中，凡事都交给学生去讨论，但教师要做指导后集中，这样才能保障决策的正确性，强调学生主体，也不能弱化教师的主导，否则就可能放任自流，而达不到科学的决策，肯定会影响执行的效果。

彼得·德鲁克在《管理—任务、责任、实践》提到："管理是一种工作，它有自己的技巧、工具和方法；管理是一种器官，是赋予组织以生命的、能动的、动态的器官；管理是一门科学，一种系统化的并到处适用的知识；同时管理也是一种文化。"这个相对具体了，如果我们每一个班级管理者能学习到其中的方法，理解到管理的精髓，那是值得称道的，但那谈何容易。而学生的"自我管理"既是管理的工具，也是管理的方法，长期坚守，就会成为班级管理的文化。

其实我有一句凡人名言："交给别人任务时，善意提出完成任务的方法，提醒创造性完成"。这句话的意思在科学管理之父"弗雷德里克·泰罗在《科学管理原理》的一句话得到了印证："管理就是确切地知道你要别人干什么，并使他用最好的方法去干"。在泰罗看来，管理就是指挥他人能用最好的办法去工作。这点在我们传统的管理文化当中，布置任务时，直接说这是什么事，你去搞定，一般不会给你说这个事要用什么方法去解决。更有甚者，认为这个事要我说怎么去完成，那还设你这个岗位做什么，倒不如我身兼数职。但对于我们教师来说，我们面对的是懵懂的学生，与成人区别是很大的，他们涉世未深，不懂管理。我们在教给学生任务时，就教给他们最好的方法，包括教育管理和教学管理，这样学生在"自我管理"的过程中，才能做到如鱼得水，在管理的实践中培养自己的管理能力。

管理还有五大职能，分别为：计划、组织、指挥、监督和调节。这个对于我们对于班级的管理、对学生的"自我管理"同样具有指导意义。

目标管理：现代管理大师彼得·德鲁克提出了目标管理理论，强调应组织群体共同参与制定具体、可行、客观的衡量目标。目标管理关键在于用学生民主自我控制管理"取代"教师一言堂专制性管理，让学生作为目标的实现者，也成为目标的制定者，任务和目的都应转化为目标。这个非常适合我们"自我管理"设计参考，传统的班级管理由班主任一言堂，属于专制型管理，而"自我管理"即自我控制管理，肯定是民主管理。

目标管理可分为四个步骤：建立目标—明确责任—组织实施—评价绩效。目标管理最大优点就是提高了管理水平，它迫使管理者为了保证目标的实现，认真计划实现目标的途径，使管理更有效；激励管理者根据目标设置任务内容，使组织结构更合理；使管理者和被管理者都去承担任务的责任，专注于自己的目标；有了可考核的评价目标，才能使控制活动更加有效。

这个在"四自教育"具体操作过程中得到了体现。如"自我管理"设计如下：一是学校提供《学校自主管理竞争岗位表》和《"自我管理"岗位职责》。二是各班根据各自年级特点，师生共同讨论编制班级事务相关项目，就是建立目标。三是编制自主管理各项岗位职责，让大家明确职责。四是学生竞争上岗，责任承包，开展管理，就是组织实施的过程。五是总结评价。每天安排10分钟"四自教育"总结评价时间，由值日班长进行总结，其实就对一天表现的评价。六是考核与表彰。符合目标管理常规流程。总结评价和考核表彰属于评价绩效的过程。

"自我管理"：管理心理学教授李虹在《"自我管理"》中对"自我管理"定义：指个体对自己本身，对自己的目标、思想、心理和行为等等表现进行的管理，自己把自己组织起来，自己管理自己，自己约束自己，自己激励自己，自己管理自己的事务，最终实现自我奋斗目标的一个过程。

到这里，为学生实践"自我管理"找到了恰如其分的理论依据。也厘清了要学生练习能力、素质和习惯的目标。如："自我管理"事项的计划性，恰当安排并管理好自己的时间，不盲目应付；克服自己的性格缺陷，勇敢面对挑战；激励自己和困难作斗争，磨砺自己的意志和胆气；训练自己的执行力，做事力求高效；做事雷厉风行，克服拖延；强调与同学协作，讲求尊重与友爱；懂得思考，用最好的领导方法，敢于授权并信任同学；敢于负责，勇敢面对问题与矛盾；为班上同学服务充满激情与快乐等。

著名的成功学大师拿破仑·希尔说：我们每个人都受到习惯的束缚，习惯是由一再重复的思想和行为所形成的，因此，只要能够掌握思想，养成正确的习惯，我们就可以掌握自己的命运，而且每个人都可以做到。

习惯是一种恒常而无意识的行为倾向，反复地在某种行为上产生，是心理或个性中的一种固定的倾向。所以长期练习"自我管理"形成良好习惯，定会终身受益。这不仅对学生的"自我管理"极具指导意义，对教师更是如此。

核心素养中提出培养健全人格重点是：具有积极的心理品质，自信自爱，坚韧乐观；有自制力，能调节和管理自己的情绪，具有抗挫折能力等。在探寻"自我管理"的理论依据的过程中，《情商管理》就作了很好的诠释。作者是美国哈佛大学客座教授戈尔曼，他通过对121家企业中181个不同职位的能力标准进行研究时，发现其中67%的工作必备能力是"情商能力"，如个人的自控能力、专注力、值得信任、为他人着想以及处事能力等。具体的表现为：认识自身的情绪；妥善管理情绪；自我激励；理解他人情绪；人际关系管理。他的研究确定了沟通能力、团队合作能力及生活管理能力的重要性。

在"自我管理"中，情商自我能力训练意义重大、对学生未来的发展影响深远。传统的教育模式，剥夺了学生情商实践的大好机会，当找到理论依据后，我们要大胆放手，给学生充分的自由发挥与实践的时间与空间，让他们在管理班级事务中，在服务班级的事项中，在解决问题、处理问题的矛盾冲突中，在复杂人际关系的交往中，去训练自己的情商。这也是"四自教育"设计理论的重要支撑。

有了理论依据就有了方向，找到理论的支撑，推进起来就理直气壮。

作为班主任，只有让学生成为班级的小主人，充分尊重并相信学生，发挥他们的主体作用，发挥他们的"自我管理"才能，发挥他们参与班级管理的积极性，班级管理才能更和谐。但现实是我们很多的教育工作者习惯于包办代替，事必躬亲，把本来训练学生负责、担当、独立、友爱、忠诚、尊严、勇敢和使命感的管理素质的训练机会、实践机会，给白白地浪费掉了，学生的管理潜力得不到应有的挖掘。学生美好的成长光阴在教师神圣的无私奉献中蹉跎，把本是功德无量的事情做成了功德少量了，可惜可惜啊！

李凌云老师给她的学生讲：同学们，坚持实行"四自教育"不仅你现在受益，你出身社会后会更受益，只要你传承下去你子子孙孙都会受益。

对于小学一年级能不能推行"四自教育"，李凌云老师说：

"辛苦一个月，幸福六年！"她说："完全可以推行，因为第一个月老师指导，较为辛苦，一个月后，学生基本上掌握了"四自教育"的相关操作，而且越来越熟练，各项素质得到训练，学习习惯越来越好，成绩自然名列年级前茅，教师自然幸福六年！"

工作轻松了，自然而然就有幸福感了。

如果到目前为止，你还不知道，如何放手，你还犹豫不决，不敢放手。估计你是不认识魏书生的，那你一定要马上、立刻去看他的演讲视频，去读一读他的《班主任工作漫谈》。

当夜深人静的时候，你静下心来想一想，明朝太阳升起的时候，那么多小助手，帮你去解决问题处理问题。你会省掉苦口婆心，唾沫飞溅；你会忘记烦恼，发出会心的微笑；你会一身轻松进入梦乡，梦里的你就是那位快乐天使；你会有一种做成事的满足与幸福。

看看薛润兰老师的理解和做法。

两年前，我接手一年级七班的教育教学工作。为了搞好班级工作，我每天早来晚走，擦窗台、擦黑板、打扫教室，样样活自己干，从早忙到晚，可谓兢兢业业、不辞劳苦，可是效果却不理想。自从学校开展"四自教育"以来，我收获很大，特别是听了张校长管理班级的讲座，我认识到这种保姆式、警察式的班级管理模式，过多地强调了班主任的主导地位，忽视了学生主体意识，淡化了学生对班集体的责任感和义务感，窒息了学生的主动性和创造性，不利于学生的发展。我暗暗下定决心，尝试一下自我管理班级的方法。

自从实行了"班级自我管理方案"以后，我们班的教室面貌大有改观，脏、乱、差的现象再也没有了。老师走进教室上课时，看到的是教室明亮的玻璃，干净的地面，整洁的桌面以及洁净的黑板。这让所有的任课老师都感到心情舒畅，从而更愉快地投入到教学中去。同时，学生本身也在发生着变化：胡同学下课不再又打又闹了；也不见高同学吃零食了；邢同学也知道爱护班级了，主动从家里拿来锤子，为同学修桌椅，班里的插座坏了，他还想着从家里拿一个……所有这些变化可能还微不足道，但足以体现了学生自主管理方案在起作用。

　　总之，施行班级学生自我管理，学生的民主意识得到增强，焕发出管理的积极性和对班级的责任感。实践证明：学生的自主管理才能体现得越充分，积极性就越高，班风学风就越好。让学生自主管理，每个人成为班集体的主人，是当今社会培养人才的必由之路，也是班主任的重要课题。开展小学生班级自主管理，不仅真正锻炼学生的能力，还真正解放了老师，它使每个小学生既是管理的对象，又是管理的主体；既是活动的对象，又是活动的主体；既是评价的对象，又是评价的主体。这样的班级管理，能够通过师生的相互配合，进而以达到"'管'是为了不管；'教'是为了不教"的最高境界。

——薛润兰

三、"自主学习"的理论源起

　　从我教书的那天起，我曾经很长一段时间认为，教师应该是一个演员，只要演技足够高超，表演足够吸引学生，讲得精彩，学生成绩就一定好。我的语文课也朝这个目标努力的，我甚至练习演讲，练习朗诵。学生也爱听我的课，教学成绩名列全区前茅，效果不错。村校因为是包班教学，我的数学教学因为受渗透式教学法的影响，我采用的方法是，让学生"自主学习"例题，让学生上黑板做题进行检验，教师发现问题进行讨论解决，同时作业里又渗透了下一课时的新内容，让学生要通过思考才能解决，所以数学课上得新不新旧不旧了，效果也不错。这种自我感觉良好的不错，实际是教师的个人英雄主义表现，学生的成绩建立在因为教师个人的影响和精彩灌输让学生有一定兴趣而产生的结果。它与学生主动发现建构知识体系的成绩不错是不同的。我包班教学的时候，运用教授语文的精力和时间，是教授数学的两倍，取得的成绩都是差不多的不错。当我研究一些理论后，知道了前者我成了课堂的主体了，学生倒成了观众了，后者使学生在建构知识的同时，训练了自己诸多素质。后来我的教学思想在古今中外的教学思想影响下，也悄然地发生着变化。

我国很早就有关于"自主学习"的思想，强调所学应是通过自己的思考实践获得。如2000多年前孟子主张学习必须是通过自己刻苦钻研，自求自得，才会心有所悟，深入心中，通达到愉快的境地，将来应用于实践，便会如泉水左右逢源，取用不竭。所谓"君子深造之以道，欲其自得之也，自得之则居之安，居之安则资之深，资之深则取之左右逢其源，故君子欲其得之也。"《孟子．离娄下》第十四章，我们真的佩服我国古人的智慧。1946年美国戴尔"经验之塔"理论，也称为学习金字塔，足足晚了两千多年，只是他的研究更为具体，比如仅靠老师讲授，两周后学生只能记住5%，而实践或马上运用两周后可以保留75%。

我国对"自主学习"的系统研究，始于20世纪80年代。出现了不少以指导学生"自主学习"为目标的教学实验。如：上海育才中学段力佩等人总结的"读读、议议、练练、讲讲"八字教学法；中国科学院心理研究所卢仲衡主持的"自学辅导教学"实验研究；辽宁盘锦二中魏书生实施的"六步教学法"实验；上海嘉定中学钱梦龙进行的"导学教学法"研究等。所有这些教学实验都把"自主学习"作为教学的主要环节，明确把培养学生的"自主学习"能力和发展学生的智力作为主要追求目标。钱梦龙在长期的语文教学实践中还逐步形成了以"学生为主体，教师为主导，训练为主线"的"三主"教学指导思想。学生为主体，就是确认学生在教学过程中是学习的主体、认识的主体、发展的主体；也就是把学习的主动权交给学生，让学生在教师的指导下自己阅读，自求自解，从根本上解决教学中单纯由教师灌输知识、越俎代庖的教法。

《"自主学习"和学习：理论、研究和实践》系统总结了维果斯基学派、操作主义、现象学派、社会学派、意志理论、信息加工心理学等不同角度对"自主学习"做过的一些探讨。

主体教育论和发展性心理学认为学生的学习是一种选择性学习、实践性学习、创新性学习，是一种主动运用学习策略的活动。在学校里，学生最重要的学习是学会学习，最有效的知识是自我调控的知识。因此，通过教师的教学活动，激发学生的学习动机，提高学生"自主学习"、主动预习的能力，使学生乐于学习，善于学习，并养成良好的学习习惯，对学生的终身学习都将会有重要的影响。

美国心理学家布鲁纳提出的发现学习法就是让学生按教师提供的材料自己探究和主动发现问题，从而得出相应结论的一种教学模式或教学方法。长期运用此种学习方法，能使学生始终保持一颗敏锐的心面对学习。这种方法我们尝试过，让课堂更具目标性，让学生积极主动地发现问题，探索问题、解决问题，体现了学生为主体。特别是在数学公式、定理的教学时，运用发现学习法，更能激发学生学习热情，训练学生逻辑思维、创新思维和探索精神。

建构学习观认为学习是通过已有的认知结构对新信息进行加工而建成的。学习的过程是新旧经验反复的、双向的相互作用过程。由此可以推断出，学习是一个主动建构的过程，学习者不是被动地吸收信息，而是主动地建构信息，这里的建构一方面是对新信息的意义的建构，另一方面也包含对原有经验的改造或重组。这实际上与我一直在数学教学中采用的"渗透式教学法"在理念上是一样的。就是把课上得新不新旧不旧的，充分让学生去探索、去发现、去建构，教师作为一个学生跋涉途中的向导。

爱德加·戴尔提出的学习金字塔理论，学习效果在30%以下的传统方式是被动学习；而学习效果在50%以上的，都是团队学习、主动学习和参与式学习，因此，学生的"自主学习"的效果比其他方式要强得多。

通过中外有关"自主学习"理论探索，为自己提供了强大的理论依据和智力支撑，深深地影响了我的教育实践。也让我从微观的层面探究出课前预习、青蓝结对、相互讲授、三分钟演讲、诗文素读，自主探究合作学习的有效指导方法，从而提高学生的"自主学习"能力，养成良好的"自主学习"习惯。为学生的终身学习教育打下良好的基础。

比如：作为二十世纪三大教学运动之一的以马斯洛和罗杰斯为代表的人本主义学习理论，它关注学习者个人的知觉、情感、意图和信念，强调以学生为中心建构学习情景；注重启发学习者的经验和创造潜能，以发展人性，主张为学生提供合适的环境，让他们能基于自己的认知水平和生活经验去理解世界，最终达到实现自我的目标。

上朱自清的《春》这篇课文，按照传统方法，备课、上课，虽然讲得很精彩，感觉学生领悟不深。如果上这篇课文时，提前作谋划，首先让学生感受冬，感受冬天的皑皑白雪，感受冬天凛冽如刀割的风，让学生写这样的冬天。然后春天来了的时候，有意识布置学生观察柳枝发芽，细雨如丝，春风和煦，写写这样的春天。当上《春》的时候，让他们走出教室，到田野山岗去寻找春天。感觉效果大不一样，因为后者关注了学生个人的知觉、情感、意图和信念，强调以学生为中心建构学习情景。创造适当的条件，释放学生的学习意愿和潜能。当然这需要教师对整个课程体系教材编排了然于胸，运用自如，非一般老师能达到的，但也可以作为理想教学状态进行追求。我到过长春市小兰小学参观学习，他们的老师对教材的研究可以达到这种程度，他们对人教版、苏教版、西师版等教材知识点的编排进行了系统的研究，通过列表进行了梳理。可以说他们的老师在上课的时候，可以纵横调度，让课堂效益最优化。

当我先后在两个村的村校工作八年之后，终于调入当地乡镇中心校工作，但并不是从此一任红尘漫天去，高卧先生百不忧。学校让我接任的是一个换了几任代课教师语文平均成绩只有48分的班级。分数成了我必须跨越的鸿沟，怎么办呢？我需要把每一个学生学习兴趣调动起来，教给他们正确的学习方法，最大限度地发挥他们主观能动性自主学习，让他们创造一个属于自己的神话。结果通过一学期的努力，平均分提高到73分，由全区倒数第一以微弱的优势一跃为顺数第一，出乎所有人的预料。那个时候是应试为主，两年后这个班语文毕业升学考试的平均分达到了80分（100分的总分），这在当时的确引起了很大的反响。反思奇迹背后的秘密，在自己的教学生涯中，不断探索、不断创新、不断总结，我做了以下一些事情。

（一）站在学困生的角度思考问题，并设法理解他们

放眼一看，一个平均分只有48分的班级，肯定大多都是学困生啦，很多老师面对差生的口头禅是："你笨得像猪，你蠢得如牛"后面还有一句更难听的话："牛教三遍还知道打转，你怎么就不知道转弯呢"。猪是怎样的笨、牛怎么蠢我没有研究，但是牛在耕田的时候，驾驭它的人叫转，又是缰绳拉动，又是荆条

伺候，三遍真的知道转向。

美国密歇根大学一项实验表明，情绪受伤和身体疼痛感，在大脑的区域反应图示非常相像。像这样极尽挖苦讽刺之能事，除了让学生产生难受的疼痛感和巨大的心理压力，估计不会对成绩的提高有太大作用。不如换一种思维方式，站在学生的角度思考问题，设身处地地理解他们。我给他们讲啊：你们成绩差，不代表你们笨，只说明你们过去基础差，或者学习兴趣不浓，或者方法不对。我知道其实你们做梦都在想提高成绩，而且每个人都想100分啦，谁不想受到老师的表扬，同学的称赞，家长的喜欢。我的责任就是和你们一起想办法改善你们的学习情绪，探索学习方法，共同实现成绩提高，让我们班每个同学都扬眉吐气，活得有价值有尊严。那我们每个人都出一份力吧！而且我还告诉成绩较好的学生或者小组长，一定要注意辅导的态度，要有耐心，要一步一步地来，只要被辅导的同学有点滴进步就应该给予肯定与鼓励。我感到我的话像一股和煦的阳光，照进了他们那尘封已久的漫长冬季的心灵。我感到了信任与理解的力量，课堂上我能发现那些差生眼里闪烁的一缕缕希望的光，感觉到他们那脸上被烙上差生金印的压抑而紧锁的眉头有那么一点点舒展，感觉到他们被温暖的心灵表现出那一丝丝慰藉。我也会把一些简单的问题让给他们去回答，给他们从来没有过的信心。他们也回报给我感激的微笑和一天一天的进步。

我有这样一个学生，他给我讲，老师，你太好了，你从不吼我们，挖苦我们，以前的老师辅导的时候，骂我太笨，只要他一骂，我的脑子就蒙了，他说的什么我就听不清楚了，更听不懂他讲什么，所以我的成绩一直都很差。细细想来也是啊，老师用成人的眼光去看待题的难易程度，认为这么简单的问题，给你讲了多少遍，你怎么就是不开窍呢？后进生，如果很快就开窍了，那他就不是后进生了。后来在我当了教导主任，当了校长后，我给老师们讲，你们能当上老师，那也是百里挑一，本身从小到大，成绩一直名列班上前茅的，你们要设身处地站在后进生的角度思考问题，他们的无助，他们的期盼，他们心里承受着的巨大的思想压力，他们忍受的暗无天日的无聊时光。蹲下身来，和他们一起共同克服心理障碍，树立信心，培养兴趣，为他们点滴进步一起高兴，走进他们的心灵，从头开始，重新再来。这是一个漫长的过程，需要足够的耐心和漫长的等待。

著名的语文特级教师钱梦龙先生在《教师的价值》中，讲了他是如何从一个差生变成了人民教师的传奇人生。在小学五年级之前，是个名副其实的"差生"，顽皮贪玩，不爱学习，旷课、逃学是家常便饭，以致小学五年中共计"创造"了留级三次的"辉煌纪录"。老师和同学都说他是"聪明面孔笨肚肠"，他也自认是个笨孩子，完全失去了上进的信心。那时，他父亲忙于经商，没时间管他；母亲不识字，没能力管他；老师对他失去了耐心，懒得再管他。于是，他就像一匹没有缰绳的小马驹，整天在野地里无拘无束地狂奔乱跳，结果是：在"差生"的轨道上愈滑愈远，使他成了个"人见人厌"的家伙。幸运的是，他在五年级留级以后，被分到了武钟英班上，武老师教五年级国语（语文），兼班主任。也许因为他当时在学校里有点"知名度"吧，开学第一天钟便把钱梦龙叫到办公室，对他说："钱梦龙，老师和同学都说你笨，你是不是想知道自己到底笨不笨？"他当即表示很想知道，于是武老师从抽屉里拿出一本四角号码的《王云五小字典》，对他说："这种四角号码查字法是比较难学的，现在我教你，如果你能学会，就可以证明你不笨。要不要试一试？"武老师的话一下子引起了他对这种查字法的好奇心，表示愿意一试。

于是，武老师先要求他当场背出四角号码查字法的四句口诀，然后教他怎样看一个字的四个角和附角，并在纸上写了几个字让他试查。他居然很快就把这几个字从字典里准确无误地一一查了出来。从武老师当时兴奋、赞赏的表情，从按在肩上的温暖的大手传递的"信号"中，他"读"出了一个令自己都不敢相信的结论："钱梦龙不笨！"

老师一个细微的表情，一个友善的动作传递出神奇的力量。

接着，武老师给他布置了一项"光荣任务"：自备一本《王云五小字典》，以后他每教一篇新课文，都由钱梦龙把课文里的生字新词的读音和释义从字典里查出来，抄在黑板上供同学们学习。这一项本来十分平常的工作，但对一名素来被同学看不起的"留级生"来说，是一件多么"光彩"的事啊！

给学生事做，学生会感觉老师的信任，同时找到在班上存在的价值。

他开始有了上进的信心，旷课、逃学的老毛病也"不药而愈"了，尤其爱上武老师的国语课，其他各科的学习也渐渐有了起色，这其实就是理解的力量。

（二）表扬学生的点滴进步，让每一个孩子变得自信

后来钱梦龙在武老师的引导下开始爱看课外书，介绍他看的第一本书是《爱的教育》。武老师从来没有放过每一次表扬他的机会，只要作文里有几句写得比较好的句子，武老师总要在作文评讲时读出来，有时候也让他站在讲台前自己读，那种荣耀，对于一个曾经招人唾弃一文不值的差生来说，自然是扬眉吐气。升入小学六年级的时候，武老师把他的一篇作文推荐给嘉定县的一份地方小报，居然被登了出来。看到"钱梦龙"三个字第一次变

成铅字明明白白地印在报纸上时，他说他感觉真比登台领奖还要风光百倍！我想那种傲视群雄的自信心可以油然而生了。

富兰克林曾经说过："一个人失败的最大原因，是对自己的能力不敢充分信任，甚至认为自己必败无疑。"这个班的学生自信心受到严重打击，大家心里都有一个疑问，我的成绩还能够提高吗？我是不是真的笨呢？

我任教的班上有这样一个学生，语文基础实在是太差了，五年级了，居然生字还是不能听写，那天小组长到我这里汇报，说某同学怎么也听写不了今天的生字，我告诉他，不要紧，你先教他读三遍，然后让他读一个字，听写一个字，看看能不能完成听写。一会儿组长来汇报，他已经听写完成了。放学了，我找那个同学谈了一次话。说："你是肯定能听写的，只是你原来基础较差，总是害怕听写而已，你可以先由读一个写一个，然后一次写两个、三个，逐渐加大难度，你肯定能完成听写任务的。"后来他克服了心理障碍，居然能完成听写任务了。

五年级了，还在给学生补认读、听写，程度很差的还要从小学一年级的生字开始，从汉字拼音教起，在今天看来就是一个笑话，但在当时，实属无奈，因为班上的学生基础之差超出了人们的想象，我面对的就是这样的现实困难。

心理学家威廉．杰姆斯曾说过："人性最深层的需要就是渴望别人的赞赏，这是人类之所以区别于动物的地方"。所以当学生认真完成了一次工整正确的作业，一次完整正确的听写，一篇通顺真实有趣的作文，我都会时时提出表扬，甚至把孩子的点滴进步告诉给家长。"世界上最美的声音是赞扬的声音"，学生的自信心在一次次的表扬中慢慢增强，他们的思维也渐渐活跃起来。

《幸福教师的五项修炼》讲了这样一个故事。智通禅师（日本）在归宗智常禅师处参禅时，有一天晚上突然大叫："我开悟了！我开悟了！"三更半夜，把很多僧人吓了一大跳。第二天上堂，归宗禅师集合众人后问他："昨夜你自称已经开悟了，你是悟到了什么呢？"智通答道："我悟的道不能说。"归宗说："不管怎样，你总可以方便一说。"智通低声细语地说："师姑原来是女人。"众僧哄堂大笑，只有归宗禅师惊异地看着智通说："是的，你果真悟道了。"

师姑，是在家学佛的女居士。师姑是女人，这是三岁孩童都晓得的，智通却经过千辛万苦才弄明白，何以算是悟道？众人都觉得茫然，归宗禅师感叹说："智通真是前途无量，连'师姑是女人'都能参透，还有什么禅道悟不出来呢？世间的事理，是一通百通的啊。"这说明一个教育问题：鼓励的重要性，我们的教师肯定会面对悟性较差的学生，我们不要一味地挖苦讽刺，要戴着放大镜去发现学生的点滴优点，并给以鼓励，让学生获得自信的积累，可以收到意想不到的效果。

看看六年级的一篇习作。一个小小的赞扬与鼓励，会触及最静谧的灵魂，让他们变得自信。

小赞扬，大改变

六年级六班　凌星　指导教师：周菲

时间像流水似的过去，不知是谁，触碰了我记忆深处的那根弦，每当看到这易断的琴弦，我都会想到敬爱的周老师，想到您那一句刻骨铭心的话，永远不会忘记。

在您还没到我们班之前我胆子特别小，每次上课回答问题时我的脸上都会像涂了一层胭脂似的，但自从您来了之后我变了……

那一次上课，您提出了一个非常简单的问题。看着其他同学都争着举手回答而我却低着头，心里不住地念着：周老师千万别叫我呀……可是您那犀利的眼神还是盯住了我，点了我的名。我似乎感觉到同学们的目光齐刷刷地落在我身上，我慌极了，头也不敢抬起，脸涨得通红，结结巴巴地回答着问题，声音小得只有自己才听得到，引得同学们一番无情地嘲笑。此刻我的心怦怦直跳生怕您会责怪我，可是您不仅没有责怪我还用亲切的语气对我说："孩子你回答完全正确。可这个正确的答案离你远的同学一定没有听见，你能再大声地告诉他们吗？"我抬起头正好看见您那双慈爱的眼睛，顿时我感到有一股热流向我涌上来。我似乎有了力量，响亮地回答了问题，赢得了同学们热烈的掌声。以后的课堂上老师经常让我回答问题，渐渐地我的胆子大了，自信了开朗了，不仅能主动回答问题还积极参加课外活动……

老师您的眼睛是无声的语言，对我充满期待是燃烧的火焰，给我巨大的力量。正是您那一个眼神一句话语促使我勇往直前让我有了自信。马上就要毕业了我要高声对您说："周老师，你的赞扬改变了我。谢谢你！我永远不会忘记您。"

（三）改进工作方法，让学生在实践中培养兴趣

苏霍姆林斯基《给教师的建议》有这样的话。兴趣的源泉还在于把知识加以运用，使学生体验到一种理智高于事实和现象的"权力感"。在人的心灵深处，都有一种根深蒂固的需要，这就是希望感到自己是一个发现者、研究者、探索者。而在儿童的精神世界中，这种需要则特别强烈。

兴趣、应用、发现、研究、探索，要培养就要给机会训练。

我有一个侄儿从小在我家生活，兴趣就是看电视，特别爱看《西游记》，4 岁的时候，演员说出上一句台词，他能背出下一句台词。但是他对于算账，一点兴趣都没有，10 以内加减法，就要掰手指才能算出来。分析一下原因，他没有算数实践的机会，因为我家小孩吃的零食、水果、牛奶等都是买在家里。后来我改变了一种方法，每天给他 1 至 2 元钱，让他自己到小卖部去买，一个月后，他自己都能算账了，当然他慢慢变得有兴趣要零花钱买零食了，也乐于算数了。

我自己的孩子，从小就有实践经验，我家开了一个便利店，他从小就参与经营，口算能力超强，对玩扑克牌斗 24 的游戏也很有兴趣，对数学兴趣越来越浓，数学成绩一直不错。

《史蒂夫·乔布斯传》写了乔布斯小时候很顽皮，三年级时，他和同学悄悄在老师的椅子下面点燃炸药，把老师吓得抽搐了。当然乔布斯被送回家，父亲去学校。书中写道："听着，这不是他的错，"乔布斯回忆当时父亲是这么对老师说的，"如果你提不起他的兴趣，那是你的错。"

进入四年级后，乔布斯遇到了一个叫希尔的女老师。乔布斯称她为"生命中的圣人之一"。在观察了乔布斯几个星期后，希尔老师想出了对付乔布斯的好办法。乔布斯是这样回忆的——"有一天放学后，她给了我一本练习簿，上面都是数学题，她说要我带回家把题目解出来。我心想：你是不是疯了？这时她拿出一支超大的棒棒糖，在我看来地球也不过这么大吧。她说，你把题目做完之后，如果大多数都做对了，我就把这个给你，再送你五美元。我用了不到两天就做完交给她了。"几个月后，乔布斯不想再要奖励了，只想学习和让老师高兴。因为希尔老师知道乔布斯的喜好，常找来一些小工具，让乔布斯打磨镜头，制作相机。到四年级即将结束时，希尔老师为乔布斯做了一次测试，结果，他的学业竟然已经达到初中二年级的水平，学校允许他连跳两级。可是他的父母却明智地决定让他跳一级。

希尔老师的做法我们的很多教师也做过，遗憾只是遇到的不是乔布斯而已，但是产生的效果肯定也是有的。因为都激发了学生的学习兴趣。

后来乔布斯真的改变了世界。

20世纪90年代，小学毕业要通过考试才能上初中，刷题做卷子就成了家常便饭，给教师批改作业增加了太大的工作量。于是我动员成绩较好又自愿参加的学生批改卷子上的基础题，我只改作文和阅读题。同时学生平时的作文都是小组先进行相互修改。比如：错别字和句子的修改，句子修改必须由学生本人在小组读通顺，改通顺等。我红笔随身带，随时给学生面批，更多地从立意、选材、结构，开头、结尾上指导，写完一个本子奖励一个，学生的积极性大增。我面批结束，一会儿学生修改后又给你拿来了，又批，直到满意为止。五年级学生一学期写得最多的有五个作文本，按照1个作文2至3页，一个本子30页至少可以写10个作文，5个本子，可以写50个作文（其中含学生重复修改的作文），可见学生对写作的积极性。最差的学生也写满两个作文本。主要是学生作文的兴趣起来了，大家都愿意去写了，都愿意去改了。班上有两个学生参加县级作文比赛，获一等奖。有一个姓蒋的学生，小可爱，原来语文基础也不好，但是她很有上进心，字也写得相当清秀，她的作文改了写，写了再拿我改，我们都不厌其烦，我见证她一天天的变化，后来在全区小学毕业考试时语文考了97分，全区第一。让我最有成就感的是学生学习的兴趣和激情起来了，他们的思维活跃起来了，我越带越有劲，是我的疯狂改变了这个班级。

黄同学的笔记本写了这样一句话："老师，是你让我对学习真正有了自信"。一位姓向同学的感怀，张教师："你从不打我们，但你布置的任务大家都抢着去做。"一个张姓同学说："我的个性特别犟，某老师打我，我从来不服气，您的方法和说服教育让我们心服口服啊，仁者无敌，上你的语文课我们都很过瘾。"

（四）推行自助教育，让学生自我探索中获取知识

苏格拉底有句名言："教育不是灌输，而是点燃智慧的火焰。"细细品味，伟大的哲学家说的话，总是那样的深刻而让人充满遐想，如薄雾缥缈，让人看不清眼前的景物。其实不是只有我们的教育才是灌输，而是教育方式本身更容易让人以灌输的方式更为自然而然。的确灌输的结果很难让学生形成独立的思想，好像一棵棵小树被风牵着东倒西歪。教育是教师教给学生学习方法，让学生在探索、发现、感悟中点燃学生智慧的火焰，照亮他们漫漫人生路。

记得我小时候，学习吹笛子。因为家里一支笛子大哥在吹，他说笛子只能一个吹，其他人吹了不卫生。当时没有钱去买笛子，所以自己砍竹子，用锯子锯成笛子长短，用烧红的铁丝烙孔，开始时按照均等距离开孔，吹出来音不准，因为那个时候不知道全音半音的区别，怎么也想不通怎么不是均等地打孔呢？后来又按照样品笛子的距离做了一个，音就准多了。是自己做出来东西，那种成就感不言而喻。吹奏的兴趣非常浓厚，时常整整一个下午坐在门凳上吹奏。当自己学会指法时，也学会了简谱，最后居然不用看简谱也能自由吹奏自己熟悉的曲子。

《斯宾塞的快乐教育》谈到：自助教育对于培养一个孩子独立思考的能力也是大有好处的。第一，会让孩子形成因果的概

念，明白世界上一切东西都是有原因的；第二，会让孩子用自己的方式去找到这种原因，他不会完全照搬某个人、某本书说的观点。

我小时候的一项重要家务劳动就是推磨，我家六口人，每天必须磨一升（约七八斤）玉米出来，石磨很重，推起来很是吃力，开始我总是一次添进去很多玉米，那样要轻松一些，但磨出来的面要粗一些，不符合标准，后来只有一次少加一些，慢慢地掌握了标准，磨出来的面就相对合格了，但是用力就要大很多，很累，感觉是一件苦差事。后来我知道石磨的原理是利用了上下石磨的摩擦把玉米磨细的。在学习摩擦系数知识的时候，我一下子联想到自己实践过的推磨经历，很快就理解了，而且很难忘记。农村家务劳动实践，对我的写作也有很大的帮助。的确训练了自己的观察力。我的老师对我的作文评价是：写得有血有肉。有几次还把我的作文拿到初中班去读，或在教室外展出，每一次都让我激动好几天。

其实在农村的学生，生活实践比城里的孩子要多很多机会，他们会参加农活和很多家务劳动。教师如果教给他们观察的方法，口语交际的路径，组织语言的能力，那么他们既能获得知识，又能提高口语交际和写作能力。记得 90 年代每年都要放一周的农忙假，让学生回家帮忙干农活，其实最主要的农活就是抢收小麦，因为小麦一旦成熟了，最怕连续下雨，所以要抓住那几天天晴收回来，于是学校专门放农忙假。我会安排学生学会观察生活、欣赏这个季节金黄麦浪的美丽，感受劳动过程的辛苦，体会农民丰收的喜悦，想想在学校读书的幸福。假期结束，每个人必须交一篇以农忙假为题材的作文。

那个时候我在进行单元作文训练时，我会先把作文题目告诉学生们，一是让他们带着写作的困惑把课文当范文学习，二是让他们运用 1 至 2 周的时间去提前观察与思考写作。这样写出来的东西，就会来自生活，不至于假、大、空。

在上语文课时，我也进行课内外衔接，根据我们要上课的内容，学生自行去进行生活体验，或者去找同类的阅读材料进行拓展学习，这样大大激发了学生学习的积极性，培养了自我探索的兴趣。

（五）运用集体影响，建设一个有领导力有凝聚力的学习小组

根据家庭住址邻近、学习好、中、差平衡分成几个小组，配齐配强小组长，组长可以是班干部担任，实行小组互助学习，比学赶帮。每个小组都有自己的职能职责，实行日日清，每天下午夕会课 10 分钟进行总结，凡是学习任务完成了的，组织到操场上进行活动，任务未完成的小组，只能眼巴巴地看着，这是《教育学》里的集体影响原则，他们会运用集体智慧，想尽办法去完成任务，为小组争光。这个机制一出来，各小组争先恐后，都争取提前完成当天的学习任务，学习程度好的学生总是提前预习，提前完成作业，同时帮助小组内学习成绩差的学生尽量提前完成学习任务，操场上大家各项活动也是轻松自然、开开心心。记得那个时候资料是稀缺的，我有一本资料，我会每天让学生把有关的习题抄在黑板上供学生练习。结果是资料放出去就收不回来了，每个小组有同学先行抄录，然后给组员抄，都是为了小组提前完成任务，一学期下来资料变得面目全非，破烂不堪。

（六）相信学生也能做大事，青蓝结对、相互讲授

实行师徒结对，兵教兵。那个时候理论层次不高，对学生的心理研究是不够的，只让好的教差的。记得当时我还写了一篇文

章《对口扶贫转化差生的尝试》发表在当时的《云阳教育》。后来差生不许叫了，叫后进生，再后来又叫学困生，所以我就改成了"青蓝结对"，让学生觉得相互之间是平等的竞争的关系，因为青出于蓝而胜于蓝，不再是师傅的高高在上，也不再是学生的谦卑服从，特别是对于个别学生偏科的情况，可能在语文科是青方，因为数学成绩突出，那在数学科就是蓝方了。还有青方通过努力，成绩提高了，来期就可以成为别人的蓝方了。最后还有一种办法，让相邻分数段的学生进行青蓝结对，这样既便于合作与竞争，又能给长期成绩较低学生以机会。对于进步较大，但是成绩仍然较低的学生，也可以让他作为比他成绩还低的学生的蓝方，来提高他们的学习兴趣。总之方法要老师们在实际工作中去发挥去调整去研究，从而达到最优化。

方式由兵教兵变为了相互讲授。当时的灵感来自经验，自己给学生讲过的课文，都几乎能够背诵。于是就想到了让学生相互讲授，来巩固所学的知识，加深自己的记忆，培养学生口语交际能力，效果出奇地明显。

2013 年我在云南师范大学学习的时候，北京师范大学来的一位姓胡的教授讲了学习金字塔理论。爱德加·戴尔提出，"听讲"，也就是老师在上面说，学生在下面听，这种我们最熟悉最常用的方式，学习效果却是最低的，两周以后学习的内容只能留下 5%。通过"阅读"方式学到的内容，可以保留 10%。用"声音、图片"的方式学习，可以达到 20%，这个是我们运用的多媒体手段教学。"示范"，采用这种学习方式，可以记住 30%。学习效果在 50% 以上的，都是团队学习、主动学习和参与式学习。"小组讨论"，两周后可以记住 50% 的内容。"做中学"或"实际演练"，可以达到 75%。"教别人"或者"马上应用"，可以记住

90%的学习内容。为学生主动学习和参与式学习研究提供了理论依据。于是我回到学校，让每一个班上都挂上一幅学习金字塔模型图。并且对教师、学生进行培训，让教师在教育教学活动中充分发挥学生的主体作用，落实自己的主导作用。同时关键是让学生成为学习的主人，时时提醒师生要重视团队学习、主动学习和参与性学习，注重落实学生间的相互讲授。真的读万卷书不如行万里路啊，因为有了学习金字塔理论，有一种豁然开朗的感觉，同时理直气壮推动。当时顿感自己太了不起了，居然有如此伟大的发现，和美国的心理学家戴尔发现一样，而且早在学生中运用了。

后来又读到了费曼学习法，被认为是世界上公认的最高效率的学习方法，其实它的原理，来源于学习金字塔，也就是采用学习内容留存率最高的一种学习方式：教授给他人。他总结了四步：一步是假装把知识、概念教给一个小孩。二步是回顾所要教的内容。第三步是将语言条理化、简化。四步是传授。他把教授的方式方法与要点讲得具体而有操作性。

我不禁感叹，我们常人之所以缺乏方法与智慧，还是我们读书太少了。只有博览群书，才能少走弯路；只有博学广识，才能形成自己的智慧；只有博采众长，才能感受到知识就是力量。

亨利·德特丁爵士说"未来属于那些热爱生活、乐于创造和通过向他人学习来增强自己聪明才智的人"。

陶行知兵教兵的大胆运用开历史先河。这也是中国特定的历史大环境造就了他如此天马行空的想法与做法。

《陶行知谈教育》里讲述了这样一件事，晓庄启封之后，国民党只答应发还一小片荒山，另加一所村民办的小学，其余还是被国民党中央党部的政治学校霸占着。陶行知急于想先恢复晓庄小学，以满足那里农民们的迫切要求，但当时竟无教师可派。他突发奇想，就让晓庄小学的学生胡同炳任校长，再提拔几个识字较多的孩子为教师，他把这所小学题为余儿岗儿童自动学校。过了几天，有一位同志参观了那所自动学校回来说，精神很好，儿童们做事比大人还顶真，当地老百姓都欢喜呢。陶行知听了，哈哈大笑。第二天，他写了一首诗来给大家看，那首诗道：

> 有个学校真奇怪，
> 大孩自动教小孩。
> 七十二行皆先生，
> 先生不在学生在。

小朋友回信说：这首诗有一个字要改。大孩教小孩，难道小孩不能教小孩？大孩能自动，小孩难道不能自动？何况大孩教小孩有什么奇怪？陶行知不仅从善如流，将诗改为"小孩自动教小孩"，还称赞说"黄泥腿的小孩改留学生的诗"，破天荒地证明小孩有创造力！后来这首诗收录在陶行知《自动学校小影》里。

在集体生活与个性发展的关系上，苏霍姆林斯基与陶行知的主张一致。时造英雄，时也造就教育家。

陶行知充分相信和尊重儿童的潜力和创造精神。他说，教师要进行自我教育就要请"第一流的教授"，即有真知灼见，肯说真话，敢驳假话，不说谎话的人。因此，在所有的老师中，有"两位最伟大的老师"，一是老百姓，二是孩子们"。

陶行知把儿童作为一种重要的教育力量，并充分发挥其创造作用。尊重儿童，不压制他们的兴趣、个性。从陶行知的儿童教育思想里，我找到了相信儿童无穷无尽的智慧和创造力的强大底气。也相信"相互讲授"和"四自教育"的生命力。

2006 年，我在江苏张家港挂职学习，到扬思中学去考察，他们提出的兵教兵，就是对陶行知教育思想的最好诠释。"先学后教、当堂训练"的教学方法创造了洋思神话，享誉全国。我走进了他们的课堂，贯彻的学生先学后教，充分体现学生的主体性。看了他们的晚自习，那是交给学生时间与空间的真正的自习，不允许教师讲课的。看到了几千人的学校不论是下晚自习就寝，还是早上出操，一日三餐都是那样的队列整齐，秩序井然。所以他们的堂堂清，日日清，月月清，都与兵教兵，"自主学习"分不开。后来蔡林森被聘请到河南省沁阳市永威学校任校长，他把洋思的经验"先学后教、当堂训练"与"兵教兵"带了过去，不到3 年判若两校，学校面貌焕然一新，教学成绩当地一流，永威学校成了河南省品牌学校。

（七）创新因材施教，让学困生也能轻松面对学习

对不同的学生给不同的目标，达成因材施教。如成绩好的学生错一道题，就做两遍吧，学困生做错一道题，理解了改过来就行了，学困生该背诵的课文不能背，那就通顺地读几遍吧，学困生生字词不能听写，那就看一个字听写一个字吧，不是传统地错了就让他们做五遍十遍。那样怎么能做到日日清，怎么能轻松面对任务，重点是能做正确，不是简单重复，学困生本来就厌学，重要的是一点一点地培养他们的兴趣与信心，不能过分加重他们的心理负担，要慢慢来，欲速则不达，体现循序渐进的教育原则。

（八）教给学生预习方法，培养学生预习习惯及学习力

学习力是一个人学习态度、学习能力和终身学习习惯之总和。其实"自主学习"恰恰是培养学生学习力的最好方法。

　　"自主学习"的"习"，按朱熹的解说，就是"鸟数飞也"，"数"就是多次、反复的意思。即"自主学习"的过程，本身需要经过多次从感受、体验、实践到反思、理解、领悟的循环往复的过程。

　　《论语·述而》："不愤不启，不悱不发。举一隅不以三隅反，则不复也。"愤：心里想求通而又未通。悱：想说又不知道怎么说。意思是：如果学生不是经过冥思苦想而又想不通时，就不去启发他。学生如果不经过思考并有所体会，想说却说不出来时，就不去开导他；给他指出一个方面，而他不能推断其他三个方面，就不用再教他了，因为他不用心思考。

　　说明要给学生"愤"与"悱"的实践机会，那就是要给学生独立思考、独立学习的机会，让子弹飞一会儿。预习就是一种恰当的实践机会。

　　不过现在教育的资讯实在是太多了，这个专家这样说，那个专家那样说，让一线教师"丈二的和尚，摸不着头脑"。

　　著名教育家"叶圣陶"先生对预习重要性有精辟阐述。他说："学生通过预习，自己阅读课文，动了天君（指大脑），得到理解，当讨论的时候，见到自己的理解与讨论的结果正相吻合，便有独创成功的快感；或者见到自己的理解与讨论结果不相吻合，就作比量短长的思索；并且预习的时候绝不会没有困惑，困惑而没法解决，到讨论的时候就集中了追求解决的注意力。这种快感、思索与注意力，足以鼓动阅读的兴趣，增进阅读的效果，有很高的价值。"

　　杨再隋教授说过：在学习新知识前，让学生利用一些学习资源进行适当的预习，以建立旧知与新知之间的联系是必要的。

　　魏书生特别重视学生的预习，1979年时候，要求学生自己尝试自己先学习课本，有两名学生提前把数学、物理做完了，成绩提升很快。他儿子中考结束后，他要求他儿子提前预习高一教材，儿子到学校一考试全校第一，自信心得到了很好的培养，学习兴趣有很大的提高。

魏书生培养学生的自学能力，首先让学生明确学什么。他和学生一起商量，画出了"语文知识树"。树有 10 个分枝：拼音、生字、词汇、语法、修辞、标点、文学常识、文言文、阅读和写作，分枝以下还有小枝和权。接着就要解决怎样学的问题。教给学生自学方法，如怎样读一本语文书，怎样读一类文章，怎样读一篇文章，怎样提高学习效率，怎样制订语文学习计划等。学生靠自学来完成语文学习，而魏书生只要经常给予点拨就可以了。

我想有了上面这些成功的教育实践家的明确观点，你还有什么理由相信那些负面的消极的，让你无所适从的杂音？我们要理直气壮地开展自主预习。

预习其实是学生主动学习习惯和兴趣培养最为直接的方式，同时也是学生发现问题、解决问题最为基础的练习和实践。最为根深蒂固的现实是作业布置较为具体，或口头交代或书写在黑板上，而预习布置相对模糊，同学们要预习哟，或者说把明天的课文预习一下，这样的任务布置，显然对于学生而言就是像雾像云又像风，目标不清晰、方法不明确，你让他们怎能达成高质量预习效果。

本人曾经主持了一个《"四自课堂"教育理念下开展小学语文课前预习有效性的研究》县级课题研究。在课前预习习惯培养策略方面做些积极的探索，以任务清单，帮助和引领学生在课前做好语文课前"自主学习"，调动和激发学生课前预习的热情，训练他们预习的正确方法，促进学生逐渐养成预习的良好习惯。

记得 20 多年前我参加了课文的课内外衔接实验，这是一种知识拓展与学生主动预习实践，尽管那个时候互联网普及程度不高，资源的收集利用很受限制，但是学生总能千方百计地查找到与课内学习相关的有用资料，对拓宽语文学习空间，增加阅读量起到了极大的作用，效果非常突出。后来随着信息时代的到来，出现了风靡一时的翻转课堂，这其实就是学生预习策略的一种大胆的尝试，也是一种预习方法的指导。

美国教育家布鲁巴克认为："最精湛的教学艺术，遵循的最高准则就是让学生自己提问题。"爱因斯坦曾说过："提出一个问题，比解决一个问题更重要。"

我有这样一个同事，担任学校教导主任工作，行政事务繁多，所任的六年级的语文，她的法宝就是让学生主动预习，预习的方法就是让学生主动去找出问题，然后通过工具书或网络资源，去解决问题。解决不了在上课前学生就把自己的问题写在黑板上，学生觉得是第一课时上的问题就写在黑板左边，学生觉得是第二课时上的问题就写在黑板右边。他们连课时都分得清，上课完全是一个一个地通过讨论解决他们的问题，堂堂如此。她认为最成功的感觉是预习提问能力的培养，学生提出的问题基本可以全部覆盖她备课的所有问题。当时班额 80 余名，在全县质量监测中能名列前茅，被评为县级学科优秀教师，证明她方法的神奇效益。

其实奇迹的发生，主要是让学生有充分的自由根据自己的好奇心，运用自己的学习办法，去探索、去发现未知的领域，让他们有发现问题、解决问题的实践空间。现实的学生生态是：学生随着年级的上升，越不愿意发表自己的观点，越愿意保持沉默不语，课堂气氛越来越沉闷，学生举手回答问题的人越来越少。原因其实是接受学习没有充分释放学生的学习主动性，思考与创新被抑制，机械完成与机械记忆成了任务完成目标。

《礼记·中庸》："凡事预则立，不预则废。"叶圣陶先生也曾说过："要养成学生阅读书籍的习惯就非教他们自主预习不可"。自主预习，是上好课的前提，是学生自己动手，动脑去了解新内容的一个重要的学习过程，是学生学会读书，培养学生自学能力的必由之路。因此，必须激发学生自主预习的积极性，使学生由被动到主动，由不自觉到自觉，由要我预习变成我要预习，从而提升预习的有效性。

自主预习的方法有很多，教师针对不同学段的学生，不同基础的学生，不同学科课程标准，不同学科教材特点，设计预习清单。预习清单要体现出目标性、实效性，针对性，操作性；力求做到照顾全面，兼顾差异。

通过自主预习，一是训练学生从生活中寻找预习资料。老师在指导学生进行课前预习时，鼓励学生从生活中寻找相关资料，学生在寻找资料的过程当中，能够发现生活中很多美好的事物，这样有助于培养学生的观察能力、思维能力，还可以增加学生的思维活跃度，从而进一步培养学生的语文素养。二是训练了学生动笔的预习习惯。老师在指导预习的时候，要求学生多动笔。或把自己感兴趣的词句画下来，或摘录到自己的本子上，或批注自己的心得体会，或记录自己的疑问等等。这样，可以加深学生对语文教材内容的记忆，培养了不动笔墨不读书的良好习惯。三是提高了学生的预习效率。通过"自主学习"实践，学生掌握了有效的预习方法。以前预习时走马观花，敷衍应付的坏习惯有了很大的改进。学生明确了学习的目标，掌握了有效的预习方法。预习效率有了明显提高，语文成绩肯定有一定的提升。四是训练了学生的综合素质。对学生进行有效预习策略的指导，给学生综合素质实践的机会，学生的"自主学习"求知欲，探究能力以及学习的自信心都有了较大的提高。

方法正确了，就一定会产生效果，有了效果，学生就有了学习的兴趣，有了兴趣，长期坚持就会形成习惯，有了良好的终身学习习惯自然就会产生较强学习力和学习信心等效益。

（九）落实三分钟演讲，培养学生语文素养

落实课前三分钟演讲：三分钟是一个虚数，根据不同年级，教师可以灵活处理，低段可以 1 至 3 分钟，形式可以是朗诵一首诗，讲一个小故事，或将课文内容复述，或将自己喜欢的事项进行分享等，教师点评。中段可以 3 分钟，可以讲故事或根据自己所学的与课文有关的如词语解读、内容理解等内容进行演讲，教师学生点评。高段可以 3 至 5 分钟，由学生根据课内外衔接整理演讲稿，也可以安排主题演讲，教师和学生点评。

上讲台演讲和在课堂回答问题是截然不同的两个平台。课堂回答问题单一，组织语言相对简单，用完整的话就可以了。而演讲需要表现出观察能力、写作能力，表达的抑扬顿挫、疏密相间，感情丰富细腻，恰到好处。教师对学生的演讲技巧要进行专门培训，同时对学生演讲的轮次提早安排，对演讲的内容要提前准备，要求必须有自己的思想、自己的观点。这既培训学生运用语言沟通表达的能力，又培养学生的自信心、耐挫力、成功感。从而达到演讲的目的。试想一下，语文教师从小学一年级开始，就训练学生演讲，当小学六年级毕业时，我们每个小学生的语文素养会达到一个怎样的高度，可以预期一下。

（十）编写校本教材，进行晨读午诵

我做了一个全员调研，在我们农村乡镇学校父母主动给孩子买有益的课外读物的占比41%，这已经是相当令人满意了。但是仍然有大部分学生家庭读物缺乏，这要求学校要有所作为，我们除了积极建设并在上学间开放一个图书室两个阅览室，在校园内建设3个开放型书吧，各班设班级图书角外，还组织编写校本教材，将课外阅读作为丰富学生精神文化的有效补充。学校组织参编人员查阅了大量的文献资料，去粗取精形成了50余万字的书稿，从《论语》《孟子》《千字文》《弟子规》《唐诗》《宋词》等经典名著和中国传统文化中搜集了近300首古诗，近200个成语故事、名言警句、现代散文名篇等。编排体系是按照六个年级12分册，内容以每周为单位，安排有低段1—2年级古诗天天诵、美文天天读、名言天天记、百科天天看、每周推荐书目的素读内容，3至6年级安排有古诗天天诵、故事天天讲、美文天天读、名言天天记、百科天天看、每周推荐书目的素读内容。每天诵读10—20分钟，一周下来重复读了五遍，基本达到背诵的程度。为了方便学生，给每个学生免费发放一册，作为循环校本教材使用。

为什么以周为一循环，《易经》是中国文化之源，从中就能找到反复做事的量化原则。在医学里叫"医易同源"，应用了"七天来复"的疗程原理，在生活中，7天为1周，这个"周"字包含"7"的意思，本义是反复，周而复始也就是这个道理。意在"种树者必培其根，种德者必养其心"；使国学明志，让人修身养德。只有这样教育人，培养人，影响人，才能自立于人而达人至善，才能与自然、与他人、与社会形成理性的关系，才能在复杂的、开放的、变化的未来世界实现其"人"的生命价值。

　　所谓"素读"就是不追求理解所读内容的含义，只是纯粹地读。查阅这种阅读方法的史料：中国传统的母语教学也就是运用这种读书方法，叫作"素读"法。在两千多年里，这种方法从没被怀疑过。中国历史上那一代代的文化巨擘就是靠这种阅读方法获得坚实的童子功的。他们一般都是从3岁开始识字阅读到12岁不求理解反复吟诵古典诗文辞赋。"素读"的提法是日本人最早说出的。日本人把我们古代私塾的授课方式定义为"素读"。国际著名的右脑开发专家、日本教育学博士七田真在《超右脑照相记忆法》的"第五章——教育的原点是背诵和记忆"里这样论述：明治以前的日本教育就是这样按字面来教孩子"素读"中国的四书五经的。"七田真还说："这种不求理解、大量背诵的方法是培养天才的真实方法，也就是右脑教育法。犹太教育培养出了很多诺贝尔奖获得者，他们的教育就是以记忆学习为中心，强调反复朗读。"日本筑波大学的加藤荣一教授在《天才满世界》对"素读"的诠释是这样的："素读"就是要大量地死记硬背，是使脑子变聪明的方法。他说古代日本人的做法就是"素读"——不求理解含义、只照着字面朗读汉籍（即中国的经史子集）。战前获得诺贝尔奖的日本科学家有10个人，他们全都做过这种"素读"练习。汤川秀树先生从3岁就开始接受这种训练了。

　　"素读"法直到今天依然是犹太人早期教育的主要手段。他们的孩子从三岁开始就要接受每天六到十个小时的教育活动，其中诵读经典是这个时期的重要课程。每个孩子必须从3岁就开始接受"素读"训练，他们的《希伯来圣经》（即《旧约圣经》）、《塔木德》等经典都刻入了每个人的记忆深处。

　　根据《易经》"易则易知，简则易从"的道理，学习任何知识，只有容易的，才能亲近，才能长久，才能成就功业，也就是"大道至简"的原则。我们的教育方法就应该提倡简单。让孩子读经典，每天读一段，不作解释，不求理解，读过就行。小学生读经典要化难为易，就是要让学生感觉到没有压力的情况下轻松愉悦地读书，并且能够坚持数年，也就是"有功则可久，可久则贤从之德，可大则贤人之业"的目的。很多人不知道：圣人从不做大事，都是做简单容易的事。所以老子说，"天下难事，必作于易；天下大事，必作于细。是以圣人终不为大，故能成其大。"学生每天读一点点儿有益的书，看似小事，其实是大事，聚沙成塔、集腋成裘。不求甚解，囫囵吞枣都无所谓，读书百遍其义自见，现在看似懂非懂，一旦后来遇到此情此景，必然豁然开朗、恍然大悟。坚持素读就犹如给学生在注入未来人生所需的生根剂、营养液，滋养其根系，涵养其德行、让其茁壮成长。

另外在中国广袤的农村，真正要达到国家课程标准的阅读量，如果学校不作为，估计需要一个漫长的时期才能达到，我们这样做不仅能使学生能完成标准阅读量，还能体现教育公平，让每一个孩子享受到公平而有质量的教育。这是每个教育人的担当与责任。

关于"自主学习"理论，凡通过师范毕业的教师应该知道不少，我们教师都知道课堂上一言堂不好，照本宣科不好。但是为什么我们老师总是习惯于教授知识满堂灌，让学生味同嚼蜡，为什么不能让学生自己通过思考，推理，研究得出知识结论，让他们记得牢，运用起来得心应手。总是习惯于让学生死记呆背，记公式、定理、结论，拼命刷题得高分。原因是急功近利思想在作祟，我们总是急于把自己的毕生所学，恨不能一夜之间，全部传授给学生，让他们个个都能考出好成绩。其实违背了教育规律。我一直思考一个问题，我们的教育应该要慢下来，像中国的 GDP 一样，不能以牺牲环境为代价，注重高质量发展。我们不能为了分数，以牺牲学生生命成长的规律为代价。我们的老师要在备课时、上课间，适时作一个深呼吸，等一等，给学生充足的思维空间，让他们"自主学习"，自主探究、自求自得后，教师根据情况再行介入，不只是传授知识，真正做到知识与技能、过程与方法、情感态度价值观三维目标的统一。只要是遵循学生生命成长规律地追求学生学业成功，肯定是无可厚非的，是值得提倡的。

易晓丽主任认为：自主学习让自己收获最大的是改变了教学中的填鸭灌输，包办代替。

在学生的"自主学习"这板块，我认为要做到"自主学习"，首先应该有一个明确的目标。

任何一个前进的步伐都必定有一个与之相对的终点，因为有着明确的前进方向，才能有动力去接近成功。在学习上也是如此。课后的"自主学习"并不意味着是眉毛胡子一把抓式的混乱，而是一个个的小目标综合而成的循序渐进。就像那个因为懂得分解路程而获得比赛胜利的长跑运动员，我们也需要在学生"自主学习"的过程中，将每一个小的知识点作为一个目标，一步步迈向成功。

要让学生做到"自主学习"，还要适时地给予他们肯定。每个人都是希望得到肯定的，没有谁会希望自己一直得到的是别人的否认和斥责。在"自主学习"的过程中，学生必然会碰到困难和挫折，在这时，不要轻易让他放弃，要鼓励他们，或是暂且搁下这个问题，放松一下，让神经不至于太过紧绷。同样的，当取得成绩的时候，给他们一些奖励，物质的，或是精神的。要让孩子在学习中品尝到喜悦，苏霍姆林斯基说："兴趣是最好的老师。"让学生在"自主学习"的过程产生对学习的兴趣，那就是"自主学习"最大的收获。

实行了"四自教育"，我觉得收获最大的是改变了教学中的填鸭灌输，包办代替。它教会的是学生如何学习，让学生在学习上，生活中表现得更文明，发展得更迅速。

——易晓丽

四、"自我发展"的理论源起

人的发展是一个复杂的工程，而"自我发展"就是生命体主动发展的过程。古希腊哲学家中亚里斯多德在2000多年前就提出了智慧、德行、身体和谐发展的思想。

这与我们教育方针中提出的德、智、体、美、劳相比，他占了三项。从顺序上看，亚里士多德把智慧放在了首位，而中国的传统文化一直是把德放在首位。在实际操作中，人们对智育重视超过一切，而在智慧形成上往往又做得差强人意。

从我个人的人生经历来看，我觉得作为学校校长、教师一定要把学生的身体健康放在首位。记得我1-8岁时，身体棒棒的，在9岁的时候出麻疹，病了3个月，几乎就起不来了，经过家里人多方求医，终于活了过来，病后复学时，走路不稳啦，有点腾云驾雾的感觉。上初中后，学校组织晨跑，我的身体一天比一天强壮，晨跑的习惯也坚持到师范毕业，身体很少生病，工作精力充沛。真的感觉到身体好，其他一切都好了。当我任班主任的时候，我非常重视学生的体育锻炼，即使在学习相当紧张的毕业年级，我也会组织学生参加体育活动，让他们有健康的身体。我们这一代人生在新社会，接受的是传统的中国革命史的教育，中华民族饱受欺凌，中国人被称为"东亚病夫"。从民族大计出发，也必须让祖国的未来现在的孩子具有强壮的身体。后来做了校长，初中学生每天早上至少半个小时的跑步做操时间，大课间全校师生一起跑步做操。后来所任职的学校的大课间，时间调整为40分钟，有跑步、广播操、武术操、跳兔子舞，排箫等，内容丰富。除体育外，最重要的是学生的品德教育，但因为教育的方式基本上就是谆谆教诲、率先垂范、周而复始，缺乏抓手，所以现实的表现为重智育大大超过重德育。因为多少年来，偏重的应试教育，这个分数重视程度就不用说了。对于美育，自然发展相对滞后，1998年，由六个乡镇组成一个区，没有一个专职的音乐、美术教师。全县组织的音乐比赛，我作为区代表参加比赛。好在我是普通师范学校毕业，可以说是全科教师，样样都会上。哪怕是一个人任一个班的村校，都会努力满足学生的兴趣，音乐、美术课会尽量上。记得有一次，我把班上的学生带到村校后面的山坡上，上了一堂唱歌课，那学生的那个兴奋劲，让我至今难以忘怀。

2018年9月10日，习近平总书记提出"培养德智体美劳全面发展的社会主义建设者和接班人"的教育方针。2021年4月29日，第十三届全国人民代表大会常务委员会第二十八次会议通过《全国人民代表大会常务委员会关于修改〈中华人民共和国教育法〉的决定》，自2021年4月30日起施行。其中第五条：教育必须为社会主义现代化建设服务、为人民服务，必须与生产劳动和社会实践相结合，培养德智体美劳全面发展的社会主义建设者和接班人。在原来"德智体美"教育方针的基础上增加了"劳动"教育。

关于劳动教育，我的体会就更深了，我来自农村，从小就参加力所能及的劳动，一直到师范毕业后很多年都还在帮助家里做农活。除了体会父母的辛苦之外，磨砺了自己的意志。记得每年暑假正值收获土豆的季节，烈日炎炎，玉米叶子在我的脸上、手臂上划一道道口子，汗水模糊了眼睛。当挖满一背篼土豆的时候，人的身体的消耗几乎达到极限。这需要多强意志力啊！还有就是每年的寒假，正是种土豆的时候，天寒地冻，又要挑水粪，又要挑干粪，关键是要用手把干粪抓到土豆窝里，又冻又臭。这需要多大的勇气。是劳动锤炼了少年时候自己坚强的意志品质。

村校工作的时候，有校园地，让学生有劳动实践的机会。后来到中心校，把学校的绿化管理、卫生管理交给学生完成，偶尔由年级组组织春游、秋游或野炊活动，让劳动实践成为可能，让学生在实践中接受教育。

18 世纪法国启蒙思想家、教育家卢梭主张教育要顺应儿童自然的本性，让他们的身心自由发展。19 世纪瑞士教育家裴斯泰洛奇说"教育在使人的各项能力得到自然、进步的、与均衡的发展"。他们能提出这样的思想真是教育家的智慧体现，可以深入研究如何实践于自己的教育教学细节中，但很难找出他们的说法有哪点不妥之处。身心自由发展，不是放任自流。如狼孩，他的身心是自然发展的，结果怎么样呢？自由永远是建立在规则与规律基础之上的，否则自由就成了空中无线的气球，随风飘荡，终将膨胀爆炸，如果气球有一根线束缚着，在适度的空间自由漂浮，就不至于爆炸毁灭。素质能力自然、进步、均衡地发展，也不是平均用力，不管不顾。应该是要通过引导、唤醒、训练、实践来完成。

通过多年的实践积累，建构符合学生成长规律的课程体系：

从而达到每个学生至少有一至二项艺术或科技技能，至少有两项体育技能，会演讲、书法、英语、计算机，全员参加学校的艺术节、科技节、运动会，参加一项校级及以上的竞赛，并能获奖的目标。初中、高中课程较多，可以通过各种社团活动开展来满足学生"自我发展"。通过加分的方式，激励学生参加"自我发展"课程项目，训练学生健康体魄、健康心理、艺术审美、科学探索以及训练演讲、书法、计算机等技能，培养学生的自信阳光，操作能力，实践能力，创新能力，拼搏精神，激发学生的积极向上的进取心，助力学生科学提升生命成长质量。后来就加了一自叫"自我发展"。于是，"四自教育"就成型了。

另外让我坚定地推行"四自教育"的原因是源自我对教育发自内心的深沉的爱，源自对教育的那种难以割舍的感情，源自我的教育情怀，源自自己的教育理想，源自我心里装着的教育家的智慧，也源自自己的办学理念，更源自我和我的同行者实践产生的神奇效果。我的教育理想：让我们的教师品味到教书育人的尊严和幸福感，让我们的学生享受到学校生活的丰富多彩。尊严来自于成功，来自学生的尊重。幸福感，来自不停地做事，做成事，来自幸福的心态（季羡林语），来自尊严。钱理群先生说："中小学教师工作的意义和价值，就在于成为学生童年和青少年记忆中美好而神圣的瞬间。"教一辈子书，如果能够给孩子留下更多的"美好而神圣的瞬间"，这既是一种成功，也是一种幸福。我的办学理念：面向师生的未来，面向师生的发展。发展学生的同时一定要发展教师。其实作为一个基层教育工作者，我们是可以研究、可以创新、可以实践、可以作为的，可以把素质教育落实落地变为现实。

"四自教育"的实践带来的信心，看看我的同行者感悟。

著名教育家叶圣陶曾说过："什么是教育？简单一句话，就是养成良好的习惯。"众所周知，培养学生养成良好的习惯是小学教育的重中之重。现实中，班级人数众多、各种事务繁重、各学科需协调发展等众多因素导致我们管理班级就像"打仗"，特别是接手新班级时，总有种"问题多多，无从下手"的感觉。我们该如何在有限的时间内促使学生养成良好的习惯呢？张行满校长推行的"四自教育"如一缕和煦的春风吹进我们的心田，让我有一种"山重水复疑无路，柳暗花明又一村"之感。

从 2011 年开始接触"四自教育"以来，已十年有余。不管我在什么学校，接手怎样的新班级；也不管是以前面临八九十多名学生的超大班级，还是如今近五十名学生的标准班额，我始终坚持用"四自教育"的模式管理班级，用"四自教育"的理念培养学生。与此同时，我也尝试着在不断实践中大胆总结、在不断总结中大胆优化、在不断优化中大胆创新。所任教班级学生各项素质得到充分训练，学生学业成绩年年居年级第一，让"四自教育"闪耀着人性的光辉。有老师看到我作为教科室主任，耽误的时间多，给我开玩笑说：如果你本期班上再考到了年级第一，你就是魏书生式的人物了。

结果是：考试前，我去参加县人大代表会一周，没有复习，结果学生考试成绩仍然居年级第一，有老师把我的学生考卷拿去进行分析，复印给班上的学生进行研究学习。

——易晓丽

第三节 "四自教育"与核心素养的落地

《幸福教师的五项修炼》中写道：当今教育的一大弊端，就是知与行的分离——一些学校规模在壮大，校园面积在扩大，但是课堂的边界在缩小，学生的活动空间在缩小，小到只有教室、操场，只有铁门内、院子里的"四角的天空"。绝大多数学生，还停留在"从家门到校门"这样两点一线的状态，"两耳不闻窗外事，一心只读数理化"。

这个在办学中我也有很深的体会啊！在较长的一段时间，学校只要出现安全事故，有理无理都会有不同程度的校闹发生。不论事故的大小，不论校内校外，也不论学校有无责任，只要一闹，学校都是要赔钱的，相关人员也都是要负责任的。所以有一段时期，学校几乎不组织一切校外活动，包括校外劳动，春游秋游，参观学习。甚至连校内的一些对抗性的体育活动与体育竞赛都很少组织了。试想这样下去，我们培养的学生，是不是真的成了温室里的花朵，怎么去面对未来的挑战，怎么去应对百年之未有之大变局，怎么让中华民族屹立于世界民族之林。

"四自教育"恰恰要改变这种现状，达到知行合一，学生的核心素养是"四自教育"的训练目标。

核心素养的概念：是指学生应具备的，能够适应终身发展和社会发展需要的必备品格和关键能力。核心素养是关于学生知识、技能、情感、态度、价值观等多方面的综合表现；是每一名学生获得成功生活、适应个人终身发展和社会发展都需要的、不可或缺的共同素养。发展是一个持续终身的过程，可教可学，最初在家庭和学校中培养，随后在一生中不断完善。

核心素养，当前教育热词。核心素养体系的提出，并不是我国单独的创新，而是一种世界趋势。本世纪初，经济合作与发展组织（OECD）率先提出了"核心素养"结构模型。它要解决的问题是：21世纪培养的学生应该具备哪些核心的知识、能力与情感态度，才能成功地融入未来社会，才能在满足个人自我实现需要的同时推动社会发展。

我国核心素养课题组2014年开始启动，历时三年集中攻关，经教育部基础教育课程教材专家工作委员会审议，最终形成研究成果，于2016年正式发布。

核心素养的研究让我国课程目标变得更加科学。"长期以来，我国确定课程目标以及各级各类教育目标的时候，习惯于将国家政策文件中的相关话语直接移植过来。这既导致课程目标或教育目标缺乏科学性且无法检测，沦于空泛与抽象，不能有效指导教育实践；又导致课程目标或教育目标缺乏针对性，无法适应不同年龄阶段学生的发展需求"。在引入"核心素养"这一体系后，课程目标进一步实现科学化。

为了实现核心素养与各学科课程的有机结合，教育部组织研究小学、初中、高中和大学四个学段核心素养具体指标的主要表现及水平特点，实现核心素养指标体系总框架在各学段的垂直贯通。

核心素养最终形成研究成果，确立了文化基础、自主发展、社会参与三大方面，人文底蕴、科学精神、学会学习、健康生活、责任担当、实践创新6大学生核心素养。细化为18个要点，具体的主要内涵和重点内容大家可网上参阅。

"四自教育"是从每一个个体的主观能动性出发，面向核心素养的 6 大类，18 个要点目标，进行自我训练的过程。是学校课程训练的有益补充。

"四自教育"理论源起的心理学基础是美国心理学家马斯洛基本需求层次理论。他在 1943 年的论文《人类激励理论》中把人的需求分为：生理需求、安全需求、社交需求、自尊需求和自我实现需求五大类。马斯洛的"需要层次理论"，反映出人类心理和行为的共同规律。学生根据身心发展、自我意识不断增强，他们也渴望获得尊重、实现自身价值。作为老师可根据他们的需要找到有效的激励机制与方法，使教育教学工作与学生的需要紧密结合，理解和尊重学生，对他们的日常生活予以关注。根据学生的兴趣和需要，充分调动学生的主观能动性，激发学生的积极性，培养学生的创新精神；发现每个学生的价值，挖掘他们的潜能，发展他们的个性，唤醒学生的"自觉文明"意识，提高学生的"自我管理""自主学习"能力，促进学生的"自我发展"。

后来我调任一所百年老校，这所学校始建于 1810 年，发轫于清朝嘉庆年间的义学，1847 年为凤鸣书院，1906 年后更名为高等小学。它以传道济世、兼容并蓄、自由讲学的书院特质，培育桑梓学子，担当教育责任。书院历经千年而蕴积的教育、思想精华并没有随之终结而影响至今。传承"自律、自学、尚礼、敬业"的"书院精神"，始终保持教育净土，沉心教育、造福一方，创造了前所未有的辉煌。学校前校长骆玉芝是中共十二大党代表，全国"三八红旗手"，前校长陈智民是四川省劳动模范，学校被赞誉为蜀都明珠。正是这种书院精神让我坚定推行"四自教育"。

第二章 "四自教育"的设计思路

头脑清思路才明，一种教育思想的形成需要长期的积淀，一套完善的操作系统，需要有顶层设计。"四自教育"设计思路：为学校如何培养学生的核心素养提供微观操作指导；为教师改变传统教育教学方式提供方法支持；为学生改变被动接受枯燥乏味的学校生活提供丰富多彩的活动选择。使每个生命在成长的年轮里，有着春夏秋冬的鲜明的色彩，都绽放每个季节应有的美丽；使每个师生都无愧于生命长河中的这段历史；使每个师生都体会到成长的快乐与意义。

第一节 "四自教育"的设计依据

一、从紧跟国家大政方针设计"四自教育"

中共中央国务院关于深化教育教学改革全面提高义务教育质量的意见中明确指出：树立科学的教育质量观，深化改革，构建德智体美劳全面培养的教育体系，健全立德树人落实机制，坚持"五育"并举，全面发展素质教育。改革创新要适应世界教育改革发展趋势、提升我国教育国际竞争力。

"四自教育"就是一套健全的立德树人的落实机制，指向

"五育"并举。其中"自觉文明"主体对应"德","自主学习"主体对应"智","自我管理"主体对应"劳"与"德","自我发展"主体对应"体和美",他们既相对独立,又相互渗透。"四自教育"理论源起于国家素质教育发展,成型于素质教育实践与探索,细化于核心素养的研究,完善于国家对教育的大政方针。只有这样设计,"四自教育"改革才有生命力,才能行稳致远。

二、从传承中国传统文化根本任务设计"四自教育"

文学家陈之蕃曾说:"许多许多的历史才能培养一点点传统,许多许多的传统才能培养一点点文化。"任何一种教育实践必须要肩负传承文化的历史使命,要在传承中创新。"四自教育"的研究设计要彰显中华民族特有的伦理传统:克己奉公、集体至上的责任感和使命感,仁爱兼利的人际和谐原则,自强不息的刚健精神,厚德载物的宽阔胸襟,修身自律、躬行实践的道德修养原则。比如在"自我管理"的设计中,学生竞争上岗,主动承担班级或学校事务,训练的就是学生的集体意识、责任担当与使命感,让学生在实践中培养友爱同学、严于律己、宽以待人的修养原则。

"四自教育"的研究设计要体现儒家提倡做人的仁义礼智信起码的道德原则。把道德能力的培养作为道德教育的重要追求,把习惯养成当作道德教育的重点。比如在设计"自觉文明"时,里面的每一项训练内容都要指向仁义礼智信以及传统的孝道、节约和勇敢等方面的实践。从而达到培养传承传统优秀文化。

"四自教育"的研究设计要培养学生人文情怀。训练学生以人为本的意识,尊重、维护人的尊严和价值;能关切人的生存、发展和幸福等。

三、从改变传统教育方式，解决核心素养落地的最后一公里问题设计"四自教育"

我们传统的道德教育或者知识教育通常都是填鸭式的灌输教育，记得我小学一位教师的口头禅"你们总是不听话，老师嘴巴说出血了，你认为是汗菜水"。当时对这句话不求甚解，后来自己也当老师了，想想我们当地的汗菜，成熟了是红色的，那个炒出来的水也是红色的，和血液的颜色差不多。意思是尽管老师怎么样苦口婆心说教，学生不以为然，辜负了老师的一片好心。从另一个角度去理解应该是：不论老师你怎样讲道理，学生的行为习惯与老师的期望相去甚远。

教育并不是一件告诉和被告知的事情，而是一个主动的和建设性的过程，这是教育家杜威的观点。每当我看到某教育家说的话，我都会认真思考一下，他们说的原理几乎在理论上合情合理合规律，但是作为一个普通的教育工作者，在实践中又总是找不到南北，主动的和建设性具体的方式方法是复杂的，也难以做到有明确的操作方法，只能靠教育人在实践的过程中去悟，去见仁见智，而往往大多数人又没有太多的时间去思考去建构一种可以对学生产生教育影响的实践系统。我认为告诉和告知是必须的，让学生知道行为标准，通过给学生提供实践机会从而获得相关经验也是必须的。

在我的前期教育生涯中也一样有这种教育的无力感，正因为如此，一直苦苦探索一种方法，让学生由无可奈何的被教育，到自动积极的自我教育，于是从"自觉文明"一自到"自我发展"的"四自教育"思想就渐渐成型。

通过"四自教育"的实践与探索，形成一系列治理理论，解决传统教育方式的问题，解决给学生提供恰当的教育实践机会的问题，解决林崇德教授提出核心素养 18 项指标如何切实地在学校落地的现实的迫切的问题。

四、从运用教育家或教育实践家的智慧设计"四自教育"

"四自教育"的研究要博采众长，从古今中外教育家中智慧中寻找智慧。

（一）从国内的教育家中，吸取教育智慧

如孔、孟、朱、王的德育论思想。孔子：克己内省；立志有恒；改过迁善；身体力行。孟子：尚志养气；反求诸己；改过迁善；意志锻炼。他们都强调自我实践的"身体力行、反求诸己、意志锻炼。"朱熹：立志；主敬；存养；省察。王阳明：知行合一；静处体悟；事上磨炼。他主张给儿童以"歌诗""习礼"与"读书"三方面的教育，陶冶儿童的思想和性情。强调"省察、事上磨炼、歌诗、读书、习礼"也是自我实践。

韩愈的教师论：弟子不必不如师，师不必贤于弟子。"圣人无常师""不耻相师"。告诉我们学生的智慧是无穷的，要充分相信学生。要相信他们去实践。

还有蔡元培的美感教育"尚自然，展个性"的教育思想。陶行知"生活即教育、社会即学校、教学做合一"的教育思想。陈鹤琴的"活教育"的学前教育思想："做中教，做中学，做中求进步"，强调做的过程，强调学生的主体性，注重学生的直接经验，他重视室外活动，着重于生活的体验。

顾明远的"主体客体统一论"，学生既是教育的客体，又是教育的主体。"没有爱就没有教育""没有兴趣就没有学习"。

魏书生：科学与民主，班级管理，人人有事做，事事有人做。是完全可以信赖的操作体系。

这一些中国本土集大成的教育智慧，给"四自教育"提供了

无限的智力支撑，他们的教育智慧，或多或少要体现在"四自教育"的设计之中。如"自我管理"把凡是班上学生能做的事交给学生做，让他们身体力行，事上磨炼，意志锻炼，自己解决问题，反求诸己；"自觉文明"，习礼，改过迁善；"自主学习"，诗文素读歌诗、自主预习读书等等。

"四自教育"的设计在陶行知关于学生自治问题思想中探寻到更为具体的智慧。《陶行知谈教育》书中谈到学生自治问题之研究。近世所倡的自动主义有三部分：智育注重自学；体育注重自强；德育注重自治。所以，学生自治这个问题，是自动主义贯彻德育的结果，是我们数千年来保育主义、干涉主义、严格主义的反映，是现在教育界一个极重要的问题。这个问题，包含甚广。我们要问学生应否有自治的机会？如果应该自治，我们又要问学生自治究竟应有多大的范围？学生应该自治的事体，究竟有哪几种？规定学生自治的范围，又应有何种标准？施行学生自治，又应用何种方法？这几个问题，都是我们所要研究的。总起来说，就是学生自治问题。

学生自治是什么。有三个要点：第一，学生指全校的同学，有团体的意思；第二，自治指自己管理自己，有自己立法执法司法的意思；第三，学生自治与别的自治稍有不同，因为学生还在求学时代，就有一种练习自治的意思。

学生自治如果办得妥当有这几种好处：

第一，学生自治可为修身伦理的实验。修身伦理一类的学问，最应注意的，在乎实行；但是现今学校中所通行的修身伦理，很少实行的机会；即或有之，亦不过练习仪式而已。所以嘴里讲道德，耳朵听道德，而所行所为却不能合乎道德的标准，无形无影当中，把道德与行为分而为二。若想除去这种弊端，非给学生种种机会，练习道德的行为不可。

第二，学生自治能适应学生之需要。若是开放出去，划出一部分事体出来，让学生自己治理；大家既然都有切肤的关系，所定的办法，容或更能合乎实在情形了。这就是说，有的时候学生自己共同所立的法，比学校里所立的更加近情，更加易行，而这种法律的力量，也更加深入人心。

论述深刻、切中时弊，一针见血。80多年前，陶行知就提出了问题与方法，而今日教育人运用寥寥，让教育家的智慧落寞，让人唏嘘。"给学生机会，练习道德、练习自治"，很可惜，教育人不知怎么给机会，学生自然就不知怎么练习。"四自教育"的设计既是解决给的方式，也是解决练习道德的方法，练习素质的方法。以"自觉文明"为例，好人好事加分、违规违纪减分，没有做到相关的文明礼仪减分。因为学生对分数的天然尊崇，他们就会积极主动去做好人好事，去做正确的事，这些内容就是给的方式，学生在做事的同时就是练习道德，所以又是练习道德的方法。而在"自我发展"中，学生在参与艺术、科技、体育的训练与比赛中，既是给的方式，也是练习艺术修养、身体素质、意志、毅力、耐挫等非智力的方式。

（二）从国外的教育家中，吸取教育智慧

古希腊教育家苏格拉底的教育思想，课程论：美德即知识。亚里士多德，体德智美和谐发展。夸美纽斯：学校应当着重培养的德行是"持重、节制、坚忍与正直"。

卢梭的教育思想：教育要培养"自然人"。特征是：按本性发展，不依附于他人，能够自食其力，具有独立性；具有社会适应性，能够承担社会责任；体脑发达，身心健康，具有独立思考能力。

　　"四自教育"的创新点就是颠覆传统教育包办一切的教育方式，把学生放到社会生活中，在摸爬滚打中训练自食其力，责任担当，独立自主，具有社会适应能力，身心双健的自然人。

　　苏联教育家马卡连柯的集体教育原则：建立合理的集体，建立集体对个人的合理影响。"自主学习"中的小组建设正是运用的这个原则。

　　意大利自由教育学派代表人物蒙台梭利认为：在自由的基础上培养纪律性；通过独立达到自由；在自由的练习活动中发展意志。儿童对于自己选择的有兴趣的事项，不仅不会使他感到疲劳，而且还会强化他的个性。这对于"自我管理""人人有事做、事事有人做"，运用竞争上岗或者双向选择的方式，让儿童获得自己喜欢的工作，符合这个教育思想。我在给办公室同事讲孩子的课外负担时谈到，一定要尊重孩子的选择，如果孩子选择了自己喜欢的艺术培训项目，他是不会觉得累的。我小时候喜欢吹笛子，好像不论吹多久，没有累的感觉，只有沉浸在音乐的享受之中，很开心，很放松，很幸福。比如喜欢打篮球的孩子，不论严寒酷暑，哪怕精疲力竭，他会乐此不疲，培养了学生顽强的意志和对抗拼搏意识。

　　这里有两个家喻户晓的典型案例：一个是 2011 年感动中国人物刘伟，一个是澳洲的尼克·胡哲。

　　刘伟的梦想是当一名职业足球运动员，但 10 岁那年因为触电失去了双臂。足球踢不了，他要学游泳。12 岁进入北京残疾人游泳队，因训练刻苦，两年后在全国残疾人游泳锦标赛上夺得两金一银。因患上了过敏性紫癜危及生命。无奈之下，他选择了用脚弹钢琴。因为是自己的选择，他每天坚持练七八个小时，哪怕双脚抽筋，腰酸背疼，脚趾磨出了血泡。三年钢琴水平达到了七级。他在《中国达人秀》的舞台上，演奏了一首《梦中的婚礼》，在维也纳金色大厅用双脚演奏了中国古典名曲《梁祝》，震撼了维也纳观众，被誉为"无臂琴王"！

生于澳洲的尼克·胡哲（Nick Vujicic），"澳洲杰出青年奖"获得者，天生没有四肢。但他攻读了两个大学学位，是企业总监。29岁出版了励志畅销书《人生不设限》，30岁走遍35个国家，给超过300万人作励志演讲。

但他8岁时，非常消沉，想死，10岁时的一天，他试图把自己溺死在浴缸里，但是没能成功。直到13岁那年，尼克看到一篇，介绍一名残疾人自强不息，给自己设定一系列伟大目标并完成的故事文章。他受到启发，决定把帮助他人作为人生目标。

经过长期训练，学会了打字、骑马、打鼓、游泳、足球，不可思议。从17岁起开始作演讲，向人们介绍自己不屈服于命运的经历，来中国做过5次演讲。

这两个故事体现的是梦想的力量，自由选择，兴趣的魅力。

美国的杜威，是实用主义思想的代表人物。教育即生活。从生活中学习、从经验中学习。"学校即社会""做中学"。

他认为，在教育活动中，儿童是主体、是中心，教师是儿童活动的观察者和指导者。

德国雅思贝尔斯，存在主义教育思想代表，"所有外在强迫都不具有教育作用，相反对学生精神害处极大。只有导向教育的自我强迫、才会对教育产生效用"。所以"自觉文明"与"自我管理"，就是导向学生的自我强迫，比传统外在强迫管理效果要好多了。

苏霍姆林斯基是"个性、全面、和谐发展"教育思想的代表人物。他对中国教育工作者影响是最大的一个外国教育家，对我也不例外。他的体、德、智、劳、美教育逻辑顺序特别符合我的办学思想。我认为，不论谁当校长，只要学生进入你的学校，首先就应该关注他们的身体健康（包含心理健康），这也是五育中最为基础的一育，要合理安排好时间、锻炼项目，长期坚持，给学生一个健康的身体。健康的身体才是德、智、劳、美的载体。斯霞说："智育不好是次品，体育不好是废品，德育不好是危险品。"自然，立德树人非常重要，我们的教育不能有危险品，这是教育的底线。努力减少次品，杜绝废品，禁绝危险品。

德国教育家第斯多惠说："教育的艺术不在于传授本领，而在于激励、唤醒和鼓舞"。而我是这样认为的，教育的艺术是引导学生在自我实践中获得本领，而不是在于教师的苦口婆心。当复杂的教育问题众说纷纭，莫衷一是的时候，教育家给出的智慧，也要有自己独到思考，不然也不会发展出这么多的教育流派。"四自教育"可以是实践教育流派。

当我领悟古今中外教育的博大精深的教育智慧的时候，我认为"四自教育"是在全面践行教育家智慧的操作系统。

五、从立足学生全面实践设计"四自教育"

无意间看到一则关于"中国式父母"的段子：5岁时，父母说：孩子，我给你报了少年宫。7岁时，父母说：孩子，我给你报了奥数班。15岁时，父母说：孩子，我给你报了重点中学。18岁时，父母说：孩子，我给你报了高考突击班。23岁时，父母说：孩子，我给你报了公务员。32岁时，父母说：孩子，我给你报了《非诚勿扰》。让我在欣赏段子手才华的同时，感慨中国的城市的教育部分现实，从家庭教育开始，父母没有给孩子自我经历、自主体验、自觉决策的权利和机会，什么都包办代替了，学生出生社会后，他能有自己的判断力，他能有解决问题、处理问题、自主决策的能力吗?

我当了校长后，一直坚守一个观念，那就是一定要让我的学生拥有全程全域实践的机会，哪怕自己承担一定的安全责任风险。比如学生春、秋游，因很多校长怕出安全事故而一度不组织了，但是我校还是分年级分班级，在做好安全保障的情况下，让他们开展。对高年级老师我鼓励他们把学生带出教室、带到大自然去。其实这也是给学生自由实践的空间，让他们在自由思考、自由活动中，去满足自己的好奇心，去发挥自己的想象力，去发掘自己的创造力。

在"四自教育"的研究设计中，处处体现让学生自由实践的思想。

我有时给老师们讲：如果学生听你的课感觉兴趣不浓的时候，或者效果不尽如人意的时候，那你何不让学生也体会一下当教师的感觉，让他们上讲台去讲呢。我给行政人员讲，如果你因为学校紧急的行政事务，一时半会儿难以抽身的时候，你也可以让你的学生代你讲一讲新课，看看效果如何。当你看到学生在讲台上，在小组里表现的那种自信、自豪、成就感，你就会认识到学生实践的意义是多么深远。而且学生在讲课的过程中，也会体现教师的辛苦与不易，从而更加尊重教师，热爱教师。

看看教导主任熊黎如何让学生当老师的。

感谢"四自教育"

熊　黎

"四自教育"在我校已实行一年多了，我从最开始的不理解到默许，再到现在的欣然赞成，心怀感激。可以说在这一年多的时间里我见证了"四自教育"从萌芽到成熟，它已深深铭刻在学生和老师心中。

每天早上当我美美地享受完早餐，迈着愉快的步子走进教室时，我再也不会听到满教室的吵闹，而是学生们早已工整地坐在位置上郎朗地读着《诗文素读》《晨读午诵》等。不然就是讲台上有两位"小老师"讲着作业或者领读着课文。孩子们不再懵懂无知，不再满走廊嚷叫，静静地坐在教室，享受着晨读的时光。看到孩子们那精神抖擞的模样，我心里暗想：孩子们长大了，孩子们会"自主学习"了。感谢"四自教育"！

每天中午我走进教室，同学们早已徜徉在课外书的世界。讲台周围被同学们打扫得干干净净，讲台上也摆放有序。放眼教室，令人身心愉悦。中午午觉铃声一响，孩子们有序上厕所，然后又有两个"小老师"自觉上台来维持纪律，孩子们也规规矩矩开始睡觉。虽然最开始我也在午睡期间来查看监督，可两个"小老师"帮我管理得井井有条，同学们也非常自觉，我觉得我是多余的了。所以以后中午我基本不到教室了，而是安心地睡午觉了。因为我相信我的孩子，他们已经学会"自我管理"了。感谢"四自教育"！

但我最想感谢"四自教育"的还是它让我们班的学生居然当上了老师。这是怎么回事呢？听我娓娓道来。

这学期因为我竞争上了教导主任，任务相当繁忙，可班上孩子的学习也不能落下，怎么办呢？我想孩子们学会"自我管理""自主学习"了，能干了，是不是可以放手赋予他们更大的权利呢，让他们也来当老师吧。虽然有了这个念头，但我明白学生当老师有一定的差距，我必须进行一系列的规划和对学生的培训。首先我在班上成立了语文名生工作室，挑选出9位语文成绩优秀的学生，每位学生在工作室都有自己的职责。室长余水情负责全面检查督促，吴玉珊和刘婷杰负责讲课文，谭启蒙和刘亚娟负责讲作业，廖丽娟和苏赢负责批改作业，张杰和陈俊杰负责检查全班阅读情况。这样明确职责，合理分工，学生办起事来就会事半功倍。

我们的工作室每周一都要开一次会。会上老师首先指出这周学生应该上的新课，让工作室的学生对上课的学生和课文进行打磨，争取让上课的"小老师"发挥到最好水平。我还要耐心地讲当老师上课有哪些小技巧，怎样让自己大胆大方，怎样让学生臣服等。我希望通过每周的会议，每一次上课的历练让"小老师"成熟，将来的某一天成为真正的老师。然后还要明确这周我们还应该讲哪些作业习题，怎么讲才能让学生既愿听又听懂。我告诉他们讲作业不能每道题都讲，要有选择性的讲解，应该讲班上同学错得多的习题。在讲作业的时候，还要善于观察同学们的表情，是愁眉苦脸闹嚷嚷的说明没听懂，就要反思自己的讲法。经过老师每一次的提醒和实际操作，两位"小老师"的经验越来越丰富，因为他们讲解作业的时候总是站在学生的角度，学生容易听懂。有时候我开玩笑地问学生：你们是爱听老师讲还是谭启蒙讲啊？他们居然有时会回答喜欢听谭启蒙讲。其实这时我更是打心眼里欢喜，因为我轻松了，我有小助理了，而且是他们比我还行！工作室的成员每一周都还会进行一周总结和自我反思，我希望孩子们在思考中成长，成熟，优秀。工作室到现在已有半年的时间了，现在已不用每周开一次会了，因为孩子们早已明确自己的职责，也知道怎样将自己的职责履行得最好。

说实话班上工作室的成立，是我当老师以来做的最好的决定。现在我都不会为班上操心，班上的"小老师"帮我把所有事情完成，甚至孩子们的学习我完全可以放手，而且效果不错。这一切归根到底都要感谢"四自教育"。是"四自教育"让孩子们学会管住自己，学会自己学习，更学会如何管理别人的学习。"四自教育"让我们班成立了名生工作室，成就了班上的学生过了一把老师瘾。或许几年后的某一天，我们班的孩子可以在没有一个老师的情况下将班上打理得井井有条。

感谢"四自教育"，训练了孩子素质，减轻了老师负担，践行了"快乐教育"的理念。"四自教育"让我们班的学生找到了成就感，找到了学习的乐趣，让我们班其乐融融！

偶尔我还会出现与现实格格不入的想法：让那些能充分调动学生学习积极性，课堂教学效果好的教师多上几节课，那些缺乏课堂教学艺术的，做点辅导员工作，但直到卸任校长，也未能实现，因为这涉及一个老师尊严的问题，所以要慎之又慎，让引导代替简单粗暴，呵护老师的自尊心。所以只是最大限度地调整科目而已，最大可能实现人尽其才。

宋宁宗庆元五年（1199）陆游写了一首教子诗《冬夜读书示子聿》：

古人学问无遗力，少壮工夫老始成。

纸上得来终觉浅，绝知此事要躬行。

大意是：古人做学问是不遗余力的，往往要到老年才取得成就。从书本上得来的知识，毕竟是不够完善的。如果想要深入理解其中的道理，必须亲自实践才行。

南宋嘉定元年（1208），陆游84岁时，给儿子陆遹写了一首诗：

我初学诗日，但欲工藻绘。中年始少悟，渐若窥宏大。
怪奇亦间出，如石漱湍濑。数仞李杜墙，常恨欠领会。
元白才倚门，温李真自郐。正令笔扛鼎，亦未造三昧。
诗为六艺一，岂用资狡狯？汝果欲学诗，工夫在诗外。

诗的大意是：刚开始学诗时，他只知道在辞藻、技巧、形式上下功夫，人到中年，才渐渐领悟到这种做法不对，诗应该注重内容、意境，应该反映真实的生活。

他所说的"工夫在诗外"，其实就是强调"躬行"，到现实的生活中去广泛涉猎，去亲自历练。

陆游的两首情真意切的教子诗，非常适合老师教育学生。我们教育工作者应该有清醒的认识：要给学生猎奇、观察、想象、探究、实践、创新、创造的机会，让学生能躬行实践、摸爬滚打、披荆斩棘，体味酸甜苦辣人生百味，享受生命成长的流光溢彩。不能让他们成为在教师的灌输下，一个知识的容器，呆呆然、木木然、一个毫无生机、少年老成的人物形象，想想是多么可怕。

看看学生躬行管理过程中的烦恼，实际就是成长的过程。虽然她第一次管理失败了，但她有了很深的体验，丰富了经历，这也是生命的色彩。

第一次当值日班长

四年级一班：任粤

在"四自教育"春风吹拂下，胡老师让我们轮流担任值日班长，负责班级纪律、卫生管理，每天一个同学轮换。别看值日班长是个官，平时威风凛凛、有模有样，可又有谁知道这背后的苦衷呢？

那天，天气晴朗，万里无云，我的心情就像天空一样明朗。我一到教室，便大摇大摆地走上讲台。今天轮到我管理班级，心里好不得意！可事实却完全出我的意料，班级像炸开了锅似的。瞧瞧，有的三五成群，聊得喜笑颜开；有的两两成双，各抒己见。吵闹声，讲话声，嬉笑声融为一体，这声音穿透我的耳膜，震动我的脑袋。我不禁怒火中烧，猛地一拍桌子，大声吼道："安静！"可这突如其来的吼声还是对他们无济于事。我悄悄走到正在讲话的王危杨身后，伴着严肃的脸，严厉地喝道："王同学！请不要讲话！"可他对我不屑一顾，冷酷似冰，狠狠地白了我一眼，接着转过身去，跷起二郎腿继续谈天说地，一点儿也没把我这个值日班长放在眼里，还吹胡子瞪眼。我全身的热血往上涨，经脉也鼓了起来。但我强压住心中的怒火。装作一副心平气和的样子，温文尔雅地对他说："对不起，王同学，请不要讲话好吗？"可他照讲不误。我终于忍无可忍，气势汹汹地走到讲台上，愤怒地记下他的名字。别说这尚方宝剑还蛮有效果的嘛，教室里顿时鸦雀无声，大家都开始专心致志地看课外书。正当我在心里暗自庆幸时，麻烦事又卷地而来了，几位淘气的同学，在与我打着"地道战"的游戏，可这一一切都逃不过我敏锐的眼晴。原来是我最最要好的朋友——李同学。她仗着我们深厚的友谊胡作非为，我很是愤愤不平，但又十分无奈。我在友谊和纪律之间徘徊，经过一番思考后，我万般无奈地记下了李同学的名字。这一行为激怒了李同学，她开始大声喧哗，还誓言要与我绝交。其他同学也跟着起哄。顿时，班级里鸡犬不宁，很快把老师招来了。我惊恐不安，完了完了，老师见到这一情景，一定把我骂得狗血淋头。然而事实就是这么残酷，老师严厉地批评了我，我的脸憋得通红，委屈的泪水像断了线的珍珠直往下滚。

第一次当值日班长，搞得如此狼狈！哎，当个值日班长可真不容易啊！

第二节 "四自教育"设计应重视的问题

2016 年，我有幸参加国家网络行政学院校长研修，"四自教育"培养学生核心素养案例被评为优秀案例。当时指导我的专家是齐鲁师范学院特聘教授，现代教育共同体执行主席兼秘书长，正高级教师刘静。他在对案例剖析的时候，进行了高屋建瓴的理论分析，同时对案例进行了细致入微的点评。虽然多有溢美之词，但我知道，他是给一群默默求索的乡村教育工作者以希望之光，让我非常感动，也备受鼓舞。特别是他对案例的理论提炼，成了"四自教育"培养学生核心素养课题研究的顶层设计。2017 年，他和齐鲁名校长徐延明、曹瑞敏一行三人专程来学校进行了为期一天的调研，对"四自教育"课题研究进行了深入指导，刘静校长给全体教师作了自主教育的专题讲座，引经据典、旁征博引、既有理论支撑，又有实践落地，让大家有一种醍醐灌顶、豁然开朗的感觉。为学校全面推进"四自教育"点明了方向，指出了路径。

一、"四自教育"的研究设计应符合人性

符合人性："四自教育"研究，必须符合人性，关注中、小学学生的本质心理属性，关注人先进的价值观及其规范。在具体操作设计中自始至终要求由班上学生讨论相关规程规则，然后学生自主执行，自我控制、自觉遵守。这个是符合蒙台梭利的思想："一个有纪律的人应当是主动的，在需要遵守规则时能自己控制自己，而不是靠屈服于别人"。他认为儿童的心理发展是"通过对环境的经验而实现的，同时有利于民主意识的培养"。

在中国古代哲学中，对人性有四种有影响的学说。即性善论、性恶论、性有善有恶论、性无善无恶论。他们的目标都是促进和谐。人性在自然属性中犹如白纸，本无善恶；人性在社会属性中逐渐形成善恶一体两面，性善论乃人性优点，性恶论乃人性缺点。

我国最先主张"性善论"的是战国中期的孟子，他是儒家哲学的唯心主义理论体系创造者。《人性向善，犹水就下》出自《孟子》的《告子章句上》。孟子曰："水信无分于东西。无分于上下乎？人性之善也，犹水之就下也。人无有不善，水无有不下。今天水，搏而跃之，可使过颡；激而行之，可使在山。是岂水之性哉？其势则然也。人之可使为不善，其性亦犹是也。"

大意是：孟子说："水的确无所谓向东流向西流，但是，也无所谓向上流向下流吗？人性向善，就像水往低处流一样。人性没有不善良的，水没有不向低处流的。当然，如果水受拍打而飞溅起来，能使它高过额头；加压迫使它倒行，能使它流上山岗。这难道是水的本性吗？形势迫使它如此的。人也可以迫使他做坏事，本性的改变也像这样。"

孟子的性善论作为儒家的正统思想，对我的影响是巨大的。

我相信"人之初，性本善。"作为教育人我也相信因为教育与环境，使人"性相近，习相远"。所以"四自教育"研究设计要聚焦人性中的是仁、义、礼、智。"无恻隐之心，非人也；无羞恶之心，非人也；无辞让之心，非人也；无是非之心，非人也。恻隐之心，仁之端也；羞恶之心，义之端也；辞让之心，礼之端也；是非之心，智之端也。人之有是四端也，犹其有四体也。"

战国中期人荀子（荀况）主张"性恶论"。他有两个铁杆支持者李斯和韩非子。特别是韩非子，坚定地认为人性本恶，并由此毫不余力地主张用严刑峻法来安民定国。荀子曰："人之性恶，其善者伪也。"他认为由于人人都有欲望追求，这是性中自有，这种对物质利益的追求就决定了人的性恶。其实每一项制度的设计都是针对人性恶的一面，也是针对少数不守规矩的人，约束的也是少数或者极个别的人。所以，我们在"四自教育"研究设计的时候，要唤醒人性善良的一面，抑制人性恶的一面，从而达到立德树人的目的。

主张"有善有恶论"的是战国初期的世硕。汉代的董仲舒、扬雄、王充，唐代的韩愈等都是支持这个观点的代表人物。王充在《论衡》一书中记载："周人世硕，以为'人性有善有恶，举人之善性，养而致之则善长；恶性，养而致之则恶长'。"就是说后天养之善性，则是善性不断增长；养之恶性，则是恶性不断增长。这是我想"四自教育"不应只在学校进行，而是在家庭实施要更早更好地推行，做到养之善性。所以"家庭四自教育"研究设计的就极有现实意义了。

战国中期人告子（告不害）主张"无善无恶论"。告子曰："性无善与无不善也……性犹湍水也，决诸东方则东流，决诸西方则西流。人性之无分于善不善，犹水之无分于东西也。"一张白纸，恰恰能画最美的图画。"四自教育"的功能就是如何引导水流的方向，引导学生人性发展的方向。

这四种观念之所以有代表性，因为他们都有一个共同的认识，都认为教育在人性发展中起到重要作用。即便性恶论者认为人性生来就是恶的，但后天的教育可以由恶变善。

而现代人对人性的研究就更加具体和深入了，让"四自教育"的研究设计目标更明确，指向更具体，更具有操作性。

我在百度百科中查到了关于人的特性的文章，很有参考价值。

第一特性：食欲、性欲、权威欲、群体欲、表现欲。

食欲、性欲是动物的生理属性。权威欲是群居哺乳动物独有的特性，群居哺乳动物中的每一个成员都有权威欲，都希望成为群体中的统治者。这点设计的时候我们要给学生事权，学生在做事的过程中，满足自己权威的欲望。

群体欲是任何群居动物中的一个个体都有愿意与群体中的其他同类交往的欲望，如果其离开了群体，就会感到孤独和恐惧。根据心理学家的隔离实验，如果一个人的群体欲——不愿意孤独，想跟其他人在一起的欲望得不到满足，就会在精神和肉体上处于异常状态。这就是爱与归属的需要，就是设计小组建设、青蓝结对，让每个学生都有自己的组织归属，让每个学生有服务群体的机会，运用集体影响原则的符合人性的依据。这也是学校存在的意义和价值。

表现欲是许多动物的一个共同本性，是群居哺乳动物中的每一个成员都有在同类中表现自己的欲望，喜欢通过各种方式引起同类中的其他成员对自己的注意，对自己赞赏。人也具有这种本性。

表现欲在儿童的身上表现尤为突出。记得我初为人师的时候，是负责小学一年级一个班的包班教学，当时的孩子没有上过幼儿园，都是刚入学。给学生上课时，叽叽喳喳、闹闹嚷嚷的时候，我会大声呵斥"不要说话、安静、认真听讲"，但他们还是我行我素。后来我改变了一下说法："小朋友，我看哪个坐得最好，哪个最安静听讲。"这个时候全体学生迅速坐正，安静了。个个都是为了表现自己，这就是表现欲。所以在设计的时候，一定要给学生表现的机会，如安排3分钟演讲、青蓝结对、小组发言等，要保护孩子的表现欲。

儿童的表现欲是一种积极的心理品质。当孩子的这种心理需要得到满足时，便会产生一种自豪感，这种自豪感会推动孩子信心百倍地去学习新东西，探索新问题，获得新知识。教师要小心呵护。

第二特性：求生本能和暴力性是所有动物共同具有的一种本性。

培养学生交流沟通的能力，减少产生暴力的机会，同时在"自觉文明"设计中，要对学生出现的暴力行为予以减分记录，从而约束学生的暴力行为。

第三特性：渴望休息、娱乐是绝大多数动物的本性。

人也有这种本性。表现就是几乎所有的孩子都好玩。自古以来人们发明了很多休息、娱乐的方法和工具。例如，歌舞和运动项目原本就是为了休息、娱乐的。再如，棋类、牌类、球类等等。在"自我发展"的设计项目中，要有利于学生休息放松项目，这些项目设计，参与性、兴趣性应该大于功利性，也就是说让学生有兴趣地参与比训练出什么成果要好得多。同时学生参与艺术、体育活动，除了培养学生身体素质与艺术才华以外，更可以达到休息的目的，一举两得。

第四特性猜疑性：在高级群居哺乳动物人的身上猜疑性体现得更加突出、更加广泛。

疑心、疑心病、疑兵、疑阵、疑忌、半信半疑、疑神疑鬼等词语表现出的正是人的猜疑本性。"惊弓之鸟"就表现出了鸟的猜疑性。

这点在"四自教育"中要设计学生自我实践，运用实践是检验真理的唯一标准，没有调查就没有发言权，养成没有调查就不能无端猜忌的思维习惯，训练学生遇事首先往好处想的思维习惯。做到君子坦荡荡，这是终身受用的。注重理性思维，尊重事实和证据，有实证意识和严谨求真的态度；逻辑必须清晰，能运用正确的思维方式认识问题、处理问题、解决问题等。

第五特性：群居哺乳动物中的每一个成员都渴望有一定的自由，都渴望自由表达意愿，都渴望得到平等的待遇，都渴望得到同类的尊重。在设计中我们应该给学生自由表达的空间，含"四自教育"各项职责的讨论形成，每天的总结发言，小组交流发言，3分钟演讲，相互讲授等。这里设计"四自教育"事项的竞争上岗就是给大家以平等机会的待遇，同时他们在人人有事做，为同学服务中自然会实现得到同类的尊重满足感。

第六特性：模仿这一特性在高级群居哺乳动物人的身上表现得更加突出，孩子来到这个世界上什么都不知道，但是天生的模仿本能使孩子学会了说话，学会了直立行走，学会了生活的技能，后来又模仿大人的言行。这里再次说明言传身教的重要性，教师、家长要注意自己的言行举止，为学生起示范作用，特别是家长，在孩子婴幼儿期，一定要做好榜样，否则你的孩子会把你的不良动作，不良语言，不良习惯全部学会，而且以后很难得到纠正。

第七特性生存竞争：人的竞争性在童年时代就体现出来，童年时代的竞争更多地体现出动物性的本能，那就是体力的竞争。因为竞争性是一种原始本能，故攀比心理不仅成年人有，孩子从小也具有这种心理。

"四自教育"设计要充分利用这种心理，设计基于规则的良性竞争，让每一个小组都参与到竞争中来，在竞争中训练学生的规则意识和契约精神。当然教师要因势利导，利用竞争的本性，训练学生合作意识更为重要，每一个学生，在小组内积极合作，共同努力，让自己所在的小组参与到班级的竞争。

第八特性：通常是在群体中的体质最健壮、智力最高者成为统治者，而被统治者为了自己生存的需要表面上表现出了对统治者的顺从，但内心充满了羡慕和妒忌。美国儿童心理学家斯坦贝格根据研究，妒忌心理最早出现在学步前的婴儿期。而长大到学龄前的五六岁时，嫉妒会更频繁地升上心头。至于上学以后，由于和小朋友进行多种"比较"的机会骤然增多，他们可能会遭到更多的嫉妒的折磨，只是随着年龄的增长，渐渐学会掩饰自己的妒忌心理。斯坦贝格的研究成果事实上也证明了妒忌心理是人的一种天性。

"木秀于林，风必摧之；堆出于岸，流必湍之；行高于人，众必非之。"《运命论》中这几句话，对世俗妒忌心理最为形象的揭示与表达。

这就要求我们设计或运用时要规避产生嫉妒心理，比如我们不能总是让少数同学占据要害岗位，要实行竞争上岗。另外要创造机会让更多的学生有成功的机会、获奖的机会。所以我们学校每年在每一自的考核中都有30%的奖励，"四自"加起来奖励面达到120%。要求班级每期设计的奖励项共计占比180%。这样每一个学生每期都可以获得奖励感受成功的愉悦。

第九特性：亲情是所有哺乳动物的一种天性，父子、母子之间的亲情表现为无私的、神圣的父爱和母爱。正常的人都渴望友情，即使道德败坏的人也有臭味相投的"狐朋狗友"。正所谓"物以类聚，人以群分"。这个方面教师或者家长要时时营造一个和谐的充满爱的氛围。师爱、同学之间的相互关爱，家长对孩子的关爱等。

第十特性：欺骗性在人身上的体现形式就是撒谎。美国马萨诸塞大学的心理学家罗伯特·费尔德曼对成人做过一个实验，请参加实验者携带一个微型录音机，记录一天的谈话。他分析的结果是，每 10 分钟的谈话，就会出现三个谎言。看来不论是家长或者是教师都要正确看待孩子说谎，在什么场合说谎，只是要让孩子减少说谎，尽量不说谎。有时善意的谎言体现孩子思维的智慧，只是不要让孩子恶意说谎。

《孙子兵法》中的瞒天过海、声东击西、暗渡陈仓、偷梁换柱、假痴不癫等计策就是高级说谎、高级欺骗，但却被称为军事谋略。在"自觉文明"的设计中，诚实守信作为重要一条，从正面训练学生为人诚实，减少孩子说谎，减少孩子恶意说谎。我小时候有一个恶意说谎，险些酿成大祸的经历。我们几个小伙伴在一个山包上玩，我打了一个喷嚏，一下子摔了下去，头破血流。回家的时候，父亲问是怎么回事，我说是其中一个大孩子推下去的。导致父亲去找那家家长的麻烦，还动枪了，我家有两枝猎枪，但被旁人劝阻了。为什么说谎呢？因为那个孩子站在我旁边，比我要大两岁，平时又打不过他，产生嫉妒，所以想借这个机会杀一杀他的威风。从那件事后，我很少说谎了。

第十一特性：每一种动物都渴望有一个适宜自己生存的好的

环境。作为具有精神性的高级群居哺乳动物的人还渴望在满足精神需求的社会环境中生存。首先通过"自我管理"给学生创造一个良好自然环境，比如学生共同维护干净整洁的环境、点缀绿色植物，让教室充满生机盎然的生命气息；学生共同研究精心布置班级文化，让学生浸润在浓浓的文化氛围之中；通过"四自"的落实，营造积极向上的精神氛围以及和谐的人文氛围。后者比物理环境更为重要。

第十二特性：自私性是所有动物的共同本性，人作为能思维的高级动物，有时候自私之心比一般的群居哺乳动物表现得更强烈。

在"四自教育"的研究设计要体现儒家提倡做人的仁义礼智信起码的道德准则，克己奉公、集体至上的责任感和使命感。从而减少学生自私自利性格形成。

第十三特性：老、残、幼者是群体中的弱者，求生的本能使他们渴望得到群体的照顾。班级要积极倡导互帮互助，爱护弱者。"自觉文明"中设计尊老爱幼的条文。

只要了解了人性的本质，在教育孩子的时候，就会产生一种居高临下的豁然开朗之感。"四自教育"的设计，就是要符合人的十三种特性，既要尊重人性，又要因势利导，循循善诱，让学生在自我教育实践中潜移默化受到教育。

二、四自教育"的研究设计应关注人文

关注人文：强调以学生为主体，尊重学生的价值，关心、重视、爱护学生。

国际君友会王爱君文集"人文主义"有这样一段话。

人文主义出自周易贲卦象传："观乎人文以化成天下。"人为万物之灵，应致力于文明的进步，发扬人性，发挥人力，拥护人权，培养人格。中国之人文主义，应推孔子之学说，"孔子首先肯定人在宇宙中最高贵的东西。我是人，惟有人有'我'的自觉。其精义所在，则为特别提出一个'仁'字，作为奠定人伦基础和道德规范，故曰'仁者人也'，'仁者爱人'。举凡一切可以使人成为更完美的说法，便是人文主义；讨论使人成为更完美的思想，便是人文思想。"

人文主义是一种理论体系，该主义倾向于对人的个性的关怀，注重强调维护人类的人性尊严，提倡宽容的世俗文化，反对暴力与歧视，主张自由平等和自我价值，并发展成为一种哲学思潮与世界观。

艺术与人文主义有着一种特殊的血缘关系，这除了适用于文学和戏剧以外，也适用于音乐、舞蹈以及其他非口头艺术如绘画、雕塑、陶瓷，因为它们有着逾越不同语言的障碍进行交往的力量。

"四自教育"的设计以学生为本，以学生为主体，关注学生的尊严，关注自由平等，培养学生尊重人的价值，关心、重视、团结同学。目的在全面发展学生个性和充分发挥学生才能，让他们核心素养人文底蕴之人文积淀、人文情怀、审美情趣得到全面训练，人格日臻完善。比如"四自教育"规则产生的过程的自由平等，以及在执行规则享有的权利与义务都应得到落实。竞争上岗体现学生的选举权和被选举权，在违规被减分，学生有知情权、陈诉权和签字确认权。当然在履职的过程中同样强调落实自己的义务。

记得在江口小学，有这样一位学生，姓杨，因为小腿肌肉收缩落下了残疾，但是她有一个舞蹈梦，别人在跳舞她在旁边看得如痴如醉，学校的社团活动，她想进舞蹈队，当然没有被选上，我知道这个事后，要求老师把她收下，不管她跳得怎么样，只要她参与就行。保护好孩子的尊严，尊重孩子的兴趣。那年重庆市组织辅导员风采大赛，她被选入伴舞人员之一，她在台上表现出那种自信、那种阳光、那种生机与活力，震撼了在场的每个评委，每一位观众。这应该就是我们的教育要达到的一种境界。

三、"四自教育"的研究设计要指向人本

指向人本：学生应该对自己的行为负责，应该通过自己的意志、自觉教育，决定自己的行动方向。

人本主义学习理论重点研究如何为学习者创造一个良好的环境，让其从自己的角度感知世界，发展出对世界的理解，达到自我实现的最高境界。

人本主义心理学主张从人的直接经验和内部感受来了解人的心理，强调人的本性、尊严、理想和兴趣，认为人的自我实现和为了实现目标而进行的创造才是人的行为的决定因素。

人本主义心理学代表人物罗杰斯认为，人类具有天生的学习愿望和潜能，这是一种值得信赖的心理倾向，它们可以在合适的条件下释放出来；当学生了解到学习内容与自身需要相关时，学习的积极性最容易激发；在一种具有心理安全感的环境下可以更好地学习。罗杰斯认为，教师的任务不是教学生知识，也不是教学生如何学习知识，而是要为学生提供学习的手段，至于应当如何学习则应当由学生自己决定。教师的角色应当是学生学习的"促进者"。

"自主学习"的设计，让孩子自己去感知、去探索、去发现，要释放他们的学习愿望和潜能，激发学生的学习积极性，达成自我实现。教师、家长要为学生广泛学习力所能及提供手段，创造良好环境，给他们自由学习的时间和空间，做学生学习的促进者。如学校编写诗文素读的校本教材，让晨读午诵有书可读，家长为孩子提

供孩子感兴趣的书籍等。当然教学生如何学习因人而异。

四、"四自教育"的研究设计应符合学生认知规律与人的成长规律

"四自教育"要分层次、分年级进行。同时对学生综合素质不是一个层次的面面俱到，应根据学生的认知、成长规律择其重点予以针对性训练。教育的内容和形式都要符合未成年人的年龄和身心发展实际。教育的一个基本原则就是无论是教育的内容和教育的方式都要符合学生的身心特点和认识能力。

纵观中国德育史，可以看出，对未成年人的道德教育一般是遵循着先蒙后经、先行后理、先习其所当然后习其所以然。未成年人由于他们抽象思维能力尚不成熟，因此，对他们的思想道德教育，内容应放在日常生活的良好行为习惯的养成，教育方式应该是让自己在"自我管理"、"自觉文明"的实践中，潜移默化地形成为人诚实、处事正直、做事负责、对人礼貌等道德素养。

中国道德教育的内容和教材，一般是先学蒙学教材《三字经》《百家姓》《千字文》，再学《论语》《孟子》《大学》《中庸》"四书"，《诗经》《书经》《礼经》《易经》《春秋经》"五经"的经典。按传统的说法，蒙学属小学，即8至15岁少儿的启蒙教育，如古人所说"古者八岁入小学，十五入大学"。小学与大学的界限除了一般情况下的年龄界限外，主要是在教育内容上，朱熹说："古者初年入小学，只是教之以事，如礼乐射御书数，及孝悌忠信之事。"（《朱子语类》卷七）就是说，小学灌输行为规范与道德的规范，大学则进一步研习其哲理，前者习其所当然，后者习其所以然。这也就是为什么在儒家哲学如理学家的著作中主要不讲价值规范，而讨论哲理，而在蒙学中则主要讲行为规范而没有过多的理论探讨。

"四自教育"中"自觉文明""自我管理"的设计，不可能再通过背诵《三字经》《百家姓》《千字文》《弟子规》而达到灌输道德行为规范，而且里面有精华也有糟粕，而是要通过学生做具体的对的事加分，做错的事减分这样的自我教育实践，体现先行后理、先习其所当然，行仁义礼智信孝俭等事。而"自主学习""自我发展"则是教之以事，从而达成培养学习力及面向未来的必备能力。如礼乐射御书数，春秋战国时代读书人必须学习的六种技艺，随着社会的发展，文化科技的课程门类越来越多了，对培养人的内涵也越来越丰富了，培养德、智、体、美、劳等全面发展的人。

五、"四自教育"的研究设计切合新课程基本理念

"四自教育"的设计要切合新课程的核心理念。

一是为了每一位学生的发展。具体指向以能力为中心的个性心理品质为核心的发展。培养学生的信息收集和整理的能力，发现问题和探索问题的能力，分析问题和解决问题的能力，终身学习和创新实践的能力，独立生存和独立发展的能力，培养学生能力、气质、性格等良好的个性心理品质。

二是面向每一位学生。认清每个学生的优势，开发其潜能，培养其特长，使每位学生都具备一技之长，使全体学生各自走上不同的成才之路，成长为不同层次、不同规格的有用人才。这点是传统教育的短板，通过自主教育达成放飞学生创造性的目的。

三是关注学生全面、和谐的发展。切合新课程知识与技能、过程与方法和情感、态度、价值观三个维度的教学目标，达到知识习得、思维训练、人格健全的协同，实现在促进人的发展目标上的融合。

四是重视以学定教。切合新课程课堂教学以学生为主体，以

学生发展为本，对传统的课堂教学评价进行改革，体现以学生的"学"来评价教师"教"的"以学论教"的评价思想，强调以学生在课堂教学中呈现的状态为参照来评价课堂教学质量。

六、"四自教育"的研究设计要切合核心素养基本要求

"四自教育"的设计要切合"中国学生发展核心素养"。"四自教育"目标要清晰、指向要明确。具体指向为人文底蕴、科学精神、学会学习、健康生活、责任担当、实践创新 6 大素养，具体训练国家认同等 18 个基本要点。要面向新课程改革的主要任务，更新教与学的观念；转变教与学的方式；重建学校管理与教育评价制度。要构建符合素质教育要求的校本特色课程体系，要建构面向学生核心素养基本要点的训练体系。

七、"四自教育"的研究设计要解决学与学、学与教的关系问题，解决三维目标的统一问题

"四自教育"要解决学习方式的转变，强调自主探究合作，强化"自主学习"。强调教学过程是生生互动、师生互动、协同发展的过程。学生获得知识、方法、技能的过程同时成为学会学习和形成情感、态度、价值观的过程。比如让学生和老师一起备课，其实就是一个"自主学习"的过程。让学生按照自己的兴趣超前学习，不应考虑学生的知识会超过你，不要怕学生思维超过你。放弃以前师道尊严的一言堂，彻底放弃满堂灌，彻底颠覆以教师为主体的课堂教学观，放手让学生主动探索发现，教师适时指导，精讲点拨。甚至让出一定的课时让学生来讲课，会收到意想不到的惊喜。

八、"四自教育"的研究设计必须构建一套育人体系，培养学生可持续发展的关键能力

据一项心理健康调查，4—16 岁的少年儿童中，71% 的学生

缺乏毅力，67%的学生难以承受失败。六至十二岁是人生习惯培养的关键期，栽什么树苗结什么果，撒什么种子开什么花，怎样做好立德树人，面向学生的未来与发展，光靠老师空洞的说教，远远达不到效果。"四自教育"要建构一套行之有效的育人体系，让学生在自我实践中接受熏陶、涵养习惯，练习挫折，练习毅力，练习发现问题与解决问题的素质，通过训练自己的理性思维、批判质疑、勇于探究培养科学精神。在自觉实践中练习学生可持续发展的关键能力。

九、"四自教育"的研究设计必须有效干预教职工的职业倦怠

具体分析学校老师，主要表现在情绪衰竭、个人成就感降低和去人性化三个维度上。教书越久，人就越来越麻木，情绪衰竭就越严重，在乡下教得越久，成就感就越低。

一是抑郁。通常表现为情绪的衰竭、长期的精神不振或疲乏，对外界事物失去兴趣，对学生漠然等。

二是焦虑。持续的忧虑和高度的警觉，如过分担心自己的人身安全问题；弥散性的、非特异性的焦虑，如说不出具体原因的不安感、无法入睡等。为庆祝2018元旦节，本人2017年12月28日晚上11点56分在学校微信群里发了180个红包，0点领取的3人，1点领取的5人，2点领取的2名，3点领取的3名，4点领取的3名，5点领取的9名，6点领取的36名。还有睡不着的也没有玩手机的无法统计（0至6点领取的61名，占学校教师总人数172的35.5%。其中0至5点领取的25名，占15%，6点领取的占21%）。这个数据让我大吃一惊，因为我校是一所城乡结合部的大型学校，校园环境、办学条件、办学水平均是乡镇最好的学校。但是有这么多的教师存在睡眠障碍，焦虑严重，是我所没有想到的。

三是预期焦虑。如并不怎么关心现在正在发生的事，而是担心以后可能会发生的事。通过学习、观察、与教师座谈，我们发现部分教师在不同程度上出现了职业倦怠。于是，2015 年 9 月，我们采用调查问卷对 100 名教师进行调查，100 名农村教师中，情绪衰竭的有 62 人，占总人数的 62%。其中领导班子 5 人，班主任 20 人，任课教师 37 人。近总人数的 2/3 教师有职业倦怠。非人性化有 28 人，占总人数的 28%。其中领导班子 3 人，班主任 10 人，科任教师 15 人。接近 1/3 教师有较重的职业倦怠。低成就感的有 10 人，占总人数的 10%。调查数据说明职业倦怠不容乐观。

导致教师职业倦怠的主要原因有：学生管理因素、学校管理因素、教师专业发展因素、人际关系因素和社会因素等。不同个人背景因素如性别、年龄、婚姻状况、课程类别、职称、学历、收入等对教师职业倦怠的各维度均有影响，尤其对情绪衰竭和个人成就感降低两方面影响比较显著。但是影响最大的还是教育对象学生因素，如学生管理、道德修养、学生成绩等。家庭教育的缺失给教师管理学生带来更大的压力。同时家长对教育的高期待和近乎吹毛求疵的要求给学校教师带来了高压力和高焦虑。

那么"四自教育"的设计就是要重点解决学生管理、成绩提高的问题。在学生中广泛开展"自觉文明""自我管理""自主学习""自我发展"的"四自教育"。重点解决教师事务太多、学生难管、学生成绩不理想影响教师尊严和成就感的问题。

十、"四自教育"的设计要厘清"四自"内在的逻辑联系

"四自教育"要着眼学生核心素养的培养，除了注重过程与方法的科学，更要有情感态度价值观的培养。建构一种培养学生综合素质的机制，一种综合素质的培养模型，形成一种面向核心素养的操作体系，体现立德树人，"五育"并举，全面实践素质教育。设计上要按照德育为先，能力为重，终身学习，全面发展的逻辑顺序。"自觉文明"体现德育为先，是德育自觉，利用学生对分数的天然尊崇内化为行为自觉，从而提升自我道德修养，比如宽容、礼仪、孝、仁、信等。这里实际上有自我约束和自我修养的行为。"自我管理"体现能力为重，是人人能做事，人人会管事，这是对"自觉文明"的强化和补充，实际操作偏重自己通过劳动服务于班上和学校，也有自己管理自己的事项，管理班级及学校的事项。让学生能学会管理、决策、交际、生活、实践、负责、担当、自信等。"自主学习"是让学生能学会学习、记忆、思考、组织、讲授、阅读、演讲、合作、助人，培养终身学习的能力和习惯。"自我发展"是面向未来人的身心健康、艺术才华、科学素养等关键能力素质培养要求，是人的全面发展。四个方面是层层递进和相互渗透的关系。

十一、"四自教育"设计要让学生在参与中潜移默化地受到教育

"不是锤的敲打，而是水的载歌载舞，使鹅卵石臻于完美。"印度诗人泰戈尔的这句话，道出了教育的方法：传统教育方式是声色俱厉批评，体罚或变相体罚等，是锤的敲打，对毛坯石块棱角收敛要快一些，这点勿容质疑，但是很难让人心服口服。但"四自教育"是生活过程的教育，是生命成长过程的教育，就像潺潺的溪水，经年累月地流淌和洗刷，让那一块块奇形怪状的石块在水的流淌动中变成色彩各异、美丽顽强的三峡石。让学生在自我教育的和风细雨、润物无声的环境中成长。

其实我们的老师做梦都在想一种更有效率的教育方式，一直都在寻觅一种更有效的教育方法，让自己和学生不那么对立，让自己不怒自威，言必行、行必果、果必优，都在想作一个成功的教育工作者。

特级教师贾志敏曾说："成功的教育是一种无痕的教育，即没有痕迹的教育，如果说，让学生知道我是犯错误了，我是接受你的教育，他走进来，我们的地位就不平等，不平等就注定你这个教育的失败，所以师生应该是平等的。"

"四自教育"就是一种无痕的教育，让学生在自我实践中润物无声地得到训练、培养和熏陶。比如"自觉文明"中，学生坚持做好人好事，那么他们会不知不觉中学会了善良、热情、友好等品质。正如苏霍姆林斯基曾说："如果孩子们没有觉察到你给他们讲的事情是专门为了教育他们，那么，你的谈话将会产生更好的效果。"圣寿聪禅师也说："道不可告，告即不得。"不可告，不说破，其用意在于让参禅者自悟自得。自得的才是最有用的。禅门教育的一个基本的原则就是"不说破"，一说破便成了"口头禅"，于人毫无益处。"四自教育"的设计要从这些智慧中寻找有益基因，让学生无声无息的实践中接受不露痕迹、不动声色的教育，练习自身成长和适应未来的素质。

十二、"四自教育"设计要与时俱进满足家长对教育的时代要求

我校有两名优秀教师，都相当负责，一个严谨负责，细致入微，纪律严明，教学效果相当好；一名管理粗放，相信学生，放手发动学生，让学生自我管理，自主学习，学生积极性高，教学效果同样好。一个插班生的家长了解情况后选择了后者。我县也有这样两所初中学校，一所管理精细，一所相对粗放，两所都是名校，办学成绩各有千秋，但两所学校师生的幸福指数是有差距的，不同的家长在为孩子选择学校时，也是各选所好。我的一位当校长的朋友，他的孩子选择了离家较远相对粗放的学校，后来也考上了全县最好的高中，我想这是时代发展给家长对教育要求的水涨船高。当然媒体宣传起了作用，让家长心目中好教师、好学校的标准悄然发生了变化。这让我想起了历史上两名抗击匈奴的名将，一个是程不实，一个是李广。前者带兵打仗，纪律严明，一丝不苟。后者人性宽松，善待部下，身先士卒，两位都战果辉煌。教育本身要求教育工作者在设计教育方式时要始终代表先进文化的前进方向，面向学生的未来，民族的未来，不断满足家长对教育的时代要求，虽然结果一样，但是应该选择那种能充分发挥学生主观能动性、创造性的方法路径，才是最优的选择。

十三、"四自教育"设计遵循辩证唯物主义的哲学理论基础

"四自教育"遵循的哲学理论基础主要是辩证唯物主义的认识论。遵循实践第一，"实践—认识—再实践—再认识"的认知规律。同时，"四自教育"遵循唯物辩证法，内因是事物发展的根据，外因是事物发展的条件，外因只有通过内因才起作用。只有充分调度学生内在的积极因素，让学生从实践中去认识、去发现、去总结后再实践到再认识、再创新，再总结，才能内化为学生真正的核心素养。

十四、"四自教育"设计要有利于激励学生的尊严

首先从"四自教育"设计用词上，把"扣分"一律改为"减分"。这里面有一个心理感觉，当你听说"扣"的时候，心理不太舒服，总想到是扣钱。如果用"减"呢，就中性多了，减分只是提醒减少毛病而已，不伤自尊。

同时我在设计"四自教育"的考核指导性意见的时候，也注意了学生尊严的心理作用考量。如"自觉文明"我们给基础分 80 分，主要是让学生不停地通过自己做好人好事进行加分，特别给那些平时调皮捣蛋的学生，可以功过相抵，提供练习道德提高分数的机会。不是传统评价学生一次无心之过，就被打入冷宫，永无出头之日，过着毫无尊严的日子。"自我管理"给每个学生是 100 分，主要考虑平时落实责任考核的简易性原则，实行的是减分制，学生必须认真履职，强化责任意识。而"自主学习"给的基分是 100 分，因为有加分，也有减分，学生最后统计的结果，分数普遍偏高，给学生的心理暗示的是自己的学习效果是不错的，树立学生信心，寻找自己的尊严。"自我发展"给的基础分也是 80 分，但是主要是加分项，学生的得分也会显示很高，这里心理暗示是学生自己的感觉我不是一无是处，我也有别人羡慕的才华，有自己值得骄傲的一面，也有成功的尊严。

另外提高表彰学生比例。学校每期表彰"文明之星、责任之星、智慧之星、未来之星"各占比 30%，4 项合计表彰占比 120%。建议每个班每期表彰"文明之星""责任之星""智慧之星""未来之星""进步之星""辅导之星""艺术之星""科技之星""体育之星"9 个单项，每一项占比 20%，共计占比 180%。我想每个班的每个学生每期至少有一项获单项奖。大部分学生能获多项奖。从而让学生有自我价值的实现，体现从未有过的尊严。彻底打破个别学生学习生涯中从未获得奖项的传统魔咒。

还有在表彰的形式和节奏上，我给班级创造性发挥的空间，各班可以每周、每月进行小结表彰，表彰的形式可以由学生讨论进行，满足个体不同的愿望。

看看梁国琼老师的做法。为激发孩子的自主管理积极性，她设置了多种奖励方式：积分卡，表扬信，"少儿存折"，孩子们平时的学习、行为表现都可以存在本子上，到了假期就可以兑换，兑换自己的愿望。这里节选梁老师的教育随笔和她给学生的两封信。

可爱的黄铸同学：

　　见信好！

　　你的学习可谓是"芝麻开花——节节高"，老师感到特别欣慰！你的每堂课总是准备充分，能认真听老师讲解重点知识，仔细观察，不忘倾听其他同学的课堂发言，也能积极举手回答问题，并且回答得层次分明，重点突出。

　　总之，你在这上半学期的学习过程中，学习非常努力，同时也取得了非常大的进步。作为班主任老师，我感到非常高兴，特此写表扬信给你，以示鼓励！希望在今后的学习过程中，能继续保持上半学期的学习热情，把基础知识打牢，坚持每天阅读，完成课外积累，坚持每天复习所学过的知识，预习第二天所要学习的新知识，认真完成每天的家庭作业，做到弄懂弄通，坚持每天进步一点，取得更大的进步！

　　祝：

　　身体健康！学习进步！天天开心！

梁老师
2022 年 2 月 28 日

可爱的陈葆明同学：

　　你好！

　　上学期，我教你们学写书信，当时我就有给你们写信的想法，今天终于如愿以偿。我有幸成为你的老师，成为你的班主任，我们一起走过了三年多的日子，风风雨雨一起经历，酸甜苦辣一起品尝过。这段时间里，我们有过成功，有过失败，然而无论结果如何，我不仅要表扬你，更要感谢你，深深地感谢你。你是老师的小助手，在老师提出要求时，你总是能保质保量地完成，没有怨言地接受，为班级服务从不推诿；哪怕是我的强制命令，你也能积极完成。因为你是我的学生，我感到骄傲和自豪，每天你给老师呈现的是干净清爽美观的作业；课前的预习，你总是一丝不苟；教室里的黑板报总是能留下你的创意；你的组员也因为有了你而感到开心等等。孩子，你的好，老师就不一一述说，我坚信，你长大后一定是个对社会有用的人，我的感激之情和殷切希望一样多。希望你看到我的信后，能够体会老师的一片心意。

祝：

学习进步！开心快乐！

关心你的梁老师

2022 年 2 月 28 日

一封无声的表扬信，让学生眼前一亮、心中一热，胜过班主任的河东狮吼，胜过班主任的絮絮叨叨，胜过班主任的甜言蜜语，成为用激励唤醒学生尊严的法宝给学生无限的力量。

chapter

02

第二篇

实践操作

我想起来一句俗语："小小单方医大病。"小小单方是民间中医在长期诊治病人过程中积累和总结出来的智慧结晶，对治疗一些疑难杂病有奇效。也就是说来自最为一线教师的方法真正能解决一些教育教学的困惑和问题。

第一章　"四自教育"的实践操作

第一节　"自觉文明"的实践操作

一、"自觉文明"概念

"自觉"，意思是指自己感觉到，自己意识到，有所认识而主动去做（出自《孙子家语·致思》："吾有三失，晓不自觉。"）。而"文明"的内涵就极为丰富了，在现代汉语中"文明"指一种社会进步状态，与野蛮一词相对立，是对行为举止的要求，是公序良俗中的礼仪规范。"自觉文明"指班级和学校建立科学完善的加分减分自律体系、监督体系，体现儒家提倡做人的仁义礼智信等起码的道德准则，通过捆绑考核把学生文明习惯与班级、班主任考核结合起来，打造实践德育，练习道德，训练学生文明习惯，培养学生德育素养。把学生对分数的天然尊崇变为德育素养的实践内化，形成对自己行为标准的认识和觉悟。

二、培养素质目标

"自觉文明"，让学生具有从被动服从转向主动实践的能力，培养学生自尊自律，文明礼貌，诚信友善，宽和待人，孝亲敬长，有感恩之心。能明辨是非，具有规则与法治意识。培养学生言语文明、行为优雅的人文底蕴。涵养传统、尊严、绅士、友爱、独立、个性、勇敢、忠诚、幽默感和使命感等品格。

三、具体操作步骤

（一）学校提供学生"自觉文明"考核细则

7个加分大项目5个加分小项目和37个减分小项目，学生该做什么，不该做什么，价值取向非常分明。精细到学生主动捡垃圾，主动打扫学校办公室和公共场所，主动帮助别人等。每一件好人好事，见义勇为的事，都可以获得加分。反之，学生如果在形象礼仪、校园礼仪、家庭礼仪、社会礼仪、忠孝、诚信、安全、纪律等方面做得不好，则要酌情减分。

1. 奖励部分

（1）积极主动做好人好事一次，加0.5—5分。

①主动捡垃圾每人加0.5分。

②主动帮助低年级同学扫除一次加1分。

③拾金不昧，交班级、学校大队部、德育处作好登记，加1—5分。

④主动打扫学校公共场所等地方，加1—2分。

⑤乐于助人、关爱他人酌情加1—3分。

（2）发现班级设备不安全因素、同学异常情况，及时向老师汇报加1—2分。

（3）运用自己的智慧，协调处理同学之间的纠纷矛盾，效果好加1-2分。

（4）见义勇为，敢于同坏人坏事作斗争，敢于揭发不良行为加1—5分。

（5）参加各项竞赛获精神文明奖或者道德风尚奖每人次按照全国、省、县、校加5分、4分、3分、1分。

（6）个人在校内外行为受到学校大会点名表扬，为班集体争得荣誉酌情加1—5分。

（7）学校有关部门或教师认定的校内校外其他加分，加1—5分。

以上加分，如果在一期内发现弄虚作假，翻倍减分。

2. 减分部分

（1）认真刷牙、洗脸，保持脸部干净、清爽，不抹粉、不涂脂、不描眉；不戴首饰，不文身。违者酌情减1—5分。

（2）适时梳理头发，发型得体；不烫不染；男生不留长发。勤剪指甲，勤洗手，指甲内无污垢，女生不涂指甲油。违者酌情减1—2分。

（3）衣着合体、洁净、朴素大方不追求高档奢华名牌；整好衣领，系好钮扣或拉链。在学校按要求穿校服，佩戴校徽，佩戴红领巾。违者酌情减1—2分。

（4）使用常用的礼貌用语："您好""请""谢谢""对不起""再见"。切忌有失体统的粗言俗语、污言秽语。讲究举止风度和待人接物的尊严。出现脏话一次酌情减1—2分。

（5）公共场合，不追逐打闹，不大声喧哗，不哗众取宠。违者酌情减1—2分。

（6）校园内外与老师相遇，主动向老师行礼、问好；分别时说"老师再见"；遇多位老师时，可以问候："老师们好"。违者酌情减1分。

（7）在老师工作或生活场所，不翻动老师的私人物品。违者酌情减 1 分。

（8）虚心接受老师的教育，有意见心平气和和教师沟通，接受老师的管理，可以据理力争，但不能无理顶撞老师。对老师讲实话、说真话，不欺骗老师。违者酌情减 1—3 分。

（9）课堂上认真听老师讲解，虚心接受老师的指导，按时完成老师布置的各项作业任务。违者酌情减 1—3 分。

（10）尊重老师的人格，不对老师的相貌和衣着评头论足，不给老师起绰号。违者酌情减 1 分。

（11）尊重同学，不给同学起绰号、叫绰号，不说使人感到伤心、尴尬的话，不搬弄是非。违者酌情减 1—3 分。

（12）对同学遭遇失败、学习成绩不好或遭受不幸等，不嘲笑、不歧视，主动给予热情的帮助和抚慰。违者酌情减 1—3 分。

（13）不以强凌弱，以大欺小，尊重女同学，不欺侮女同学，不能有下暴行为。违者酌情减 1—20 分。

（14）对同学的相貌、体态、衣着不评头论足，不取笑同学的生理缺陷。违者酌情减 1—3 分。

（15）对家长礼貌、孝敬。离家回家主动给家长打招呼，在家承担力所能及的家务劳动，做一些孝敬长辈、感恩家长的小事。对给予自己帮助的人心怀感恩之心，不过河拆桥，不落井下石，不恩将仇报。违者酌情减 1—5 分（通过家长及社会反馈）。

（16）遵守课堂纪律，听教师讲课时集中注意力，不讲闲话，不做与课无关的事项；与同学交流研讨时积极思考问题、主动发表意见；回答问题时，先举手取得老师允许，发言时昂首挺胸、声音清晰响亮，不卑不亢、落落大方；取文具时轻拿轻放、不发声响；早晨或自习时，要按照老师要求，认真完成相关任务，不下位，不做与学习无关的事项。违者酌情减 1—5 分。

（17）课堂小组合作学习，听从组长安排，积极探究并与同伴交流，相互配合，为团队赢得荣誉。违者酌情减1—3分。

（18）课堂出现突发事件，保持镇静，不乱动，提供力所能及的帮助，但不帮倒忙；听从老师或值日干部安排，协助他们妥善处理。违者酌情减1分。

（19）参加各种竞赛活动。竞赛时，遵守比赛规则，尊重竞争对手；坚持友谊第一，不故意伤害对方；有争议的问题，按程序有理、有义、有节妥善解决。作为观众时，热心地为每一位选手喝彩"加油"，不为己方胜利而得意忘形，对方失利不喝倒彩。违者酌情减1分。

（20）参加社会实践、社区服务与社会调查等活动。恪守社会公德；举止文明，彬彬有礼。违者酌情减1分。

（21）参加校内外集会：有序排队进出会场，听从调度指挥；着装整齐，举止文明；不喧哗吵闹，不交头接耳，保持肃静；倾听会议讲话、发言，讲话结束礼貌地鼓掌，不过长、不过短、不过响，不鼓倒掌；不擅自走动、离场，不吃零食，保持会场清洁卫生；会议结束，听从调度有序退场。违者酌情减1分。

（22）参加升降国旗仪式，在场所有人员应精神饱满、列队整齐，立正脱帽，面向国旗肃立，行注目礼，小学生行队礼；听国歌奏乐唱国歌，声情并茂，直至升旗完毕。违者酌情减1—2分。

（23）热爱学校，自觉保持校园整洁，不在教室、楼道、厕所等墙壁或板报橱窗上乱涂、乱画、乱刻，保持墙面整洁；不随手乱扔果皮、纸屑，不随地吐痰，不乱倒垃圾，保持地面干净。违者酌情减1—3分。

（24）爱护学校的各种设施、物品、实验器材，使用时按要求操作，弄坏了主动承担责任，按学校规定修缮或合理赔偿。违者酌情减 1—5 分，非故意损坏，不减分。

（25）爱护校园里的花草树木，不踩踏草坪，不跨越树墙花坛，不摘花朵。违者酌情减 1—3 分。

（26）有节约意识，爱惜粮食，就餐时能吃多少就打多少饭菜，不浪费。违者酌情减 1—3 分。

（27）要珍惜生命，爱惜自己的身体。不在没有监护人的保护下，私自下河、塘游泳，违者每人次减 10 分。

（28）学生违规翻越围墙一次减 10 分。

（29）从事不安全的游戏活动，酌情减 2—5 分。

（30）遵守交通规则，在上、放学路上不遵守信号灯，横穿马路，或在马路上做危险活动，一次减 5—10 分。

（31）行为不文明、不谦让发生打架现象的根据情节一次减 5—10 分。

（32）喝酒、赌博等根据情节一次减 5—10 分。

（33）凡事诚实守信、言行一致，不欺上瞒下、不阳奉阴违，答应别人的事要尽力办到；不能办到时，向对方说明缘由，并表示歉意。违者酌情减 2—5 分。

（34）珍视自己的荣誉，加强自身修养，让父母因你而珍贵。因违规违纪请家长到校协助教育，每次减 5—10 分。

（35）自己承担班级或学校的事项，自己负责，自己担当，不揽功诿过，否则酌情减 1—5 分。

（36）在校外违犯纪律与校内同样减分。

（37）学校有关部门或老师认可的其他减分。

（二）**每个班级结合自己的特点，在学生充分讨论的基础上制定适合本班的考核细则**

对照学校提供的加分减分细则，进行讨论细化制定符合本班实际的《XX班学生"自觉文明"考核细则》。

（三）落实小组内记录人及职责

1. 落实小组记录人。记录人实行竞争上岗。

2. 明确记录人的职责：每天收集学生在校内校外的行为情况，按照考核细则进行加分或者减分记录，要求当事人确认签字，同时对典型事项交值日班长。

（四）落实"四自教育"每天10分钟专题会

值日班长对典型事项作总结，师生点评。每天"四自教育"总结会上进行的表扬与批评，重点是好人好事的表扬，点到人头，对批评事项，第一次公布某某现象减分情况，第二次除公布减分以外，可以酌情点名批评。

（五）考核与表彰

细则中，学校给每个学生基础分80分，如果得分低于70分，就视为不合格，要给家长发通知书。学生文明习惯减分后，必须通过做有益的事把分挣回来。每名学生都有一份《"自觉文明"记录表》。小组内，每周一小汇，每期一总汇，每期考核按30%比例评出"文明之星"上报学校进行表彰。另外由各班再按20%比例表彰"文明之星"。

附：学生"自觉文明"记录表

学生"自觉文明"记录表

班级： 　　　姓名： 　　　学号： 　　　记录人：

时间	加（减）分原因	加分	减分	累计	学生签字

续表

时间	加（减）分原因	加分	减分	累计	学生签字

备注：此表作为学生"自觉文明"档案，连续记录，不够加页。

摘录学生们习作片段："自觉文明"就更不用说了，同学们做了错事会主动道歉，见到师长也会主动问好，同学间互相帮助、互相竞争。我们班有专门计分的组长，每天下课我们都会围着组长，看谁的分加得多。从四月份起，每天下午第二节课后，我们班的班长张聪在老师的带领下都会对"四自教育"进行总结，这也是咱们最开心的时刻，因为我们可以把自己一天观察到的好人好事啊、谁进步了啊，和大家一起分享。发现者（观察并在总结时发言的同学）和被表扬者还可以加分呢，你说牛不牛？记得有一天我一人在"四自"教育总结时就加了9分。嘿嘿，对于那些淘气包，可就惨了哦，是要根据情况被减分的。唉，王同学就减了15分呢。加油，王同学！可别拖我们班的后腿噢！渐渐地我发现获得加分的同学越来越多，那些淘气包减分也越来越少了，他们想方设法去找好人好事做，自己负责的班级事务，更加负责了。我们的"四自教育"做得有声有色，爸妈都经常夸我们长大了，懂事了呢！

——五年级三班学生　彭艾星

第二节　"自我管理"的实践操作

一、"自我管理"概念

"自我管理"（管理学领域用语），是指个体对自己本身，对自己的目标、思想、心理和行为等等表现进行的管理，自己把自己组织起来，自己管理自己，自己约束自己，自己激励自己，自己管理自己的事务，完成自我蜕变，最终实现自我奋斗目标。

而"自我管理"在"四自教育"操作中，是通过学生承担班级或学校力所能及的事务，达到人人有事做，事事有人做，人人会做事，人人会管事，以及自己的事，自己做。这里涉及管理班级纪律规矩的事项及通过承包为他人为班级为学校服务的整理、清洁、维护等责任事项。

二、培养素质目标

学生在"自我管理"中训练管理能力、组织能力、交际能力、学会负责、敢于担当、善于执行、阳光自信，正直勇敢。训练学生为集体、为他人服务的能力和领导就是服务的意识。培养为大众、为班级、为学校、为社会尽职献身的精神。培养学生热心公益和志愿服务，敬业奉献，具有团队意识和互助精神；能主动作为，履职尽责，对自我和他人负责；积极履行相关义务，理性行使自己权利；崇尚自由平等，能维护班级的公平正义；热爱并尊重自然，具有绿色生活方式和可持续发展理念及行动等。培养劳动意识：尊重劳动，具有积极的劳动态度和良好的劳动习惯；具有动手操作能力，掌握一定的劳动技能。在"家庭四自教育"中，主动参加的家务劳动、生产劳动、公益活动和社会实践中，具有改进和创新劳动方式、提高劳动效率的意识；具有通过诚实合法劳动创造成功生活的意识和行动等。

三、具体操作

（一）学校编制学校、班级管理项目及岗位职责，编制"自我管理"劳动事项操作规范和管理标准（见附件）

1. 学校根据具体情况编制校园的管理项目及岗位数量。

花坛花草栽培、卫生、除草、浇水、守护数名；

学校水龙头及洗手台清洁数名；

学校路灯清洁守护数名；

教师办公室的整理、打扫、清洁数名；

校园文化设施设备公示栏清洁、美观管护数名；

校园公共区域的清扫、清洁、保持清洁等数名；

2. 学校团委、大队委、学生会、广播站、监督岗根据职能职责编制管理项目及岗位职责。

（二）各班根据学校编制的样本结合各自年级特点，师生共同讨论编制班级事务相关项目数量

个人卫生晨检，男女各数名；

图书角、卫生角各一名；

团队标志佩戴一名；

瓷砖、门窗的清洁承包（外边的窗户不承包，不能保证安全）各若干名；

作业的检查员各数名；

对口支援学困生数名；

教室、公共区清洁卫生保持承包数名；

插黑板一名；

班级的文化墙一名；

黑板报一名；

保管粉笔一名；

各类表册记录各一名；

排队放学、出操队列各数名；

眼保健操、课间操的管理各一名；

校外路队管理数名；

纪律管理数名；

活动组织数名；

课间安全管理分地点值勤数名……

一类事项可以多个岗位，供学生选择，保证一人一岗。（年级不同，岗位不一样，低年级少，高年级多，班级也可以创造性发挥）

（三）编制"自我管理"各项岗位职责

各班根据学校提供的样本结合自己本班的实际讨论编制各项岗位职责。

班主任助理：全面负责班级的纪律、卫生、出勤、学习等全方位工作。及时传达学校和班主任的任务，并组织同学落到实处。（可以由班长担任）

值周班长：完成班主任助理交给的各项事务，领导值日班长履行各项职责，关注学校公示栏有关本班信息，及时与值周教师和领导取得联系，了解班级减分项目及原因，并提出整改措施，具体督查一周小组统计。

值日班长：负责记载当日的出缺席情况，及时在《晨会记录》上记载，对迟到同学，了解原因，作出恰当评议，予以记录减分；维护课间、楼道、自习课纪律，对自习课说话、在楼道疯闹、喧哗的同学予以批评、记录减分；负责领导卫生班长督促值日生做好班级环境卫生。协助老师处理好班级当日的一切事务，督查小组一日个人记录工作。收集各块的典型事例，在当天的10分钟"四自教育"总结会上进行总结。

学习班长：关注同学的学习状态，负责组织、督查各小组"自主学习"各环节的执行与落实。组织各科代表开展工作。负责各学科学习任务完成情况检查、统计、记录、报告等日常工作。

安全班长：负责协助老师对班级的安全管理，安全隐患的检查、报告，作好安全记录。负责督促排队放学、路队的管理，对学生表现的不安全行为进行督查记录。利用每天"四自教育"总结时间，根据不同季节及学生最容易出现的问题对全班同学进行安全提醒。

卫生班长：负责班级整理、卫生清扫与保持的指导、检查工作，组织好全班的大扫除安排、检查，负责记录乱丢、乱扔、乱涂、乱画记录减分，负责发现主动拣垃圾、清扫的加分的记录。每天负责指导晨检员检查学生的个人卫生。

语、数课堂（家庭）等科代表：负责本学科收发作业、试卷，检查各小组学生作业完成情况和质量情况，做好加分减分记录；协助教师调查、了解、分析、帮助本学科学习有困难的学生。督查各小组本学科"自主学习"相关任务的执行情况，加减分情况，进行统计汇总，向学习班长和教师汇报。

路队长：负责对本路队学生的组织管理，监督路队纪律、安全，及时提醒不安全行为，对其表现情况根据《安全管理细则》、《学生操行细则》进行记录减分。收集学生在校外做的好人好事，给以加分。

活动组织：包括升旗仪式、班（团）队活动、课外活动、运动会、社团活动、各类比赛等，具体负责活动的策划、组织、报名、训练、总结等。

读书笔记：负责班级学生学习笔记、读书笔记的检查记录。

教室、走道（公共区域）卫生：负责检查、督促、维护本班教室的走道、教室（公共区域）的卫生整洁工作。

教室（公共区域）瓷砖：负责本班教室（公共区域）的瓷砖的灰尘、污点的清洁抹洗工作。

班训学习园地的整理：负责本班班训、名人画像、学习园地的积灰处理和粘贴更换工作。

教室玻璃（门）：负责门窗兰格上的积灰、粘贴物、字画的清洗工作，保持干净、明亮。

扫除工具的摆放（卫生角）：负责扫除工具的有序摆放，保证卫生角的整洁。

读书角整理：负责班级图书管理，图书角整理、清洁，做到摆放有序，干净、整齐。

借书管理：负责班级学生借书登记，及时归还，及时销号。

绿植管理：负责班级绿色植物的清洁、浇水、修剪、摆放。

抹黑板、讲桌、讲凳：负责每天把黑板、讲桌、讲凳抹干净。先将板擦打干净，用干净的板擦将黑板字擦掉，再将板擦打干净，直至将黑板擦干净为止。用抹布把讲桌、讲凳抹干净，然后把讲桌上粉笔盒、教具等摆放整齐。拿几支粉笔整齐排放在粉笔盒里，以利方便取用。

整理清洁教师办公室：负责本班教师的办公室的清洁卫生的打扫和教师办公桌的收拾整理，做到整洁，摆放有序。

课桌摆放：每天负责督促班级学生的课桌的摆放整齐有序，公物的爱护，定期的位置交换。

教室门窗的开关：负责每天早上打开门窗，放学后负责关闭门窗。

教室灯的开、关：光线暗时负责及时开灯，日光明时及时关灯，不因停电后忘记。

晨检（男、女）：主要负责检查学生的个人清洁卫生（衣着书包干净、脸部清洁、指甲无污垢等）、发热、异样情况，并及时记录和报告处理。

标志佩戴：负责检查、记录本班少先队员、团员的情况及标志的佩戴情况，学校要求的校徽、执勤等其他标志的佩戴情况。

课间操（眼保健操）：负责课间操（眼保健操）的组织管理、检查、督促、记录、处理。

午间管理：负责本班学生的午间休息、学习、安全、纪律等管理。

排队放学：负责排队放学、路队长的组织管理，及时收集了解路队情况，确保排队放学安全有序。

静校管理：负责放学后提醒学生及时回家，巡查在教室、校园、政府周围逗留不归的学生。

格言积累：负责选择一条对班级现状有针对性的格言抄写在

黑板上，并检查学生的对格言的抄写情况。

班级软件记录：负责各自承包的软件的记录，做到真实、详细、及时，奖惩有依据，字迹工整，悬挂整齐，保存完好。

示范班牌管理：负责领取、悬挂和归还示范班牌。

饮水：负责班级学生饮水管理，保证有健康的水喝和饮水设备的清洁及保管。

管理项目每天各小组一统计、一公布。

（四）学生竞争上岗，责任承包

学生根据自己的爱好特长，实行竞争上岗。

（五）总结

在每天 10 分钟"四自教育"总结会上，由值日班长进行总结。师生可以点评。

（六）考核与表彰

1. 主动承担学校的监督岗、广播站、领操队、团委、大队委、学生会等管理组织，每期加 100 分，布置的工作未完成一次减 2 分，完成得不好一次减 1 分。工作认真、出色完成任务，效果显著每期每项另加 5—20 分；由学校相关部门考核。

2. 主动承担学校管理项目，花坛管护（除草、浇水、施肥、打枝等）、学校水龙头及洗手台清洁管护、教师办公室清理、清洁、整理，重点部位的卫生管理，室外文化设施的管护、清洁等。每期加 100 分，布置的工作未完成一次减 2 分，完成得不好一次减 1 分。工作认真、出色完成任务，效果显著每期每项另加 5—20 分；由学校相关部门考核，一期一次。

3. "自我管理""自主学习"承担班上的学习、纪律、卫生、路队等各项管理任务，每期加 100 分，布置的工作未做一次减 2 分，完成得不好一次减 1 分。管理到位，每期加 5–20 分，由班级进行考核记载。（各班根据自己的年级高低，组织学生自行讨论加分减分情况并决定周考核、月考核、和期考核。）

4. 每期按 30% 的比例评出"责任之星"上报学校表彰。班级再表彰 20% 的"责任之星"。

　　附件：1. "自我管理"劳动事项操作规范和管理标准

　　　　　2. 学校（班级）"自我管理"项目竞争岗位表

　　　　　3. 班级"自我管理"项目竞争岗位表

　　　　　4. 学生"自我管理"记录表

"自我管理"劳动事项操作规范和管理标准

项目	细目	管理标准	操作说明及注意事项
一、劳动服务四项要领	1. 整理	分类合理摆放整齐	把需要的物品放在指定位置，并摆放整齐美观。处理或清除"不需要"的物品。
	2. 清扫	打扫干净	使校内区域及学校设施卫生整洁。
	3. 清洁	保持校园卫生整洁	将整理、清扫，彻底执行后校园的卫生整洁的保持。
	4. 教养	养成学生良好习惯	每位学生遵守学校的规定并养成良好卫生文明习惯。
二、教室清洁	1. 黑板	黑板干净黑板沟槽干净粉笔整齐排放	（1）将板擦打干净，用干净的板擦将黑板字体擦掉，再将板擦打干净，直至将黑板擦净。（2）拿湿抹布擦拭黑板沟槽，当擦到沟槽尽头时，另外一只手按住粉笔灰，连同抹布一起拿到洗手台冲洗。（3）拿几支粉笔整齐排放在沟槽上，以利师生取用。

续表

项目	细目	管理标准	操作说明及注意事项
二、教室清洁	2. 讲桌	讲桌干净 粉笔盒排放整齐	（1）拿湿抹布擦拭整个讲桌，同时顺便将桌面上纸杯、纸张以及抽屉内的废弃物（同学们遗留下来的废纸）等垃圾丢掉。 （2）将讲桌上粉笔盒排放整齐放在讲桌上右边的角落。
	3. 洗手台	洗手台干净 抹布干净归位	（1）拿抹擦拭洗手台的污垢，包括水龙头及洗手台整个台座，出水口若有污物（例如头发、小布条）也要一同清干净。 （2）抹布使用后并清理干净整齐放在指定位置。
	4. 地面	地面清扫干净 垃圾桶清洗干净 拖地清洁	（1）扫地的方向先由教室后方往讲台方向扫，在扫地同时将桌椅抬高，将底下的垃圾、灰尘一起清掉，扫完之后除将教室桌椅排好，并将垃圾集中后倒入垃圾桶中，由倒垃圾的同学将地圾集中打包后拿走，再换上干净垃圾袋。 （2）垃圾桶至少一周要清洗一次，以维护的垃圾桶的清洁。 （3）每周至少要拖地二次，采取跟扫地同样方式来拖地，地面若有同学打翻的饮料，则拖把弄湿多用点力量就可去除。
	5. 黑板报及室内外张贴栏	黑板报整洁 张贴栏整洁美观	定时更换黑板报，并保持整洁。不定时整理张贴栏张贴的纸张的整齐，清洁张贴栏上灰尘，及时更换破损的纸张。保持整洁美观。

续表

项目	细目	管理标准	操作说明及注意事项
三、走廊清洁	走廊清洁的维护	地面清扫干净 拖地清洁 废弃物清洁	(1) 先以扫把清扫地面垃圾、灰尘，直至干净为止。 (2) 将拖把沾湿再用手拉干后，双手握住拖把先从一侧由前向后，再由后向前一行一行地向另一侧拖地，以利行人从旁顺利经过。 (3) 地面若残留口香糖，则以工具将其刮除干净。
四、楼梯清洁	楼梯清洁的维护	阶梯干净 扶手干净	(1) 打扫阶梯时是由上往下方式清扫，每周至少拖地二次。 (2) 楼梯扶手以湿抹布双手握住由上往下擦拭干净。
五、洗手间清洁	1. 垃圾桶	垃圾桶干净	将各间垃圾桶内垃圾集中于一个垃圾袋打包系紧后，再换上干净垃圾袋。
	2. 卫生纸	卫生纸备妥	每天都必须补充卫生纸，不可以让卫生纸有所中断。
	3. 樟脑丸	樟脑丸备妥	不定时补充男洗手间小便池内的樟脑丸，以不中断为原则。
	4. 蹲便器及小便池	蹲便器及小便池干净	各个小便池及便槽内先倒些许洗厕剂，等一会儿后，再拿马桶刷洗洗手间的小便池及便曹，务必使其没有污物黄垢和臭味。用抹布清洁水箱表面。
	5. 墙壁、门板、平台	墙壁、门板、平台干净	以抹布擦拭放卫生纸上方的小铁片、墙壁、门板、男洗手间小便池上方的平台。这边要特别注意的是，洗手台下方墙壁也要擦拭干净。

续表

项目	细目	管理标准	操作说明及注意事项
五、洗手间清洁	6. 镜子	镜子干净	以干净抹布或是过期的报纸、卫生纸擦拭镜子，擦拭前可以喷少许水使镜面更加光亮。
	7. 洗手台	洗手台干净	拿抹布擦拭洗手台的污垢，包括水龙头及洗手台整个台座，出水口若有污物（例如头发、小布条）也要一同清干净。
	8. 地板	地板干净	（1）用地板刷刷洗地板时须用力，才可将地板刷干净。每周至少以地板刷刷洗地面二次。 （2）用拖把将地面积水去除干净。 （3）以干拖把将地面全部拖过，直至地面干燥不滑倒为止。
	9. 拖把槽	拖把槽干净	将拖把在拖把槽内冲洗干净扭干，再将拖把槽出水口清除干净，以免阻塞妨碍水流。
	10. 清洁工具	清洁工具归位	完成清洁工作后，工具须整齐排放于工具间。
花坛整理清洁	1. 瓷砖及护栏	瓷砖及护栏干净	有抹布擦拭花坛的瓷砖及护栏，保持干净。
	2. 花坛内	整理整洁	定期对花草进行修剪、浇水、施肥。每天对花坛内的纸屑进行清理，保整洁。

续表

项目	细目	管理标准	操作说明及注意事项
路灯清洁	路灯灯杆及灯	清洁	定期用抹布对路灯灯柱进行清洁，用鸡毛掸子对灯上蜘蛛网及灰尘进行擦拭，保持清洁明亮。

注：劳动事项操作规范及管理标准由各班管理委员会根据实际需要增（修）订，管理项目及职责由各管理委员会自行讨论制定。

学校"自我管理"项目竞争岗位表

德育主任（大队辅导员）：　　　　时间：　　年　月　日

竞争项目	管理者	竞争项目	管理者	竞争项目	管理者

续表

竞争项目	管理者	竞争项目	管理者	竞争项目	管理者

班级"自我管理"项目竞争岗位表

班级：　　　　班主任（辅导员）：　　　　时间：　　年　月　日

竞争项目	管理者	竞争项目	管理者	竞争项目	管理者
值周班长		公共区域卫生		课间操	
值日班长		教室瓷砖		眼保健操	
学习班长		公共区域瓷砖		午间管理	
数学课堂		班训学习园地积灰处理		排队放学	
数学家庭		教室玻璃1		静校管理	
语文课堂		教室玻璃2		读书角整理	
语文家庭		班级活动组织		借书管理	
读书笔记		教室门（前后）		格言积累	
安全班长		扫除工具的摆放（卫生角）		好人好事登记	
路队长1		抹黑板、讲桌、讲凳		四自总结收集	
路队长2		教师办公室		安全记录	
路队长3		位桌摆放		班团队会记录	

续表

竞争项目	管理者	竞争项目	管理者	竞争项目	管理者
卫生班长		教室门窗的开关		文明礼仪记录	
饮水及设备		教室开、关门		水龙头	
教室卫生		晨检及到位		示范班牌管理	
课堂评价记录		领巾、团徽佩戴		"自觉文明"记录	
"自觉文明"记录		"自我管理"记录		"自主学习"记录	

注：各班根据实际，自行调整竞争项目。

学生"自我管理"记录表

班级： 姓名： 学号： 记录人：

时间	加（减）分原因	加分	减分	累计	学生签字

续表

时间	加（减）分原因	加分	减分	累计	学生签字

备注：基础分每天加 1 分，每期 100 天，直接每人加 100 分，平时考核以减分为主。此表作为学生"自我管理"档案，连续记录，不够加页。

看看学生每天 10 分钟"四自教育"总结：虽然稚嫩，但却非常真实。

"四自教育"总结

总结学生：聂桢　指导教师：梁国琼

忙碌中，我们不知不觉度过了这一天，各个岗位的同学工作认真负责，齐心协力共同做好了班上的事务，现将值日总结如下：

1. 学习方面：早晨，大部分同学能够积极主动地学习，教室里无追跑、打闹现象发生，学习氛围浓，学风有了明显的好转。表现较好的小组是：奋飞组、腾飞组、勤学组。这和小组长的号召力是分不开的。

2. 纪律方面：课间操时，排队整齐，同学们做操很认真。课间在楼道内和校园内奔跑的同学有黄辉、刘召阳、陈小龙。我们应该始终有一种安全防范意识。同学们在楼道内跑动容易撞到别人，使自己和别人受到伤害，希望这些同学在楼内走路要轻声慢步，营造安静的学习环境。

3. 卫生方面：室内室外环境卫生打扫得比较干净，但乱扔纸屑和其他垃圾的现象还有发生。这说明我们的卫生意识还不够强。教室是我家，净化靠大家。希望同学们有良好的行为习惯。

4. 放学路队：今天没有出现在放学路队上发生的安全事故。有个别学生有乱窜、并排走、勾肩搭背的现象。希望同学们要严格要求自己。

5. 好人好事层出不穷：失物交公累计3人次。望继续发扬拾金不昧的精神。

几点提醒：

1. 做操的质量不高，主要是动作不规范。希望同学听音乐节奏，做好每一个动作。

2. 在校园、走廊内不要追逐打闹，走楼梯时不要拥挤，不要溜栏杆。防拥挤、踩踏、撞伤。

3. 不要在墙壁上乱写乱画，不要涂抹板报专栏。

4. 行走、做事要文明礼让，注意我们的言谈举止。

这是李凌云班上的安全记录，看看由学生每天讲安全多么接近孩子的生活。

2020年10月13日　星期二　谭青怡

1. 上下楼梯要靠右行。

2. 不吃三无食品。

3. 不要在家私自玩火。

4. 不要去网吧玩。

5. 不经老师允许，不能出校门。

6. 禁止往楼下扔东西。

2020 年 10 月 14 日　星期三　姚蓝

1. 不能在禁止出入的地方玩耍。

2. 不能高空抛物，禁止在走廊上做游戏。

3. 不能在墙壁上蹬脚印，危险不文明。

4. 过马路时不能闯红灯，必须谨遵交通规则。

5. 不随便吃陌生人的食物。

2020 年 10 月 15 日　星期四　向欣怡

1. 不要用湿手去触碰插头。

2. 不喝生水，不买无证小摊的食品。

3. 不高空抛物，以免伤到别人。

4. 不随便吃野果、野菜。

5. 不食用病死的禽畜肉。

2020 年 10 月 16 号　星期五　聂锦蓬

1. 不去攀爬栏杆。

2. 乘坐车时，不能把头或身子快出窗外。

3. 不能在公共场所使用易燃物品。

4. 课间活动，不在楼道追逐打闹，上下楼梯靠右行。

5. 不吃野果，不喝生水。

2020 年 10 月 19 日　星期一　张涵菱

1. 在课活动时，禁止将任何东西扔下楼，以免砸伤人。

2. 每天早晨，同学们应该把地上的垃圾捡干净。地上最好不要留下果皮，防摔伤。

　　3. 不能高空抛物，禁止在走廊上追逐打闹。

　　4. 不去攀爬栏杆，不做危险游戏。

　　5. 课余时间，上下楼梯要靠右行。

　　6. 冬天到了，烤火取暖要注意安全，以免发生煤气中毒。

　　7. 我们要爱卫生，要勤洗头洗澡，勤换衣服，勤剪指甲，勤洗手，防生病。

　　看看教师的随笔，有方法可以参考，有成绩可以期许。

　　2010年调入江口小学，有幸赶上在全校实施的"四自教育"。当时我们班是全校的最大班额94人，走进教室，只看见黑压压的人头，教室里密密麻麻都是学生，面对如此多的人，怎么管理成了最头疼的事。按照"自我管理"操作细则，我组建了班级自我管理架构。总的原则是每个人都负责班上的一份工作，例如：管钥匙、管黑板、管扫除、管座位、管窗帘、管早自习、管教室卫生和走廊卫生、管文明礼貌、管读书笔记、小练笔、课堂作文等。如：大班长，负责班上的所有事务；周一至周五每天一名值日班长，负责当天班上所有的事务，晨读管理、卫生情况、作业情况等认真观察、如实记录，放学前10分钟反馈总结一天的情况。语数成绩优秀的同学为文化班长，文化班长较多，一人负责一项事务，如负责读书笔记的、课堂作文的、预习作业的、小练笔的、计算的等，主要负责语数学科的各项事务；文艺班长也是多个，分别负责音乐、体育、美术、队会活动、主题班会、升旗仪式、六一儿童节、运动会等各项文艺活动。每个学生都有职责，根据他们的实际情况分工，他们只是分工不同、任务不同，没有等级差异，营造平等的班级氛围，做到人人有事做，人人会做事，人人想做事。就这样，一个大班额，获得流动红旗的次数增多了，学习成绩也提高了，2014年春期，我所教的语文学科在全县质量抽测中成绩优异，被县教委评为第一批优秀学科教师，获得了县长奖励基金。

——陈太翠

第三节　"自主学习"的实践操作

一、"自主学习"概念

"自主学习"是与传统的接受学习相对的一种运用"互联网+"现代学习方式。把学生作为学习的主体，学生自己独立支配自己的学习。通过互联网+获取学习资源，通过阅读、研究、观察、实践、分享等手段使个体知识与技能，方法与过程，态度、情感与价值观得到持续变化的学习方式。

"自主学习"方式实行青蓝结对、相互讲授、小组合作、三分钟演讲、自主预习、诗文素读等方式培养终身学习习惯及终身学习的能力。

二、培养素质目标

充分调动学生的学习积极性、主动性、创造性，培养学生的学习力。

全面落实新课程目标，倡导自主、探究、合作的小组学习模式。培养学生探究能力、合作能力。

尽量做到先学后教，预习干预，变被动学习为主动学习，培养学生发现问题、解决问题的能力。

相互讲授、三分钟演讲培养语言素养，训练口头表达交流的能力、倾听的能力、阅读收集整理资料的能力、写作能力、记忆能力。

让学生在学习意识形成、学习方式方法选择、学习进程评估调控等方面的综合表现得到训练。具体形成乐学善学、勤于反思、信息意识、理性思维、批判质疑、勇于探究，问题意识。能独立思考、独立判断，缜密思维，能多角度、辩证地分析问题，做出选择和决定等。

三、具体运行机制

（一）学校提供《"自主学习"岗位职责》

总督（学习班长）：每天向任课教师汇报当天各学习小组的辅导督导情况；负责指导、督促、监管督学的督导情况。

督学（小组长）：负责每天督导本小组的青蓝双方讲授情况，做好统计，并直接向总督报告；负责小组预习检查、讨论、演讲，合作学习组织。

蓝方：蓝方负责组织相互检查、辅导对方的学习，具体包括抽测听写、背诵、家庭作业、讲解错题和错题订正，指导预习，落实任务，共同制定学习目标等。（包括学习习惯和纪律意识的培养）实行堂堂清、日日清，周周清、月月清。

青方：虚心接受蓝方的帮助和指导，端正学习态度，认真学习，积极配合蓝方，认真听讲，达成设定目标。同时根据学习金字塔理论，青蓝双方把当天学习的东西给对方进行讲解复述一次，像教师讲课一样，从而达到巩固记忆的目的。

（二）各班根据各自班级特点讨论相关细则

师生共同讨论相关项目，制定细化相关职责及考核细则。

（三）进行小组建设及学生青蓝结对组织

以四至六人一小组为最佳，学生蓝、青双方一对一自由组合，可以适度调配。

各小组除学习成绩比学赶帮以外，还可以涉及阅读、演讲、文明礼仪，艺术发展、竞赛等相关项目。

（四）实行竞争上岗

教师组织学生通过自我演讲，民主推荐，民主投票的形式，选出相关人员，做到一人一岗，定期或适时调整。

（五）落实"自主学习"时间

相互讲授时间、预习时间、演讲时间。各校各班根据实际，精心设计时间表，落实"自主学习"时间。

（六）"自主学习"的具体事项

1. 利用课内外衔接，落实课前三分钟演讲

演讲目的：新课程强调学生是课堂教学的核心，学生的活动贯穿在课堂教学的每一个环节。课前学生 3 分钟演讲，充分体现了对学生主体地位的重视，让学生有更多展示自己、发展自己、完善自己的机会。同时，学生根据教材内容，准备演讲材料，有利于教学活动顺利开展。既训练了学生课前收集资料、概括整理能力、口语表达能力以及记忆能力，又训练了学生自信的心理素质，还达到优化教育教学效果的作用，一举多得。而主题演讲让学生在准备演讲材料时本身接受了教育，在演讲时又悄无声息地教育了其他学生，远胜于教师的刻意教育。

演讲时间：每天第一节或第二节语文课时用 3 分钟先演讲，再上课。可根据年级特点，小学低年级可以安排 1 至 2 分钟、中年级可以安排 3 分钟，高段及初高中可以安排 5 分钟，有 1 至 2 分钟教师或学生共同点评。

演讲内容：一、二年级：儿歌表演、讲故事、朗诵古诗等。三四年级：讲故事、古诗诵读、成语故事、收集作者和写作背景

的资料分享、优美词句、读书分享等。五六年级：自己的美文片段赏析；收集的课外资料分享；诗词诵读；每天校园内、家乡的、国家的新闻播报；读书分享等。高段及初高中也可根据第二天所学内容，利用课外时间去准备相关延伸阅读，整理 3 分钟演讲稿。还可以进行独具教育意义的主题演讲如爱国、生命、环保、孝顺、感恩、诚信、勇敢、毅力、挫折、勤奋、安全等。

演讲形式：演讲、讲述、朗诵、表演诵等。

演讲原则：生本原则。课前 3 分钟演讲活动，充分体现了对学生主体地位的重视，能使学生主动预习，主动探究，主动参与课堂教学，认识到自己是课堂的主人，以一带十，以点带面，很好地激发他们的创造欲望，有利于课堂教学深入地开展。实践原则。课前 3 分钟演讲活动，让学生做到了心、口、手、脑并用，是学生知识和能力的一次综合展示，有利于语言实践能力的培养和提高。激励原则。鼓励为主，激发表现欲。教师要对其中成功的展示进行充分地肯定，让其尽享成功的愉悦，进一步激发他们的表现欲和创造欲望，为其他学生树立榜样。

演讲实施：提前布置，认真组织。演讲顺序按照座次表或者学号顺序依次进行，班干部提前两天安排。按轮次课前 1 名学生在全班演讲 3 分钟，另外师生点评 2 分钟。1 名学生由组长按轮次在学习小组上演讲，由小组同学点评。承认差异，尊重个性。有效促进演讲活动有序健康地开展。

演讲评比：活动实施一个月一评比的方法，利用班会时间对本月表现突出的学生给予表扬和奖励，选出演讲小明星。

演讲效果：经过长时间的课前三分钟演讲的训练，效果是真实而积极的。将"大语文"融入了"小课堂"，将三维目标落实到实践训练之中。学生在演讲与评价中让课堂充满了生机与活力。课前三分钟演讲，能使学生的资料收集整理能力得到提高，口语表达能力得以展示，表现欲望得到满足，参与语文活动的兴趣得到激励，运用语言的潜力得到激发，自信的心理素质得到训练。

附：一位同学课前三分钟主题教育演讲稿

（珍爱生命）

同学们：

有很多的人，经不起一丝的挫折，受不起一次失败，因为太懦弱而自杀，他们自杀前有没有想过，他们是一走了之了，可是活着的人呢？他们的父母谁来孝顺，他们的朋友谁来安慰？小小的挫折都受不起，怎么去做人？

人生路坎坎坷坷，走着走着，总会有摔倒的时候。摔倒了不要紧，重要的是懂得要重新站起来！跌倒了站起，基本的做人道理都不懂就永远离开这个世界，不觉得遗憾吗？

自杀？一个多么恐怖的词，多少父母因为自己死去的孩子常年卧病在床，有多少亲人为死去的人感到痛苦？这些谁又知道呢？

一个人的命运不是自己去抉择的，但是命运能由自己去改变。改变自己的命运，改变自己的人生，改变自己的生活，改变自己的世界。

2. 预习管理、评价与方法

预习的管理、评价与方法是一个系统工程，根据课程标准合理设置预习目标，让学生通过查阅资料，自主学习主动发现问题，主动提出问题，自主思考解决问题，小组内讨论解决问题。

适时的管理与恰当的评价对学生预习起到保障作用，而交给学生预习的方法会对预习效果起到关键作用。

预习管理

预习布置：把预习当作业布置，每到学习新内容之前就要布置课前预习，教师精心设计预习清单，让学生能按照清单进行预习。

预习检查：第二天到校就要及时检查学生的预习情况，检查的形式可以是教师逐一检查、指导；也可以小组长检查其他组员；还可以小组内青蓝结对相互检查，教师抽查。

预习小结：每次检查的情况必须及时地在班级内进行小结，表扬做得好的同学、整体表现出的优点，并针对普遍存在的问题进行集中辅导，让学生明确各自的优点以及在下一次预习中的注意事项。

定期测试：教师可以在班级内开展以小组为单位的预习竞赛活动。比如抽取每组相同人数的同学，给出相同内容，在规定的时间内完成预习任务，然后由教师进行评价，评出等级，给各组赋予相应加分。

家校联合：让每位家长明确预习的步骤与要求，征得家长的理解与支持，共同做好学生预习习惯的培养工作。

持之以恒：持之以恒保证预习任务的设计质量。由于培养学生的预习习惯是一项长期的任务，教师要对每次内容的预习清单要精心设计，注重针对性，启发性，趣味性，同时考虑问题难易程度，分层设计。持之以恒激发学生预习的热情。学生性格不一，接受能力有差异，家庭环境也不同，学生参与度不一样，有落伍者。学生对待预习的态度不一样，有些学生的自制力比较差，刚开始预习很带劲，可时间一长就慢慢表现出惰性，预习效果差别大，教师要通过预习管理激发学生预习热情。

预习评价

学校评价各班预习效果的方式：教研组成员将每月对学生的预习情况进行检查，每班抽取五名同学的教材和自学笔记进行检查，纳入月考核中赋予一定分值，即看学生在书上进行的圈点批注情况，提出的问题或质疑问难的有效性，搜集资料的质量，学习笔记的整理情况，访谈记录等。也可以通过课堂教学评价学生的预习情况，在课堂上看教师是否布置了预习任务，学生是否进行了预习活动，预习活动是否有实效性，预习对课堂效果产生了积极影响的情况。

家长评价学生预习效果的方式：家长是孩子的第一任老师，因此，小学生良好预习习惯的培养，绝不是学校一方的事，家长应在家中提供支持。如：家长与孩子共同参与，和学生一起查阅资料，一起发现问题，分析问题，解决问题，让孩子感受到家长的关爱，让家长看到孩子的成长。家长为孩子的预习表现打分，有的预习作业可由家长给以等级评价，有的可以用定性评价，鼓励为主，既可以起到督促的作用，又能促进学生预习习惯的养成。

预习方法（以小学语文为例）

小学语文课前预习可按低、中、高三个年级段来教给学生预习的方法。方法设计以整篇课文为标准，实际操作可以根据教材内容细分为每课时渐进执行，教师或学生自行酌定。（其他科目可参照这种思路进行）

低年级段：

一读：将课文朗读2遍，达到正确、流利，不添字、不漏字，并标出课文有几个自然段，说一说每个自然段写了什么，再说一说这篇课文主要写了什么。

二记：默读课文，边读边圈出课文中的生字和由生字组成的词语及课文中的好词，并在生字下面点上一个"、"，借助拼音读3—5遍。用自己喜欢的方法说一说是怎样记住这些生字的，再给每个生字口头组2个词语。

三答：读课后题，边读课文边到课文中去寻找答案，将相应的语句画"　　"。

四问：小声读课文，边思考，如果文中还有不懂的词语、句子，可以将它们用"（　　　）"圈起来，再在"（　　　）"的右下角写上一个"?"，还可以将自己不懂的问题写在课文题目的上面，然后可以向家长咨询，或在家长的帮助下查找资料，或带到课堂上与老师、同学共同探讨。

附：小学语文低段课前预习卡

课题想象	《　　　　　》看到这个题目，我想到了： _____ _____
朗读与背诵	本课共（　　　）个自然段 课文：我读了（　　　）遍，会背诵（　　　）自然段 朗诵情况：流利有感情（　　　）；非常流利（　　　）；流利（　　　）；正确（　　　） 背诵情况：流利有感情（　　　）；非常流利（　　　）流利（　　　）；正确（　　　）
生字新词	生字： 新词：

续表

问题思考	根据课后题，到课文中去寻找答案，将相应的课语句画"　"。
相关资料	围绕课文，我收集了一些资料：
我要提问	读了这篇课文，我要提的问题是：

家长评价：　　　老师评价：　　　同学评价：

中年级段：

一读：将课文朗读 2 遍，达到正确、流利，有感情，不添字、不漏字、不错字，标出自然段，用简短的词句在自然段后面写出每个自然段主要写了什么，并回答课文的主要内容是什么。

二记：默读课文，用"～～～"画出文中的生字以及和生字组成的词语及课文中的好词，用自己喜欢的方法记住生字，给一类字各组两个词，写在田字格的旁边，将文中的形近字、多音字、近义词、反义词等知识归纳整理在自学笔记上，用联系上下文的方法理解词句的含义。

三思：轻声读 1 遍课文，理清作者先写了什么，再写了什么，然后写了什么，用可擦笔试着将内容相近的自然段合并成一部分，用"//"隔开，并思考文章的写作顺序是什么。

四答：读课后题及思考题，默读课文到课文中去寻找答案，并将相应的语句画上"　"，有想法在旁边用简短的词句写出来。

五问：如果文中还有不懂的词语、句子，可以将它们用"（　　）"圈起来，再在"（　　）"的右下角写上一个"?"，还可以将自己不懂的问题、自己感兴趣的问题或还想知道的疑难问题等，写在课文题目的上面。

六查：试着查找课文的背景资料或能解决问题的相关资料，简要地摘抄在卡纸上或者打印出来，粘贴在教材中，或者抄在自己的预习本上。课堂上与老师、同学共同探讨、交流。

附：小学语文中段课前预习卡

课题想象	看到《　　　　　　　　》这个题目，我想到了：
朗读评价	本课有（　　）自然段，我默读了（　　）遍，朗读了（　　）遍 朗读情况（满意打√）正确（　　）流利（　　）有感情（　　）声音洪亮（　　） 规定背诵情况：流利有感情（　　），流利（　　）；正确（　　）
生字新词	生字： 多音字： 新词：
精彩语句	用"～～～"画出文中的精彩语句。

续表

初读感知	课文主要讲了：
问题思考	根据课后题，到课文中去寻找答案，将相应的语句画"　　"，有想法在旁边写出来。
查阅资料	我查阅的资料：
我要提问	我要提的问题是：

家长签名：　　　　　　　　　学生姓名：

高年级段：

一读：将课文朗读1遍，达到正确、流利，有感情，不添字、不漏字、不错字，思考课文主要写了什么。

二记：默读课文用"～～～"画出文中的生字以及和生字组成的词语，并画出文中的好词，用自己喜欢的方法记住生字，给一类字各组两个词，将文中的形近字、多音字、近义词、反义词、精彩的语句等知识归纳整理在自学笔记上，用联系上下文和设身处地去思考的方法理解词句的含义。

三思：再读1遍课文，理清作者先写了什么，再写了什么，然后写了什么，用可擦笔将内容相近的自然段合并成一部分，用"//"隔开，并在"//"后面用简短的词句写出每一部分主要写了什么，再将文章的写作顺序标记在课题的右下角。

四答：读课后题及思考题，默读课文到文中去寻找答案，并将相应的语句画上""，并在旁边用简短的词句写出自己的感悟。

将作者在写作过程中运用的表达方法、结构特点写在教材对应的空白处，作者所表达的思想感情写在文章的结尾处。

五问：如果文中还有不懂的词句、语段，可以将它们用"（　　）"圈起来，再在"（　　）"的右下角写上一个"？"，还可以将自己不懂的问题、自己感兴趣的问题或还想知道的疑难问题等，写在课文题目的上面。先自行查找资料解决，有难度课堂上与教师同学共同探讨。

六查：查找并有效筛选与课文内容相关的背景资料，收集与课文相关的文章进行比较阅读，拓展知识面，作好小组内的阅读分享。

附：小学语文高段课前预习卡

望文生义	看到了《　　　　》这个题目，我想到了：
琅琅书声	本课有（　　）自然段，我默读了（　　）遍，朗读了（　　）遍 　　朗读情况（满意打√）正确（　　）流利（　　）有感情（　　）声音洪亮（　　） 　　规定背诵情况：流利有感情（　　）；流利（　　）；正确（　　）
咬文嚼字	划出不理解的词语，查阅工具书或联系上下文理解词语，我理解了（　　）个词，它们是：

续表

精彩词句	用"～～～"画出文中的精彩语句。
初读感知	课文主要讲了：
问题解答	根据课后题，到课文中去寻找答案，将相应的语句画""，并在边上写出自己的想法。
查阅资料	群文阅读收集与课文相关的文章进行比较阅读。我读了：《　　　》《　　　》
学会提问	我提出的问题是：

家长签名：　　　　　　　学生姓名：

附：骨干教师的自主学习研究思考，看看课题研究人员的研究文章

小学生语文课前预习几大步

凤鸣小学　张晓丹

叶圣陶说："自学的本领是用之不竭的能，储能就要储这样的能。"语文课前预习有利于培养自学能力，张扬学生个性，对

表现自我等方面有其独到的作用，预习更是提高语文课堂教学效益的有效途径。

《小学语文课程标准》也指出："积极倡导自主、合作、探究式的学习方式。学生是学习和发展的主体，要改变过去的传授式学习方式，关注学生的个体差异和不同的学习需求，培养他们的创新精神和实践能力。"由此可见，课前预习这一方法的运用既有助于学生提高学习自觉性，养成良好的学习习惯，又能促进语文学习所必备的学习技能的形成。"预习"这一环抓得好，就能有效地提高学生的自学能力，这样一来，就可以全面提高学生的学习素质。那么如何培养学生的学习意识、良好的学习习惯，不断提高学生的自学能力呢？为此，本人在长期的教学实践中，总结出以下几种预习的方法，培养学生"自主学习"的能力。

一、查问求助

每学一篇新课文时，都会有一些不认识的字和不理解的词语。初读课文时，可以采用默读了解的方法。初次默读的要求有两个：一是了解课文的大概意思，譬如课文写了一件什么事、介绍了一个什么人、描摹了一些什么景、告诉了我们哪些知识、抒发了怎样的感情等，目的在于对全文获得一个完整的、初步的印象；二是准确地找出全部生字，画出不理解或不很理解的语句。预习课文时，往往会遇到没有学过的生字、新词，要了解这些字词的读音、意思或用法，就要运用字典、词典这些无声的老师。学生预习课文时通过自己查阅工具书，就能扫除语言文字的障碍，牢固地掌握这些字词的读音、意思和用法。另外，对文中涉及到的文史典故就要尝试着去查阅有关书籍获取新知；还要查阅文章写作的背景以及相关的知识。搜集有关课文的资料，拓宽自己的视野，对于学生理解文本内容可以起到事半功倍的作用。通过查字典、词典，或问别人（包括同学、老师、家长），对不认识的字读准字音，对不理解的词语要初步了解它的意思。

二、读通课文

预习时要多读几遍课文，还要注意每一遍的读都要做点什么。课文一定要朗读，而且应该放声朗读。朗读不仅能训练自己的发音，还可以通过语气的变换，加深对课文的理解。在朗读课文时，可分为三步来进行：第一步为初读，可以大声朗读，遇到不认识的字、不理解的词标注出来。然后读准字音、认清字形，再通过查字典、联系上下文等弄懂词义，也有利于扫除语言文字上的障碍。第二步为有感情地读，加深对课文的理解，理清课文脉络。第三步则是精读，通过细致地朗读、思考，解决课文中的问题。

三、摘抄词句

就是把应该积累的词语句子和自己认为值得学习、借鉴的词句摘录下来。"嘴过三遍，不如手过一遍"，动手摘录，使眼、手、脑并用，效果比读更好。学生的读书笔记也在使用中对学生更有价值，不枯燥了。

四、圈画批注

俗话说："不动笔墨不读书。"要指导学生在预习时用不同的符号在文中作标记。预习时，在课文一些重点地方写、画、圈、点是很有必要的。例如，给不懂读音的字标上拼音，不理解的词写上注释，含义深的句子画上线，重点的字词加圈加点，有疑难的地方打个问号等。做上这些记号，等到上课的时候再特别加以注意，把自己觉得模糊不清的地方彻底弄明白。

五、预习思考

俗话说：不会提问的学生就是不会学习的学生。"发现一个问题比解决一个问题更重要。"因此我常鼓励学生再次回到课文中，通过默读思考明白了什么、有哪些不明白的问题。如课文的内容是否真懂了，文章主题的概括、层次的划分、段意的归纳、句子的理解、写作特色的分析等问题能否解决，课后习题是否能够回答等。当同学们朗读课文的时候，可以带着问题（课文后面的练习题）进行阅读，看到课文中有问题的答案就直接在书上画出来。

六、目标检测

学生预习课文时，一定要根据具体要求，有的放矢地进行。要带着问题去认真地读课文，自己寻找问题的答案。课后的思考题往往体现了作者的思路、课文的重难点，预习时，想想这些题目，可以帮助理清课文的条理，了解课文的重难点。练习题侧重词句段的训练，富有启发性，预习完课文试着做一做，可检查预习的效果。但不要去抄参考书，因为毕竟自己通过动脑筋得来的答案是劳动收获，可以很好地锻炼自己的思维。

课前预习是学好语文的重要环节，做好了语文学习的预习，一定能提高语文课堂学习效率，而有效率的学习，对减轻学生学习负担、提高学习兴趣、巩固素质教育的成果有重要意义。

3. 课堂上安排一个自主、探究、合作学习环节

所有学科教材内容只要能够适合小组合作、探究、交流完成的学习内容，教师一定要放手让学生去探究，去发现，去完成力所能及的事项，让学生跳一跳摘桃子，教师作好学法的指导。这切合新课程基本理念与综合素养基本要求，教学目标清晰、指向明确。面向新课程改革的主要任务，更新教与学的观念，转变教与学的方式，建构高效课堂与快乐学习机制。解决学与学、学与

教的关系问题，解决三维目标的统一问题。做到学习方式的转变，强调自主、探究、合作，强化"自主学习"。强调教学过程是生生互动、师生互动、协同发展的过程。学生获得知识、方法、技能的过程同时成为学会学习和形成情感、态度、价值观的过程。

不同的学科、不同的教材、不同的课型，难以用一种统一的模式进行课堂教学，但只要教师心中有丘壑，即心中有课标，心中有教材，心中有学生，就一定能找到恰当的方法去完成自己的教学任务。

但是在最初的阶段，学校可以对"自主学习"在课堂中如何落地，可以采用学案导学的形式，改变学习方式，优化学生学习生态，改善课堂氛围，倒逼教师一言堂的改变。学案导学是学生课堂自主、探究、合作学习的路线图，是体现把课堂交给学生，体现以学生为主体、教师为主导、自主探究为主线的设计思想，体现以学生学的实际来灵活安排教与导的程度。

学案导学不仅让学生的课堂学习目标更清晰，而且探索知识的路径与方法更具体，重点解决了课堂上"学习什么内容""运用什么方法学""学到什么标准"，让学生真正成为学习的第一责任人。

因此我们教师编制学案时要紧紧围绕课程标准对教材进行二度创作与开发。上课时根据不同课型设 5 至 10 分钟问题讨论时间，充分让学生分小组自由讨论，让学生自主探索，合作探究，达成学习目标。带着问题、困惑、方法、理解、思想完成自己的学习任务，体现自由、开放的学习氛围，达成学生学习力全面提升，实现可持续发展。当然教师不能放任自流，要适时介入对整堂课的知识点与教育点的梳理、点拨、延展、升华。这给教师的专业技能特别是驾驭课堂的能力提出了挑战，学科教师要适应这种挑战。

这里附我主持编制的《江口小学星星课堂解读》，看看能不能给大家以启示。

江口小学星星课堂的解读

一、"新星课堂"实施背景

1. 新课程改革的宗旨是全面贯彻党的教育方针，全面推进素质教育。

2. 根据重庆市市教委"卓越课堂"精神、云阳县教委"快乐教育"理念，根据魏书生两大点"民主与科学"、一小点"松、静、匀、乐"理念，融汇张行满校长提出的"四自教育"模式，即"自觉文明""自我管理""自主学习""自我发展"，让学生在快乐中学习，全面发展，健康成长。结合江口小学区位优势——江口片区域中心，窗口学校，提炼出"新星课堂"的构想，充分体现"创新"意识，意为每个孩子都可以在自己追求的世界里获得成功，成为那颗耀眼的明星。

二、"新星课堂"的课堂要求与理念

1. 具体要求：改变课程过于注重知识传授的倾向；改变课程结构过于强调学科本位、科目过多和缺乏整合的现状；改变课程内容"难、繁、偏、旧"和过于注重书本知识的现状；改变课程实施过于强调接受学习、死记硬背、机械训练的现状；改变课程评价过分强调甄别与选拔的功能；改变课程管理过于集中的状况。

2. 三大基本理念：关注学生发展，强调教师成长，重视以学定教。

新课程课堂教学要真正体现以学生为主体，以学生发展为本，就必须对传统的课堂教学评价进行改革，体现以学生的"学"来评价教师"教"的"以学论教"的评价思想，强调以学生在课堂教学中呈现的状态为参照来评价课堂教学质量。提倡"以学论教"，主要从学生的情绪状态、注意状态、参与状态、交往状态、思维状态、生成状态六个方面评价。

学生是否掌握应学的知识，是否全面完成了学习目标，学生的学习能力、实践能力和创新能力是否得到增强，是否有满足、成功和喜悦等积极的心理体验，是否对未来的学习充满了信心。

因此"新星课堂"须体现新的课程观、学生观、发展观、知识观、学习观、教学观、教师观、课堂观、"课标"观、教材观、评价观、作业观、目标观、方法观。通过新课程改革，把学生培养为"学习之星""文明之星""责任之星""未来之星"等，让教师成长为"课改之星""育人之星"等。

三、"新星课堂"的设计思路

根据课堂教学，我们把新星课堂分为三个步骤六个环节，即自主学习—师生互动—达标训练"三个步骤，"明确目标—自主学习—合作探究—师生互动—精讲点拨—达标训练"六个环节。

1. 明确目标

教师备课标、备教材、备学生，编制出具体的预习提纲，它是以问题为主要形式的引导学生自学、思考的线索，问题一般涉及到教学的目标，教学的重点和难点，知识与技能、过程与方法、情感态度价值等各方面。学生明确课时学习目标。

2. 自主学习

学生围绕教师制定的课时目标学习，查询相关资料，达成学习目标，生成本教学内容的重点和难点，完成基本教学内容的学习和基本问题的解决，提出疑难问题，并由全班或小组合作解决。

3. 合作探究

是生生、师生互动的过程，主角是学生，学生提出问题，学生讨论，阐述自己的观点和见解。并在组内或组间共同探讨，寻找解决问题的办法。在合作探究过程中，组内互相帮助，相互补充，张扬个性，释放潜能。本环节尤其突出"弱势群体"，进一步检查三维目标的落实情况，尽力达到不让一名弱者掉队，利用好青蓝结对，如"兵教兵"、"兵练兵"、"兵强兵"的战略，鼓励较弱学生在某一问题上主动向优等生学习，优等生帮助扶持弱等生。

4. 师生互动

"师生互动"是整合课堂教学的核心环节，是学生在知识与技能、过程与方法、情感态度与价值观方面获得发展的关键。

5. 精讲点拨

是教师在学生自学的基础上，结合他人中存在的问题和疑惑所进行的有针对性的教学活动。它的作用主要是对学生的自学进行一定的梳理和必要的纠正、补充，同时也是对学生自学的更高一层次的深化和提升，这对于提高学生学习的效果是极为关键的。

6. 达标训练

当堂训练就是指教师课堂上要留出充足的时间，让学生独立完成本课的练习和作业，其目的有二：一是检测和巩固本节课的所学知识和技能，二是引导学生通过练习把知识转化为实际问题的解决能力。练习的内容是让学生运用本节课所学知识解决实际的问题，练习的形式则是学生独立完成，教师不提供任何形式的指导，学生之间也不允许进行讨论。这对于巩固学生的所学知识、发展学生的思维能力，培养学生的独立意识和良好的学习习惯以及减轻学生过重的课外负担。对于教师来说，可以针对通过学生的作业反馈回来的信息，了解哪些学生已经达到了教学目标，哪些学生课后还需要单独进行辅导，并针对学生作业中出现的问题做出相应的处理。

四、课堂操作流程

（一）课堂教学的组织形式

班主任、任课教师、班干部把全部学生分为若干组，每组4-6人，组员编号为每组从1—4、6号。组内进行两人青蓝结对。组长选组织能力强、热心、有责任心的学生，可不同科目选择不同学生并定期轮换。

（二）课堂教学的前期准备——编制学习目标

学习目标是课堂教学的抓手，学习目标的质量直接影响教学的各个环节。教研组长分年级分科安排给每个人，由各年级各科负责教师每周五下午整理收集一周的电子学习目标。

（三）教师个体备课

1. 备内容：结合课程标准教材备重难点、易错点、一题多解、知识归纳、规律总结。对文本深入地理解，自己在教案或书上旁批眉注。

2. 备学生：根据教学内容、学生特点，预测课堂会出现的问题，设计师生互动、生生互动、组内互动、组组竞争的方案。

（四）上课流程

1. 明确目标

首先学生浏览整个学习目标，对本节所需完成的任务有一个整体了解或教师提出明确要求。

2. 自主学习

以学习目标为指向标，完成本堂课给予的学习任务。

3. 合作探究

对学习中的问题在组内提出，共同解决。

4. 师生互动

学生与学生，教师与学生参与讨论较难的问题，更多关注学生的学法指导。

5. 精讲点拨

教师就学生反馈的问题进行简单归纳总结，把学生生成的问题进行升华，对本堂课的内容进行梳理，形成知识结构体系。

6. 达标训练

检查课堂教学情况，教师根据学生表现在下一课时作出调整。

五、课堂评价的实践形式

（一）课堂评价激励形式

课堂评价主要通过获赠星徽的形式进行。根据学生课堂表现情况分别奖给不同类型的星徽。学生个人每获一枚星徽到小组长处登记"正字"，每一枚记一画；小组每获一枚星徽由小组长在小组评价表上记一画，并给每个小组成员记一画；小组长的获奖情况由科代表记录。

（二）课堂评价结果统计

课堂评价结果采取每周一小结，每月一奖评。对学生表现的月评价主要由级班主任对学生在月内的表现进行汇总，每一画给对应"自主学习"中加 1 分，对小组集体评奖的小组成员各加 1 分。各班根据实际情况进行奖励。同时，教师对课堂表现欠佳受到减分处理较多的学生进行一对一谈心，提出个性化建议。

江口小学学生课堂表现评价表

班级：　　　科别：　　　组别：　　　姓名：　　　小组长：

周次 ＼ 类别	发言之星	作业之星	进步之星	纪律之星	智慧之星	组内评价	不足评价	总得星
1								
2								

六、"新星课堂"的可持续发展

为了提高教师对课堂教学的追求与热情，提升教师的教育教学能力，我们决定把这一实施过程记录、整理，申报为县级课题。对教学过程中的实施方法、困惑、经验、反思写等成文章，收集成册。

针对课改和课题的考核，我们将会按照《云阳县江口镇江口小学教师教育科研工作考核量化表》进行实施，我们以后评职晋级中教育科研这一板块照实有分数计算。以后的论文、反思等文章用电子件上传指定邮箱，交给领导小组评分，获奖的校级文章学校颁发荣誉证书，并在评级晋级中按照考核文件加分。因此，为了"新星课堂"的可持续发展成立相应的领导考核小组。

1. 量化考核领导小组

2. 论文评分小组

3. 课题小组成员

云阳县江口镇江口小学

2014 年 2 月 26

以小学语文课《莫高窟》学案导学为例看看有什么启发。

莫高窟

（小学三年级下册语文学案导学第一课时）

一、明确目标（1分钟）

学习目标：1. 学习10个生字，能正确、规范地书写。2. 初步感知课文内容，理清课文结构。

学习重点：学会本课生字词。

学习难点：理清课文结构。

同学们，仔细读读本课学习目标，了解本节课的学习任务。

二、自主阅读（10分钟）

"自主学习"时，要善于独立思考（带"★"的选做）。

1. 预习好了的我已经把戴红帽子的生字打上"O"，并用"（　　　）"标出生词，现在我把它们拼读两遍。

2. 聪明的我记住了本课的生字，并能口头组词。

现在我能把本课的生字注上拼音：丘　　蜂　　尊　　塑　　猛　　详　　喷　　描　　绘

3. 我能轻松地朗读课文（要求：正确、通顺、流利）。

4. 爱思考的我小声地读课文，边读边想每个自然段讲了什么？

我还能像老师一样归纳本课的结构是（　　　　　　），我的依据是…………（用"＿＿＿"在文中勾划出相关的句子）。

★5. 审美能力强的我再次自由的美美地朗读课文，去寻找莫高窟的美（用"～～～～～"划出或做旁批）。

三、合作探究（7分钟）

小组讨论交流，成员间要善于合作探究、互助互学（组长检查每个组员是否完成学习任务，对于不能独立完成的要给予帮助）。

1. "自主学习"时我无法独立解决的问题是_____，提出来组内交流。

2. 组内交流后还没解决的问题是：_____。

四、交流展示（5分钟）

师生互动交流，学生多样展示

1. 全体学生大胆、积极、有序地向大家展示小组交流的结果。

2. 提出小组没有解决的问题，请老师和同学帮助。

五、精讲点拨（10分钟）

教师引导点拨，精讲释疑

老师针对交流情况，做好精讲、点拨、补充、升华，并适时引导学生。

六、实践运用（7分钟）

当堂训练，灵活运用所学知识，多种方式进行评价。

14 莫高窟

1.读一读，写汉字。

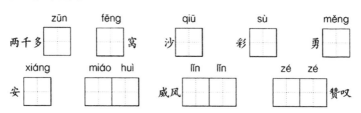

两千多 zūn　　fēng窝　　沙 qiū　　彩 sù　　měng勇

xiáng安　　miáo huì　　威风 lǐn lǐn　　zé zé赞叹

莫高窟

（小学三年级下册语文学案导学第二课时）

一、明确目标（1分钟）

学习目标：1. 通过体会文中关键词句来感受我国劳动人民伟大智慧，激发学生热爱我国灿烂的民族文化。2. 积累好词佳句

学习重点难点：通过体会文中关键词句来感受我国劳动人民伟大智慧，激发学生热爱我国灿烂的民族文化。

同学们，仔细读读本课学习目标，了解本节课的学习任务。

二、自主阅读（10分钟）

"自主学习"时，要善于独立思考

1. 细读课文第二三自然段，说说我读懂了什么？并在课文有关的句子旁边用铅笔注上批注。

我知道了：

（1）高窟那迷人的魅力表现在（　　　　）、（　　　　）两方面？

（2）课文第二段，这里向我们介绍了（　　）尊彩塑？用"——"勾出描写彩塑的词语。

（3）用一个词来概括莫高窟的壁画。（　　　　　　）

2. 联系上下文，说说下面这句话在文中的作用，并用带点的词语造句。

莫高窟不仅有栩栩如生的彩塑，还有四万五千多平方米宏伟瑰丽的壁画。

……不仅……还……：＿＿＿＿＿＿＿＿＿＿＿

173

3. 我不懂的问题有：＿＿＿＿＿＿＿＿＿＿＿＿＿＿

三、合作探究（7分钟）

小组讨论交流，成员间要善于合作探究、互助互学（组长检查每个组员是否完成学习任务，对于不能独立完成的要给予帮助）。

四、交流展示（5分钟）

师生互动交流，学生多样展示

1. 全体学生大胆、积极、有序地向大家展示小组交流的结果。

2. 提出小组没有解决的问题，请老师和同学帮助。

五、精讲点拨（10分钟）

教师引导点拨，精讲释疑：老师针对交流情况，做好精讲、点拨、补充、升华，并适时引导学生。

六、实践运用（7分钟）

当堂训练，灵活运用所学知识，多种方式进行评价。我记住本课的好词佳句有。

好词：＿＿＿＿＿＿＿＿＿＿＿＿＿＿＿＿＿＿＿＿

＿＿＿＿＿＿＿＿＿＿＿＿＿＿＿＿＿＿＿＿＿＿＿＿

佳句：＿＿＿＿＿＿＿＿＿＿＿＿＿＿＿＿＿＿＿＿

＿＿＿＿＿＿＿＿＿＿＿＿＿＿＿＿＿＿＿＿＿＿＿＿

4. 实施"青蓝一对一"工程

灵活安排青蓝结对。一是整体优差结对法。习惯差成绩较弱的一方为青方，习惯好成绩优秀的一方为蓝方，这样便于辅导。二是具体优差结对法。根据学生学科成绩情况，一个学生哪科成绩差就可以是青方，哪科成绩强也可以是蓝方，这样混合结对对树立学生自信心有很好的促进作用，大大提高学生的学习积极性，减轻自己不必要的心理负担。三是强强结对法。让成绩相近的学生组成青蓝结对，青方和蓝方可以互换，动态调整，让他们形成竞争机制，有利于激发学习兴趣。

　　精心制定互助目标。确定基础目标，制定互助目标，目标制定应与时俱进，紧跟时代步伐。一是用 A、B、C、D 等级标准不用具体分数标准确立成绩目标。二是青方蓝方讨论确立 3 个共同的良好学习习惯目标事项。三是青方蓝方各自查找自己学习上 3 个不良习惯必须坚决改正的习惯事项。三个目标要记录在自己的课本的扉页上，也可以制作成卡片放在自己的文具盒里，让好的习惯进一步强化，差的习惯便于时时提醒自己改正。这个过程本身就是自我发现，自我教育的过程，老师应该特别关注并认真阅读青蓝双方目标事项，并帮助其精准定位。充分利用互助的力量，相互鼓励、相互提醒、相互支持，达到共同进步的目的。

　　附："自主学习""青蓝一对一"岗位表

"自主学习""青蓝一对一"岗位表

总督（学习班长）			姓名：						
督学或小组长	青方	蓝方	基础		达成目标		中期成绩		期末成绩	
			语	数	语	数	语	数	语	数

续表

		青方	蓝方	基础		达成目标		中期成绩		期末成绩	
				语	数	语	数	语	数	语	数
督学或小组长											

		青方	蓝方	基础		达成目标		中期成绩		期末成绩	
				语	数	语	数	语	数	语	数
督学或小组长											

		青方	蓝方	基础		达成目标		中期成绩		期末成绩	
				语	数	语	数	语	数	语	数
督学或小组长											

续表

		青方	蓝方	基础		达成目标		中期成绩		期末成绩	
				语	数	语	数	语	数	语	数
督学或小组长											
		青方	蓝方	基础		达成目标		中期成绩		期末成绩	
				语	数	语	数	语	数	语	数
督学或小组长											

　　看看我们老师在执行过程中智慧。

　　高年级的老师，工作量最大的莫过于学生作文，如何提高作文的真正实效？五年级起，我任命十多位写作能力强，修改能力强的小导师成为我的助手，采用导师选学生，学生选导师的形式青蓝结对，要求导师必须对自己名下的学生作文全面详实的修改、评讲，必要时还得再次听学生口述作文再次修改。然后老师再次批阅评定作文等级，既考核学生，又考核导师。这样，所有导师得到了赏识，有成就感，于是，利用自己的休息时间用心修改同伴作文，真真正正达到了作文训练的目的。

——丁莉

班里让老师头疼的还是学困生的学习，如何培养他们的"自主学习"？于是我成立了"数学一帮一"的青蓝结对，就是给学困生请一位蓝方，让蓝方每天跟踪，督促他的"青方"的学习情况，利用放学和其他课余时间进行学习和沟通，每天登记自己"青方"的各项情况，每周要对自己的"青方"各个情况做个总结、评价。利用班会让蓝方互相交流，反馈一星期下来自己帮扶对象的各种表现，表扬先进，指出不足，激励其改进。一个月后我发现我们班的刘同学变了，以前家庭作业长期不完成，课堂作业拖拖拉拉，老师不去要作业她是不会上交的。而现在蓝方黄滨的帮扶下作业按时完成了，正确率高了，小脸也出现了少有的笑容了！还获得了"学习进步奖"呢！

——薛传英

首先介绍蓝方的产生，这很重要，可以说是决定青蓝工程的成败关键，不仅要考虑到蓝方的成绩，而且要考虑到蓝方在班里的威信，还要考虑到蓝方的管理能力、人际关系等。我每次选蓝方的时候，都是和5名左右的得力班干部一起完成的，因为他们比老师更透彻地了解班上的许多青方各方面情况，先找一半成绩好、能力好的同学当蓝方，另一半就是青方，然后根据实际情况青蓝配对。青蓝配对原则是先给成绩最差的同学安排最踏实的蓝方，接着给最难管调皮的同学安排班上最有威信的蓝方，再就给最有潜力或成绩较好的同学安排班上成绩非常好的蓝方等，当然这里面也没有绝对只有相对的。再公布并征求当事人的意见，根据实际情况适当调配，从而最终敲定青蓝结对。

如果说蓝方的产生是关键，那蓝方的管理就是重点了，管理的方式有很多，也许每个老师要求蓝方管理的方式都不同，我是这样做的：

一是蓝方和青方最好是同桌。这样的就能给蓝方管理自己的青方提供了很多的方便，比如青方上课不听讲、开小差，蓝方可温馨提示一下；也方便蓝方课上课下给青方辅导，时刻都能管理和辅导自己青方的学习和习惯；这样青蓝在一起玩多了，就很容易就成为朋友，在蓝方的榜样作用下，青方也就潜移默化被蓝方影响成为优秀青方。

二是青蓝合一，一荣俱荣，一耻俱耻。蓝方把自己的青方教好了，青方有进步了，按 1 ∶ 2 的比例加班级个人表现分，也就是青方加 1 分蓝方加 2 分，相反青方减 1 分蓝方减 2 分，这主要是从考试、作业、背诵、听写、默写、习作来判断，然后每月评 10 对优秀青蓝结对，每期评 5 名优秀蓝方颁发奖状和小礼品，让每个蓝方教好自己的一个青方。总之，老师管一半蓝方，再让蓝方一对一地管成绩差、习惯差的青方，肯定比老师一个人管一半成绩差、习惯差的青方容易得多。

三是做好蓝方的思想工作。首先能当蓝方就是一种荣耀，也是一种自我价值的体现；其次当蓝方不仅教会帮助别人，快乐自己，同时自己也对知识会掌握得更牢固，美国缅因州的国家训练实验室公布的学习金字塔效应，马上运用、教别人、可记住 90%。在教别人的同时，自己不仅要会做，而且还要动脑筋思考怎么讲别人才听得懂？所以教别人一遍比自己看 10 遍印象要深刻得多；最后当蓝方也培养了自己的语言表达能力，人与人之间的交往沟通能力，还潜移默化锻炼了自己的组织管理能力等。当然青方这边也是有要求的，首先蓝方说的讲的青方必须听，委屈了可以直接沟通，也可以告诉老师，让老师调查后公平公正解决，避免发生不必要的矛盾；其次青方要懂得尊重蓝方，努力学习，珍惜蓝方用自己休息时间的辛勤付出，并与蓝方搞好关系。

蓝方选出来了他们的任务是什么呢？我主要布置了这些：一是青方遇到的不懂的，首先是请自己的蓝方解决，蓝方不会的就和青方一起到学习班长处请教，这样青方即使还不太清楚，回去蓝方就有能力继续辅导了，再拿不准就和蓝方、学习班长到老师处请教，学习班长会了，全班同学就有地方请教了。二是上课随时提醒自己的青方认真听讲，若发现青方上课玩东西、开小差、不听讲等，蓝方就轻轻碰一下等方式，示意自己的青方认真听讲。三是监督并检查自己的青方是否认真完成家庭作业、课堂作业等任务。四是辅导并帮助青方完成背诵、默写、听写、阅读、习作，做到课课清，单元清，若青方在规定时间不能完成，蓝方还会适当付出些连带责任。五是及时处理青方难题、错题，比如：每次作业批改后，考试卷发下来后、帮青方检查错题原因，辅导错题的正确做法。六是训练题再生，如今天学习了写一个人对某件事入迷的样子后，蓝方就可以检测自己的青方会不会写。七是蓝方每次辅导青方要有痕迹。第一次辅导或抽查在书上签名字或姓，以后每次辅导或抽查一遍在签名字或姓的后面打个小小的勾，这样老师一眼就能看出蓝方是否对青方认真辅导过，这也是评价蓝方的一个重要依据。八是青方的不会的也要做标记。如听写时哪个字错了，自己要在生字表上画出来，蓝方再次报听写时要特别关注青方写错的字。如果写对了就打个勾，错了就画一横，青方下次识记时就要特别注意这个字，最后直至青方全部听写过关。

——陈太翠《优化青蓝结对工程》

5. 相互讲授当日所学内容

理论依据：学习金字塔理论。

讲授作用：相互讲授当时学习内容，可以加强记忆，但更重要的是训练学生的口头表达能力、倾听能力、理解能力、思维能力。

讲授形式：分为小组内讲授和青蓝结对的人员进行相互讲授。各小组可安排一个学科进行小组讲授，重点是取长补短的讲授，效果会更加突出，比如：某学生语文成绩好，数学差点，那就让学生在小组进行语文讲授，提高学生成就感。青蓝双方间的讲授重点落实弱势学科讲授。

讲授内容：分为当日所学主要学科的主要内容。小学低年级语文课后问题，中、高年级可以是课后问题，也可以传授老师所讲内容。数学，相互讲授例题，加一道习题，青方还可以讲自己的错题。其他科目可以讲授要点。

讲授时间：可以分散进行。

讲授方法：用弗曼学习法。讲授流程：第一步，把讲的主要内容，概括地写下来。第二步，思考自己怎样讲清楚这些内容。第三步，向对方讲授。第四步，让对方反馈有哪里不清楚，双方共同讨论解决。具体指导要求由各班学科教师按照课程标准创造性地开展。

讲授重点：强调讲授的相互性，程度较差的学生也必须讲，而且要多讲，重点要求学生讲授成绩较弱的学科，通过讲授，提高记忆，增强学习的信心和兴趣。这个事情组织到位了，可以说浓浓的学习氛围就形成了，也解决了记忆巩固的问题。

6. 开展"诗文素读"活动

组织晨读午诵：每天早上学校安排 10 分钟时间，根据《诗文素读》内容编排，每天早上全校性晨读。每天下午上课前 10 分钟，全校自由午诵。不求甚解，鼓励成诵。

7. 小组实行比学赶帮

形成竞争机制，各班要精心设计评比细则，把"自主学习"要求的主要活动开展情况作为指标进行评价到每一个小组，激发学生的团队意识和集体荣誉感。做到及时点评，及时指导。

（七）考核与表彰

"自主学习"给每人基础分 100 分。加分事项：作业优秀一次加 1 分；班上演讲 1 次加 3 分；小组内演讲 1 次加 1 分；成绩进步每科以期末监测为准，保持优生标准加 10 分，其余根据上升弧度，对应加分，至 20 分为止。青蓝结对学生根据蓝方进步程度折半加分。课堂评价对应加分。减分事项：相互讲授未完成减 1 分；未完成预习减 1 分；无故不完成作业，每次减 2 分；晨读午诵表现不好一次减 1 分。课堂评价对应减分。另外其他任课教师认定的其他加分或减分。（具体各学科教师根据年级情况，由学生自行讨论细化加分或减分事项）

严格过程记载，认真落实互助措施，每天一小结，每期根据过程、目标达标情况进行"智慧之星"评比，按30%上报学校进行表彰。同时班上可以各按照20%表彰"智慧之星""辅导之星""进步之星"。

附：学生"自主学习"记录表

学生"自主学习"记录表

班级：　　　姓名：　　　学号：　　　记录人：

	时间	加（减）分原因	加分	减分	累计	学生签字
自主学习表现						

备注："自主学习"给每生基础分 100 分。此表作为学生"自主学习"档案，连续记录，不够加页。

这里选录个别教师操作体会。

梁国琼老师的随笔，代表"自主学习"的运用策略，你完全可以相信学生，虽然他们才二年级。也代表一段线上教育历史，值得记录。

2020 年 3 月 23 日星期一

因疫情"停课不停学"已近两月，学生只听直播课、点播课、做作业、提交作业，已经没什么兴趣了，学习中存在的问题也显而易见。光靠老师讲，身累心也累，而且学生到底学得怎么样也很难检查到。所以，小组的建立是迫在眉睫的事情，必须让小老师带领孩子学习，提高孩子的学习兴趣，减轻老师的负担。今天在上直播课的时候，我告诉同学们咱班要建立学习小组，后期的学习除了老师上午上课，下午就小组学习，解决当天的学习问题和复习前段时间的学习内容，愿意当小老师的同学可以报名啦！瞬间，消息栏内别呼啦啦一片报名的信息，远远超出我的预期。我把所有的名字抄下来，想想班上要分多少组，选择其中能挑重任的同学先行。二年级的学生，小组成员应该要少一些，一个小老师管3个同学应该很好管理。

我把分组名单发在小组群里，并自己建了小老师群，教孩子们怎么建自己的小组群。接下来，小老师以自己的名字建学习小组群，把自己的学生拉到群里，当然我也在每个学习小组里。我告知家长，告知孩子学习小组里要做什么。下午2点，我进入每个小组开视频会议，教小老师怎么组织学生学习，怎么出学习通知。从同学们下午小组学习的情况反馈，我重新调整了小组成员，把好中差学生分别放在各个小组，并嘱咐小老师特别关注差点的学生，对待自己的组员要多表扬多鼓励，耐心指导组员的学习。在带领小组学习的同时，自己也体验了学习的过程，同时也提高了自己的组织能力！嘱咐各位同学听从小老师安排，积极学习。还告诉每位同学都应积极争当小老师，首先是自己先做好。

2020年3月24日星期二

小组学习进行的第二天，我在小老师群发布了学习任务：1. 检查《中国美食》课后书中生字的书写，（音节、描红、仿写、组词）。2. 解决一个单元的生字认读。做到人人过关。小老师们在昨天就通过群发了通知。下午准两点的时候，还在午睡的我被一阵钉钉的声音吵醒，原来是汪熙乔小组的视频会议开始了。我立马进入他们的小组学习，适时给小老师提出建议。随后我又进入其他小组，参与他们的学习。我在小老师群要求他们各自小组交流后，简单在小组作个总结，可写字可语音。比如：XX同学发言最积极，XX同学还需努力等等，对表现不积极的同学提出意见和建议。一晃，下午小组学习交流的时间结束，各小组纷纷传来了总结，有表扬，有鼓励，有意见和建议，还有小老师说马上要单独和没参加的同学联系，问明原因，还要为落单的学生补课，一派认真的样子、忙碌的样子着实让我欣慰。接下来，我还看到小老师们在各自群里发明天的学习通知了，期待明天！

2020年3月25日星期三

从孩子们听课和交流情况来看，有的孩子看课的时间较短，在交流的时候也是中途退出。我一个个问原因，有的是设备出了问题，有的是在赶写作业，有的玩去了。我必须得刹住这种不正之风。要求孩子们，上午认真听课，下午2点小组交流，3点发布作业，6点前上传作业。如果课已听完，就复习前面的内容，或者阅读课外书。每天如此，防止某些同学只顾赶作业，而不认真听讲，不参加小组交流。特别强调，每天必须按时认真听课，作笔记；按时进入小组群交流学习；按时提交作业。

今天小老师们发布通知和组织交流，越来越成熟了。走进各个小组交流群，看到的是小老师的像模像样，组员积极发言，顿时暖心了。本以为低年级网络小组建设难以运作，可事实证明他们行，而且干得有模有样。从建组，发通知，布置任务，课中交流、激励，课后总结，他们无论是操作还是语言组织都表现得很棒！

陈太翠老师对低年级自主学习探索及与时俱进的《"自主学习"积分管理》值得参考，给那些不愿相信学生，不敢相信低年级学生，不能放手让学生去组织、去做事、去尝试的老师，提供了信心、勇气和方法。

2014年秋季，我接手了一年级，一年级学生小，自觉性差，留守儿童占比高，指望家长指导学生学习的几率几乎为零，想要自己轻松一点，只有培养学生。开学初，我亲自带领学生做每一项工作，每天别人都下班了，我还在教室里和学生总结一天的学习情况，那段时间的确很累，通过一个月的观察实践后，我建立了学习小组，选定小组长、学习班长。小组长每天负责检查学生的作业完成情况、背诵情况等，他们每天要将组员情况汇报给当天的学习班长，学习班长梳理全班学习情况，放学后向全班汇报，结合《我又长大了》的评星制度加小星星，10颗小星星换一颗大星星，10颗大星星就可以获得一次抽奖的机会，有和老师共进晚餐、老师赠送一本书、自由换一次座位、免一次家庭作业、和老师说秘密等有趣的内容，以奖励制度激发学生的学习热情。就这样，我陪着他们管理了一学期。一年级下期，感觉他们已经做得非常好了，我开始试着放手让学生自己管理学习，我偶尔突击检查，指出不足。随着学生年级的升高，还是老一套的方法他们已经疲倦了，没刺激效应，没新鲜感，就无法达到预想的效果。

为了让学生持续保持学习热情，四年级上册，我和学生一起制定《"自主学习"成长积分制度》，如作业、字迹、背诵、习作、阅读、考试、上课积极回答问题等有关学习的都作为成长积分制内容加分或减分，专员负责，积分管理员负责每天按照积分制度整理各组的积分情况，每周一反馈，每月一抽奖。以小组为单位，所有学生的表现都纳入小组考核，这样所有的学生都只能抱团发展，一个也不能落下，确保胜出。所以我的早自习、午间阅读、作业等各项事务，我无须事事监督，学生都能管理到位，我外出学习、开会，班上也是秩序井然，每期期末测评，我班的语文成绩始终是年级第一。对于我的教学任务，我是轻松的，因为我一个人的工作有几十名学生帮着我做。

——陈太翠《自主学习积分管理》

第四节 "自我发展"的实践操作

一、"自我发展"概念

发展是事物由小变大、由简单到复杂、由低级向高级的变化过程。涉及多个领域，如个体的躯体、大脑、思维、想象、情绪等。这里的"自我发展"是学生积极主动参与学校的校本特色课程如：体育、艺术、科技训练以及各项社团活动，培养自己健康体质、健康心理、艺术修养、审美情趣、科学技能、科学精神等，提升自己生命成长的质量。

二、培养素质目标

"自我发展"，即通过参加各项体育训练、体育运动和体育比赛，让自己感受健康和运动的快乐，自信阳光，健康自强。培养学生健康生活理念和珍爱生命意识，理解生命意义和人生价值，具有安全意识与自我保护能力，掌握适合自身的运动方法和技能，养成健康文明的行为习惯和生活方式等。达成每个学生有健全人格，具有积极的心理品质，自信自爱，坚韧乐观，有自制力，能调节和管理自己的情绪，具有抗挫折能力和强大的毅力等。

通过学生主动积极地参加各项艺术社团的训练，提升艺术素养、陶冶审美情操、训练人文素养、审美情趣。达成学生具有艺术知识、技能与方法的积累；能理解和尊重文化艺术的多样性，具有发现、感知、欣赏、评价美的意识和基本能力；具有健康的审美价值取向；具有艺术表达和创意表现的兴趣和意识，能在生活中拓展和升华美等。

通过学生参加科技活动、创客训练，开发创新意识和创新能力，训练科学技能、培养科学精神，理性思维，达成学生崇尚真知，能理解和掌握基本的科学原理和方法；尊重事实和证据，有实证意识和严谨的求知态度；逻辑清晰，能运用科学的思维方式认识事物、解决问题、指导行为等。

三、具体操作

（一）建构特色课程体系

为了满足不同学生的个性化需要，培养学生个性特长，各科根据年级或学科特点建构拓展课程及特色课程体系，组织编写校本教材。最好是每一个教师都出自己的拳头产品，都可以刷自己的存在感，科技、艺术、体育教师更应该主动作为，潜心研究自己的课程里训练学生自我发展的素质内容，精心设计教案学案、精心组织学生，让更多的学生充满兴趣、充满激情地参与到自己的项目中，不让自己的学科边缘化。

课程目标：助力学生科学提升生命成长质量。学校特色课程的开发，要为学生实现"自我发展"提供良好的载体。国家课程的开设，保障小学生的基础性学力，地方课程和校本课程的开发，为学有余力、学有特长的学生找到了创新发展、特长发展的科学方向。

课程内容：为了保障学生的基础性学力，满足不同学生的个性化需要，学校将国家课程、地方课程、校本课程进行深度整合，构建符合学校文化特质的特色课程体系。如：翰墨书香、我乐英语，美术、快乐写作、演讲、"1+x"群文阅读、数海拾贝、数学思维、益智棋类、神奇魔方、足球、篮球、乒乓球、田径、舞蹈、声乐合唱、器乐、绘画手工、书法、机器人、科技制作等校本特色课程。

附：

凤鸣小学"自我发展""雏凤课程"体系

学段	年级	凤远课程		凤思课程		凤趣课程		凤韵课程	
		国家课程 地方课程	拓展课程	国家课程	拓展课程	地方课程	特色课程	国家课程 地方课程	特色课程
低段	一 二	品德与生活	我乐英语 翰墨书香	数学	生活数学	体验课程	巧手制作	音乐 体育 美术	少儿绘画、舞蹈、声乐合唱、手工、益智棋类
中段	三 四	品德与社会；语文 英语	语言艺术 翰墨书香；快乐写作；三分钟演讲 翰墨书香；快乐索读；"1+x"群文阅读	数海拾贝 数学思维		科学；综合实践；信息技术	神奇魔方 机器人 创客 飞碟 小发明	趣味种植 科技创新	足球、篮球、乒乓球、舞蹈、声乐合唱、绘画手工、书法、威风锣鼓、鼓号、排萧、ABC英语等
高段	五 六								

（二）明确课程要求

为了提升学生的生命成长质量，确立符合学生成长规律的活动课程目标，让每一位学生都有展示才华的机会。

每个学生有一至两项艺术技能，有两项体育技能，会演讲、书法、英语、计算机，全员参加学校的读书比赛、作文大赛、演讲比赛、艺术节、科技节、运动会，至少参加一项校级及以上的竞赛，并能获奖。以上成长目标记入学生的发展记录表。

（三）审定社团负责人职责及制定相关计划

每个学生社团负责人都必须有清晰的职责。同时拟定本社团年度计划。组织成员，颁布实施计划。组织相关校园活动或上级要求参加的活动与竞赛。学校每周星期一集体朝会分班轮流主持并进行艺术展演，每期至少组织一次本组成果汇报演出或展示，组织相关研讨活动，不断总结与反思，提高本组的成效及影响力。

（四）落实培训要求

教师必须按照特色训练课程表认真授课。学生必须按时认真参加自己感兴趣的项目训练。

（五）组织好学生自愿报名

动员指导学生根据自己的个性特长选择恰当的项目。动员很重要，社团教师要拿出自己的看家本领，在集体朝会或者大课间或其他场合进行表演，激发学生的兴趣，推销自己的项目，吸引学生的参与。同时各班班主任应该根据学生的兴趣特长指导好学生报名，使学生的选择达到最优化。

（六）精心组织训练

社团活动的组织非常重要，因为来自不同的班级，学生的组织、纪律性良莠不齐，所以要求授课教师和本班班主任齐心协力，严格要求才能保障训练的正常开展，否则，训练时间得不到保障，影响训练质量。

（七）考核及结果应用

每生给基础分 80 分，项目及获奖实行加分制，过程管理按照平时实行减分制。

参加培训一个项目加 10 分。参加一个比赛项目、一个展览、一个表演项目分别按国家、省、县、校分别加 5、4、3、2 分。

学生个人获得"优秀学生、优秀班干部、文明之星、责任之星、智慧之星、未来之星"等荣誉表彰的按国家、省、县、校加 10、9、8、5 分。

学生个人获国家、省、县、校竞赛奖，按获奖一、二、三等级分别加分：国家加 10、9、8 分，省加 7、6、5 分，县加 4、3、2 分，校加 3、2、1 分。

学生集体获国家、省、县、校竞赛奖，按获奖一、二、三等级分别加分：国家加 5、4、3 分，省加 4、3、2 分，县加 3、2、1 分，校加 2、1、0.5 分。

班上学生获奖的由各班自行决定加分权重。

学校有关部门认定的其他加分，加 1—5 分。

每个社团负责老师在训练的过程中认定的减分。

参加及获奖记入学生发展记录表，一期一汇总。每期按 30% 的比例评出"未来之星"，上报学校进行表彰。各班可按照各 20% 分别表彰"未来之星""艺术之星""科技之量""运动之星"。

（八）完善档案

专人负责"自我发展"记录，时时记录，时时汇总，学生干部督查。

附："自我发展"记录表：

"自我发展"记录表

班级：　　　　学生姓名：　　　　学号：　　　　记录人：

社团培训情况			参赛参展情况			获各类奖励情况					过程减分	
培训时间	培赛项目	加分	比赛时间	比赛项目	加分	获奖时间	颁奖机构	荣誉名称	获奖等级	加分	减分事项	减分

注：每人给基础分80分，此表可以作为学生成长档案，连续记录，不够加页。

要求：每一个社团，必须挖掘项目训练的素质目标，对照学生核心素养，理清训练素质项目，要求必须清晰，靶向精准，让学生在"自我发展"中综合素质得到全面训练。

践行"自我发展"

——学生乒乓球训练中的素质培养

云阳县凤鸣小学 王泽军

"四自教育"之"自我发展"以体育项目培训作为其中一项抓手，训练学生身体素质、体育技能和体育精神。

我是负责乒乓球的训练体育教师，我想根据学生自身特点和室外乒乓球训练的特点，有意识、有目的、有计划、有步骤、持续不断地对学生"自我发展"的素质训练。

一、加强文明意识训练，促进学生文明习惯的养成

文明意识教育应是球队训练中不可忽视的教育内容之一，应重点抓四个方面：

1. 抓精神面貌：集体训练包括训练前、训练中、训练结束前的集合要求快、静、齐，强调学生精气神。

2. 讲卫生：包括服装整洁，不留长指甲，训练后要洗手等个人卫生和不随地吐痰，保持场地、器材清洁卫生等公共卫生。

3. 提倡文明用语：用好"文明十字用语"，坚决杜绝不文明行为在乒乓球队训练中出现。

4. 助人为乐：加强保护和帮助动作训练，让学生学会保护与帮助的方法，训练将他人安全放在心上的责任意识。在训练中给需要帮助的人提供力所能及的帮助。

二、增强健康意识教育，促进学生身心健康发展

1. 规范训练，注重学生身体健康。小学生处在生长发育时期，如不正确的身体姿势会影响学生的生长发育。对学生中由于先天不足、后天姿势不正确或故意模仿所造成的不正确姿势应讲明危害性。要主动帮助纠正，教会一些矫正方法。通过严格的挥

拍训练，让学生了解正确立姿、走姿、跑姿及其动作要领。在强化训练中，逐步让学生形成良好的姿态。

2. 因材施教，训练学生心理健康。如受身体肥胖、瘦弱、胆小等身体条件和心理条件限制，往往学生自己会产生心理障碍，对乒乓球失去信心。作为教师应注意抓住这些学生的特点，发挥他们自身优势，及时给予鼓励，让他们逐步树立信心，同时培养他们的兴趣爱好。

三、注重学生非智力训练，促进学生综合素质发展

在训练中，我们在抓学生身体素质训练，加强学生技术技能和自身能力的培养同时，注重学生非智力因素质训练。

乒乓球训练中内容多样、直观。每个学生的个性特点最容易在体育活动中充分表现出来。往往通过一个具体动作的练习，就能觉察出学生的不同性格、能力、气质、兴趣等各种个性特征。如有些独生子女虽说身体素质较好，但怕吃苦、动手能力差、性格倔强等。作为体育教师在教学中，应注意学生观察能力和思维能力的培养，注意学生非智力因素的训练。

根据教材的特点，采用"定时、定量、定强度、定具体细节要求"的办法对学生进行训练。启发学生在身体条件可能的情况下坚持练习。树立好的典型，正确进行评价。培养学生勇敢、顽强、果断、机智、诚实、胜不骄败不馁、勇于克服困难、坚忍不拔等良好个性素质。同时在训练中还要有意识培养学生形体美、动作美等审美意识。另外在教学中，必须充分发挥集体的力量和作用来对每个成员进行教育。同时也要利用良好的集体舆论引导和帮助学生自觉维护集体荣誉和利益，培养集体主义精神。

总之，在训练中，教师必须提高学生兴趣，让他们自觉践行"自我发展"，综合素质得到全面训练，综合能力得到全面提高。

第二章 推行过程中的方法操作

第一节 "四自教育"师资校本培训

一项教育改革的成功，人才是关键因素。所以"四自教育"改革要推进成功，教师成了最为关键的因素。准确地说是教师的专业才能，决定教育改革的成效。教师队伍素质是教育改革发展的第一生产力，是"四自教育"成功实践的关键因素和重要保障。通过师资校本培训来改善教师的教育观念、教育方法、教学实践，从而实现"四自教育"的育人方式取得良好效果。我的基本定位是：把"四自教育"对教师素质的要求，纳入到整体教师专业发展的规划中，同时加强"四自教育"专题培训，让专业能力较强的教师和年轻教师先行、先试，让他们在实践中总结经验进行第二次培训，最终实现全体教师达到相应素质要求。我一直有一个朴素的想法：培养教师教育教学能力，让他们在工作中能驾轻就熟、游刃有余，这是一种行善积德。因为只有你的能力提高了，学生才能尊重你，只有有了尊重，你才有尊严，只有有了尊严，你才有幸福感。教师有了幸福感，会发自肺腑地感谢让他具备这种能力的人。

一、职后培训对教师素质与能力形成影响是很大的

有研究表明：不同教育阶段对教师个性动力与素质能力形成的影响程度

项目	大学前	大学间	大学后（履职期间）
个性动力系统	21.56%	15.78%	56.92%
教学能力	21.95%	12.74%	65.31%

从数据看出职后培训对教师素质与能力形成影响权重是最大的。

我们教师不能排斥培训和教研，因为教师的能力直接影响教师的尊严和幸福感。看看我们周围的教师的生存状态，专业能力强的教师，教学教育艺术娴熟，工作轻松，学生爱戴，教学效果好，工作有成就感，自然有荣誉感和幸福感。专业能力弱的教师，工作不能轻松应对，教育教学效果不理想，顶起兑窝（一种舂米的石器）唱戏，人又累死了，戏也不好看。学生不喜欢，家长不满意，同事看不起，自己对自己都不满意，你说他哪里有尊严，哪里来的幸福感。这样漫长的教育人生，是不是有点度日如年的感觉。所以要推进一个好的改进措施就更应该加强师资的校本培训。

二、教师职业动机与需求需要专业培训

美国教育改革基金会调查发现：教师职业动机与需求是多元的，但集中体现在提高学生的学业成就，提高教学能力，增加专业知识三个方面。

我国学者调查发现教师职业动机与需求也是多元的，并具有一定的地域性的特征。共同特征是：一是希望自己能成为好教

师；二是多数教师感到提升自己的教学、科研、管理能力有困难；三是对教育科研在改进教育教学工作中的意义与作用认识不足。

三、《中小学教师专业标准》颁布为教师专业培训提供了行动指南

中小学教师专业标准包括四个理念：学生为本、师德为先、能力为重、终生学习。体现四个特点：一是强调学生的主体地位，要求充分发挥学生的主动性、积极性、创造性。二是突出师德要求，不断增强教师的责任感和使命感。三是强调实践能力，不断锤炼教育教学艺术。四是提倡终身学习，体现时代性，面向未来学习技术，培养自己的学习习惯和学习能力。这是我们培训的目标与行动指南。

厘清教师专业评价标准。关于权威性教师专业化的评价标准，这个方面，我当校长的时候自认为是面向教师工作的方方面面，每年教师节表彰的星级教师含学校各个板块工作，并不是只有教学成绩，而是包括教研、服务、管理等，行行出状元。在2004年9月出版了一套《新课程发展性教师评价》，分为上、中、下三卷，理论深入浅出，列举不少优秀学校评价案例突出了操作性、实用性，是一套很好参考书。可惜目前普及程度不高，但我想这种现状一定会很快改变。随着国家教育质量督导评估机制的健全，将会实现学校办学管、办、评分离，今后不论是学校办学质量的评估，还是教师发展性评价，将会更加科学，更加接地气。

重新审视中国传统的管理文化。从管理的角度，中国的管理文化一向主张"民贵君轻""以人为本""和谐社会"。"民为贵，社稷次之，君为轻"《孟子》的《尽心句章下》。而西方发达国

家的管理更偏重目标量化考核。所以中国很长时期，教育这个职业就是铁饭碗，导致个别教师目无领导、目无纪律、误人子弟。直到现在这个铁饭碗还没有完全打破，但是管理水平已经上升到一个新的水平。管理文化由粗放的、过分人性的向更加科学，更有效率的管理文化过渡。

厘清不用成绩考核教师的误区。不少教师总是有一个误区，认为不能用学生成绩来考核教师，认为西方就不以成绩考核教师。很长一个时期，考核教师的确很单一，只是看考试分数，这就是饱受诟病的应试教育。其实欧美对教师专业考核要全面而严格得多。美国各州和学区与教育部长签署协议书，根据州和学生的成绩及表现分配教育经费，削减成绩不佳的教育经费，学校对教师也实行责任制。对教师的评价，有一个成长记录袋，包括内容有：学生的测试成绩、教师教学的实践和表现、行动研究计划及其结果、教师各种考试的分数、职业活动和专业成长证明、管理者的报告、家长和学生调查等等。英国教师的评价标准主要由教学实践和教学成果两大部分组成。教学实践相当于我们教学"六认真"，但是更细的是纪律、学习气氛、学生独立实践等等，教学成果包括：授课计划——教师撰写每天的教学计划，确定预期达到的目标；学生档案——教师坚持书面记录学生的进步情况；评等——教师根据确定的标准进行评等；达到教学目标程度——学生的成绩指标有实践项目、日常作业、课堂表现和测试成绩等。

我们换个思路想一想，与西方繁琐的目标考核细则相比，我们是不是相对要简单些，轻松些。因为凡是有学校的地方就一定有教学成绩的考核，就一定会有升学的压力，西方概不例外。《面向未来的教育：给教育者的创新课》作者：[加] 乔治·库罗斯写过这样一件事。17岁的高中生凯特·西蒙兹在她2015年的TED演讲"17岁"中讲道：看看我们的教育现状吧，学生对自己学什么、怎么学根本就没有话语权，而社会却期望我们用那些强行灌输给我们的知识去应对世界。在高中生活的最后一段时间，学校还在希望我们上厕所之前举手请假，然而三个月以后就希望我们或者准备好上大学，或者找个全职工作开始上班，养活自己，独立生活。这完全没有逻辑和道理可言。

说明不论是我国还是西方发达国家，高考其实都是非常残酷的，不要想到西方的月亮要圆一些。

四、有的放矢地开展校本培训

除了针对教师职业动机与需求的共同特征，未来教师专业发展目标外，我们要根据现实教师入职及生存的四种形态，从职业情怀、职业理想、职业目标、教育目标、生活目标及目标达成的方法和路径进行培训。

我把现实教师入职及生存归为四种形态。一类是为了教育事业，甘洒青春热血，为了把后人托上前人之肩，躬耕三尺讲坛、无怨无悔。对教书育人充满着实实在在的热爱，有教育情怀，把工作当事业来做，衣带渐宽终不悔，为伊消得人憔悴，这是高境界。

二类是十年寒窗、金榜题名，跳出农门、毫无选择、教书育人，介于现实与理想之间。心情不好不坏，工作平平淡淡，波澜不惊，一个典型的自然主义者。不刻意追求，不盲目消极。

三类是大浪淘沙、百里争一、拼命考试，只为这一个工作。将来可以养家糊口、人格独立，理想止于现实。虽然拼尽全力进入这个行业，但是也谈不上强势热爱，只为生存生活，把工作当谋生的职业。

四类是有点小聪明、有个小文凭、家里有小钱、父辈有小官，准富二代、准官二代。本人不情愿，还是找事干，工作可有可无，毫无追求可言。偶尔放纵自己，大法不犯，小纪不断，消极大于积极。

可以自我对照一下，自己属于哪种类型呢？你从哪里来，要到哪里去呢？来之不易的工作你为了什么？

心理学家埃米·瑞斯尼斯基指出，人们对待工作有三种态度：任务、职业、使命感。把工作当任务的人，每天上班是他必须去做的，不是他想去做，这样，除了薪水之外，他只对节假日感兴趣；把工作当职业的人，除了注重财富的积累外，也会关注事业的发展，比如升职，比如权利和声望；把工作看成使命的人，工作本身就是目标。薪水和机会固然重要，但他们工作是因为他们想做这份工作。他们的力量源于内在，同时也在工作中感到充实与快乐。他们对工作充满热情，在工作中实现自我。工作对他们来说是一种恩典，而不是折磨。

寻找使命感时，需要关注自己的问题。如果自己的问题是"我可以做什么"，那就是在优先考虑金钱或者他人期望的看法等实际问题。但如果第一个问题是"我想做什么"，即什么能带给我快乐和意义，那我们的选择才是以幸福作为衡量一切的标准。

四个木桶的故事：有木匠砍了一棵树，把它做成了四个桶，一个装粪，就叫粪桶，众人躲着。一个装水，就叫水桶，众人用着。一个装酒，就叫酒桶，众人品着。一个用着养蜂，就叫蜂桶，众人想着。桶是一样的，因装的东西不一样，命运就不同。人生也如此，有什么样的观念和思想就有什么样的人生，不同的人生带给人们的贡献是不一样的。同样是教书育人，你的思想观念方法，决定了你的教育人生。教育应该是酿造甜蜜的事业，哪怕我们是那辛勤的蜜蜂。

作为一名教师，一般人生活的压力你概莫例外，你要做的事一件又一件，有几十本作业、几十张试卷的批阅，有几十本学生作文，让你改上一两周毫无效果，有那么多的教学计划要设计，网络资源要收集，教案要手写，而且你还得一天到晚都在上课，有更多要你填的表格，有不同类别的调查调研要去做，特别是班上那几个不守纪律的学生，让你绞尽脑汁又无计可施。更不幸的是，这种压力好像还在与日俱增，毫无尽头。教师如何修炼自己的情怀，树立自己的理想，明确自己的目标，同时修炼达成目标的方法和路径。

五、作一个有情怀有理想的教育工作者

路遥说："只有初恋般的热爱和宗教般的意志，人才有可能成就某种事业"。我们每个人都有自己的初恋，那种对恋人的热爱总是那么刻骨铭心，在我们身边也有一种老师，他们天生为教育而生，对教育事业挚诚热爱几十年痴心不改。而宗教般的意志，我有肤浅体会。史书记载，玄奘西行求法，往返十七年，历经千难万苦，旅程五万里，所历"百有三十八国"，取回真经。2016 年我自驾到过色达，一路上见到有不远千里来的修行者，他们一步一磕头，匍匐向前，念念有词，诚心叩拜，也见到漫山遍野的红房子，里面住着的每一个人都怀揣着一颗赤诚之心，在这片贫瘠的缺氧的高原之上，追寻着自己的精神世界，这里因为有了信仰，所以才有了宗教般的意志。

教育情怀就是对教育的一种持久、特殊、难以割舍的感情，这种感情源自对教育发自内心的深入骨髓的爱。记得我师范毕业前被分到凤鸣小学实习一个月，被学校教师的敬业精神深深打动，他们早上六点多钟在操场上集体做操，晚上八点钟要集体备课，集体批改作业，有的老师工作到很晚才回家。同时也被学生

那清澈纯真的目光，那对老师纤尘不染的真情热爱所感动。记得实习离开的那天，汽车缓缓启动，孩子们号啕大哭起来，车在前面跑，他们在后面追，这个时候我们所有实习老师都哭了，有的学生跑不动了，滚在地上哭，体力好的同学追出了一公里多，直到慢慢消失在滚滚的尘土中。那是一种撕心裂肺至纯至真的学生对老师的爱，一个教育人怎能忘怀。

我师范毕业被分配到一所海拔 1000 米以上的村校，那里的冬天真的是很冷啊，一个人独守一所村校，面对冰天雪地，有一种强烈的冲动，拥抱雪山，用自己的体温将雪融化，让衣着单薄的孩子能早日享受春天般的温暖。我当教导主任，上毕业班语文课，迎接两基普实国家验收，做档案，晚上常常工作到 12 点，没有一分钱的报酬，工作力求尽善尽美，好像自己是为教育而生的，我想这就是一种情怀。曾经有几个月被政府借用，离开讲台，在那段时间，总感觉心里空空的，干事没有任何激情，后来又回到学校，感觉自己如鱼得水，这就是那种难以言传的情怀。

教育理想，是对未来教育的美好想象和希望，也比喻对自己教育工作臻于最完美境界的想法。舒尔茨说："理想犹如天上的星星，我们犹如水手，虽不能达到天上，但是我们的航程可以凭它指引。"所以，理想信仰就是我们前进的目标。

我的教育理想是，初为人师时，面对家境贫寒的孩子，我多么地期望通过自己的努力，能提高他们的成绩，让更多的孩子能够考入初中，像我一样能跳出农门，过上有尊严的日子。后来发现初中招收的名额就那么点人，升学率不足 10%，村校学生更是难上加难，绝大多数孩子是考不上的，于是我就在想，通过培养他们的素质，让他们将来面对社会时能做各行各业的佼佼者。后来当了校长了，格局发生了变化，国家实行九年义务教育，小升初不再是压力的时候，我提出了"让教师品味到教书育人的尊严和幸福感，让学生享受到学校生活的丰富多彩"的教育理想。提出"教育要面向师生的未来，面向师生的发展"的办学理念。

我认为作为教师的教育理想应该是：把学生培养成为有理想、有道德、有文化、有纪律，有创新精神和实践能力的身心双健的合格公民。

六、作一个有清晰目标的教育人

第一要有职业目标：教师职业特殊性对专业发展有更高要求。"教师是太阳底下最光辉的职业"为神圣之士。"教师是人类灵魂的工程师"为贤仁之士。"教师是辛勤的园丁"为勤勉之士。神：人未知而己先知；圣：人未及，而己先及；贤：人未能，而己先能；仁：人可为，而己不为；勤：人息之，而己不息；勉：人弃之，而己不弃。这是北师大教授苏君阳的精炼概括。

在众多的行业中只有教师称师德、医生称医德、当官称官德，其他行业统称为职业道德。所以选择了教师这个职业，你就选择了更高的要求自己，必须比其他职业更加注重自己的能力发展，更加注重自己教育情怀的培养。

我曾经在学校校刊《红叶》上写了篇卷首语：代表我对教师这个职业的认识。

春蚕到死丝未尽，蜡炬成灰泪犹湿

张行满

时序娣嬗，岁月无痕，蓦然回首，天地君亲后有师，浩瀚文明师传承。是工程师，塑造人类灵魂，太阳底下，职业唯我独尊。尊我清高清贫，任铜臭风习习；尊我无私奉献，任利欲总熏心。亘古至今，我们是神中的人，我们是人中的神。

曾几何时教师不过是卑微的歌者，拥有一支白色的独弦琴，没日没夜地歌唱在山野，像夏季无奈歌噪的杨雀。我们曾是臭老九，我们曾排位在丐帮前列。但我们没有沉沦，而是紧握锄镰，躬耕教海，把一代又一代人托上前人之肩，无悔无怨。

我花初艳，百色暗淡。风水轮回，星移斗转，我们以职业的高尚，工作的稳定赢得世人敬重。我们不卑，鹤已立于鸡群；我们不亢，永远保持那份虚心。桃李无言，下自成蹊，面对春华秋实，我们可以孤芳自赏，慨叹，我们伟大！

师爱无疆，育人永恒。最高境界的职业之爱是师爱，它和风细雨，润物无声；难以忘怀的职业是育人，让成就他人，超越自我成为绝对的可能。

学高为师，行为世范。学问堪为师，行为恰如神。教师的职业要求让人肃然起敬。自闭桃花称太古，欲栽大木柱长天。我们将撑起祖国强盛的脊梁，实现民族强大的梦想。我们骄傲于职业赋予的神圣内涵。其实，宁静与淡泊让我们无动于赞誉，有的是放下师道尊严，蹲下身来，和孩子一起看问题。一如既往的是付出与责任，与时俱进的是思想与魅力。

当华美的乐章落尽，生命的脉络会更加清晰。春蚕到死丝未尽，蜡炬成灰泪犹湿。爱你，老师！敬你，老师！

《幸福教师的五项修炼》：禅里的教育。教师应当有一种深切的专业认同：首先是认同自己，认识到"这个人就是我"，学会体谅自己、悦纳自己；其次是认同现实，认识到"这就是我的生活"，无论是否经由慎重的选择，只要还过着这样的生活，就应当努力过得更好；再次是认同职业，认识到"这就是我该做的事情",并承担起责任——在这世间活着,每个人都应有所承担,否则,我们的生命就会失重,飘忽不定。

这样的认同,其实就是一种确定。这样的确定,至少可以让自己少一些"小姐的长相丫环的命"的抱怨和委屈,少一些"心比天高、命比纸薄"的哀怜和厌弃。

先做个让学生瞧得起的教师,绝对不能做一个误人子弟的教师。

这是教师必有的职业底线目标。纪昀的《阅微草堂笔记》里,有一则故事:清代鄞县的一位儒生,未能取得功名,生活困顿,只好做了私塾先生。因为是"只好",所以做得憋屈,也做得敷衍。

有一天,他得了重病,迷迷糊糊做梦到了阴间。他惶恐地问一位官吏:"我这回得的病,还能不能痊愈?"官吏说:"你寿运未尽,但禄运已终,很快就会来到这里。"先生委屈地说:"我半生都以教书为生,从未做什么坏事,更没有谋财害命,禄运怎么会先结束了呢?"

"你受了人家雇佣,拿了人家报酬,却不认真施教。阴间认为:没有功劳,白吃饭,就是浪费,必须消除你应得的禄运,来弥补你浪费的财物。所以,你寿命未尽,但禄运先完了。"停了停,官吏又说,"做先生,本来是非常尊贵的,你却误人子弟,这比干别的职业玩忽职守所受的处罚还要重得多。耽误学生的一生,这是犯了很重的戒条!"

那位先生从惆怅中醒来,病情果然不见起色,再也没能起来。

故事也不过只是故事,是杜撰出来的,是虚构的,流传200年还是很有教育意义,既然选择了教师这个职业,时时应该扣心自问：我们是否有过愧对良心言行？是否有过误人子弟的时候？

细细想来，要当一个好教师肯定要付出太多太多。但无论如何也不能当不好的教师，不能当误人子弟的教师，不能做昧了良心的事情！安徒生说："清白的良心乃是一只温柔的枕头。"做一个心安理得的教师，做一个拥有温柔枕头、做着善良美梦的教师。

努力做一个让学校骄傲的名师。这是大多教师可以达到的职业目标。可以是校内的，可以是县级的，可以是市级的，总之你要努力成为是。记得我在学校当校长的时候，我们每年教师节要表彰教师总数的40%的星级教师，涵养各个领域、各个层面，然后弄了一个星光大道，上了榜的至少承认是校级的名师。试想如果三五年下来，我们教师至少在某一个方面应该有所斩获。每当教师每天走过星光大道的时候，他们会为自己的荣誉感到自豪，同时努力成为县级或者市级的名师。如果名字还没有上星光大道的老师，也会暗自努力在某一方面成为星级教师。我还授意分管人员，研究那些从来没有得过任何荣誉，老老实实地干工作的人员，指导他们努力成为星级教师。学校还有培训县级、市级骨干教师和名师培养计划。

梦想成为让历史铭记的教育实践家。这是教师追求最高理想的职业目标。这个当然就比较难了，如果是在乡镇学校，就更难了，因为我们没有大学资源，没有很好的理论指导，只能是靠自己在教育实践中矻矻求索。历史学家范文澜有一句话："板凳要坐十年冷，文章不写一句空。"真正要向教育家努力，那就需要一种持守，就像学佛参禅一样，青灯古佛，木鱼声响，守得了孤独，耐得住寂寞。当然还要有专家引领，同伴互助。如果自己能多读教育专著、博学参悟，并且能敢于运用，也可以成为教育实践家。

第二要有教育目标：教育要面向学生的未来与发展。最大限度地让学生享受公平而有质量的教育，享受学校生活的丰富多彩，享受生命成长的辉煌。

只要我们从事教育事业，首要目标就是不折不减贯彻党的教育方针。2021年4月29日，第十三届全国人大常委会第二十八次会议通过关于修改《中华人民共和国教育法》的决定，将其第五条修改为"教育必须为社会主义现代化建设服务、为人民服务，必须与生产劳动和社会实践相结合，培养德智体美劳全面发展的社会主义建设者和接班人"，将党的教育方针落实为国家法律规范。使教育者在德智体美劳都得到全面发展。这实际上要求我们的教育要面向学生的未来与发展。

让你的学生享受到学校生活的丰富多彩，应该成为你的重要教育目标。

最为理想的教育目标是做幸福教育：孙穆著《启蒙文》对幸福的定义：幸福是人的精神对自我进行觉知时的满意状态。幸福教育是教育者与被教育者的精神对自我觉知时的满意状态。这是一种教育生态，学生享受了学校生活的丰富多彩，享受了成长的快乐，学生是幸福的，教育者因为自己的教育成果也同样有满足感，这就是一种幸福教育的生态。同时愿景清晰，管理有序，教学效率高，教学成绩好，学生综合素质高，学校肯定、家长满意、学生开心。这就是教师心目中的朴素的幸福教育。

长春市实验中学校长，东北师大特聘教授迟学为，对什么是幸福教育的解读：一是享受幸福的体验。二是培养获取幸福的能力。三是培养创造幸福的品质。四是培育幸福的心态。这四点我认为对教育工作者有的教育行为有很强的导向性。你的教育行为要让学生享受幸福的体验而不是痛苦不堪。当然你要教给学生获取幸福的能力与方法，让他们在自我教育中体会到幸福。同时还要训练他们在学习生活中去给别人创造幸福的方法。最后一点特别重要，那就是要训练学生积极阳光的心态，否则，大多数学生都认为是幸福的事，然而在少数学生的眼中却是阴暗的，无聊的。只有教师有幸福感，才能传递给孩子们幸福，只有学生有幸福感，才是教育真正的幸福，只有教育的幸福，才能创造社会的和谐与幸福。

第三要有教学目标：做一个驾轻就熟的老师。最为现实的目标是最大限度地提高教学成绩，让学生享受到学业成功。教师与职俱来的理想就是学生个个成绩优异，学生从进校开始天然梦想就是门门功课都考满分，家长一生下孩子就是易长成人，清华北大。我们的教师应该想明白两件事情，一是只关注分数，不关注学生素质发展的历史将成为过去。二是未来分数这个词不会完全摒弃，但肯定不是评价的唯一。我们不必幻想教书不用以分数来考核我，那只是痴人说梦，也就是说只要有教学，就一定会有教学成绩，只是像以前精确到小数点的具体分变为 ABCD 等级评价。所以只要是教书的，你一定要有自己的教学目标。而且你必须尽力提升自己的教学艺术，与时俱进完善自我，为达成目标而努力。

重新审视专业发展。信息化时代教师的专业发展新思考：因为信息逐渐对称，教师从讲台上绝对权威的智者变为可以有的向导，技术给出色的教师更大的平台，更加便捷地获取资源，更大发挥才华的空间，也必将让平庸的教师倍感困扰，特别是让一些年龄偏大的教师无所适从。如何转变教师角色，如何激发教师终身学习动力，如何开展校本研修，如何善用信息化进行协同创新，如何将技术融入教学过程，如何创新教学模式等等，都是值得研究的现实问题，都是信息化时代教师专业发展要解决的一个个困难。未来教师专业发展目标是：要能用技术，多寻资源，巧于设问，善施教法，精于评价，易于沟通，乐于入群。

重新跨越"动机鸿沟"。2005年出版的《世界是平的》一书作者佛里德曼说过，数字鸿沟将在不久消失，很快几乎每个人都将拥有一个移动终端。但未来学家的研究表明，等那样一个世界到来之后，我们面临的是一个更为巨大的"动机鸿沟"。只有那些有自我激励的决心，能够持续利用一切数字化工具去创造、合作和学习的人，将会走在时代的最前列。十多年过去了，我们来看看，佛里德曼和未来学家研究表明是不是说对了呢？关于数字终端，这个目前中国的发展水平领先世界，我们几乎都可以有，农村老人卖菜的都是二维码了，数字鸿沟已经消失了。但教师害怕学生有手机呀，因为动机鸿沟的问题，学生用终端最大的动机是玩游戏。我用终端看特朗普那个疯子，一个世界上最有权力的疯子，还有厚颜无耻的拜登，他们的流氓、无赖言行，我相当讨厌，但还是让我不知不觉丧失自我激励的决心。还有前几年香港问题让我操碎了心，现在台湾问题让我夜不能寐，你们也想一想自己利用终端在干什么？

只要你有一丝一毫的空隙，一种强烈的冲动会让你打开手机，抖音、微视、视频号、百度、今日头条等，有音乐、有视频。甚至很难静下心来，看一看你久违了的几个有关教育的公众号，那需要多大毅力与勇气啊！我们甚至丧失了思考的时间，也丧失了研究教育的时间，于是我们忙得不亦乐乎，但也不知道忙了什么，我们还感叹时间都去哪儿啦！这就是要求我们重新跨越的动机鸿沟"。我用终端读了几十本教育专著，但这种跨越的过程极为艰难的。

重新确立学习内容。面对"互联网+"真正重要的学习内容。如试卷题：八国联军哪年侵略中国？学生答，"查一查百度你就知道了"。那么学点百度不能查的。把那些学生能自己解决的学习内容交给学生去学。所以我们必须想清楚三个问题：第一、我们教育的目标是什么。通过教育，培养学生面向未来的关键能力和必备素质，帮助学生更好地适应未来。第二、我们要有与时俱进的教学方法。充分利用"互联网+"调动学生学习兴趣与习惯让教与学更有效率。第三、我们要探索行之有效的检验方法。如何知道策略正确而有效，如何知道学生达到了教学目标。

目的显而易见，那就是我们教师不能总是作平平老师（我的定义是专业水平平平，教学业绩平平），而是要作研究型教师。今天你不生活在未来，未来你将生活在过去。因为未来知识已经不是老师引以自豪的专利，更重要的是你和你的服务对象要有获取知识的能力。也就是说你在培养学生终身学习能力、社会适应能力的同时，也必须培养自己终身学习、社会适应的能力。所以教师的工作越来越具有挑战性。如何让自己轻松地面对工作，始终要靠我们自己的方法与智慧。

做一个学生喜欢的老师。让学生喜欢是让自己轻松工作的首选方法与最大的智慧。《学记》有一句话："故安其学而亲其师，乐其友而信其道"。通常说的"亲其师，信其道"。学生只有在亲近、尊敬自己的老师时，才会相信、学习老师所传授的知识和道理。想象一下，学生一见到你走进教室，眉毛就长了三寸，眉头紧锁，诚惶诚恐，你让他的成绩怎么提高。所以教师首先要想明白和要做的事就是以最快的速度，让学生喜欢你的人，喜欢你的课，这也是教师职业生涯中过的第一道坎。怎样做到让学生喜欢，是一个复杂的话题，只言片语是说不清楚的，主要靠悟。我多年的实践与朴实地参悟有以下的一些方法。

眼里有学生。站在学生的角度去理解学生言行举止。苏霍姆林斯基有一句话"不要忘记自己曾经是孩子"。我有一个同行校长，我认为他可以成为教育家，因为他童心不泯。他没事了，和小朋友一起玩，观察他们的一言一行，一举一动，用最为通俗的儿童语言和他们交流沟通。也就是说他随时逗学生开心，学生很快和他成为好朋友。

心里有学生。对学生要有一份真诚的爱和持久的善良。

美国教育家托德·威特克尔说："不强求你喜欢每个学生，但要做出喜欢他们的样子。如果你的行为并不说明你喜欢他们，那你无论多么喜欢他们都没有用。"所以要表现，要真诚地表现，要具体地表达与表现你对他们的爱。一个温暖的眼神，一句关心的话语，具体而实在的帮助，都是爱的表达。持久的善良不容易表达与表现，但是恶毒会通过你的语言和行事风格暴露无遗，因为善良的反义词是恶毒。所以教师注重自己的言行修为，坚持没有恶毒的言行，几乎就是善良。

诚信为人正直处事。诚信正直代表一个人的人品，只有好的人品，才受人尊重，受人爱戴。处理学生成长过程中问题时做到宽严相济，不偏不倚，晓之以理、动之以情。孔子的学生对孔子的有个评价，"子温而厉，威而不猛，恭而安"。说明度把握得比较好。更为重要的是处事的艺术：看看陶行知先生的那两颗糖，一颗为了正义，一颗为了知错能改的故事。假如我们遇到有一个学生，为了保护一名女同学而用砖头砸伤别人的头会怎么处理，想一想对比一下，要智慧啊！

还有教师本身的态度的和蔼亲和、语言的风趣幽默、形象的干净阳光、行为的坦白正直、人格的无私高尚都是让学生喜欢的重要因素。

锤炼自己的教学艺术。它包括课堂教学组织管理及授课艺术，师生关系处理、音色的质量、音调的抑扬顿挫、语速的疏密相间、教育的智慧等等。这需要我们在教学实践中博采众长，理论联系实际，创造性地锤炼自己的教学艺术，由磕磕绊绊到炉火纯青。我师范的时候，有一个物理老师，原来是教大学的，他的课没有几个学生听，提问题只好自问自答，因为应者寥寥，我有时过意不去，就主动配合一下，回答几句，但好像不着边际。考试的时候，很大一部分同学不及格。我分析了一下，水平挺高，大学教授，有学识。教学目标清晰，讲授有条有理。认真一听，语言挺风趣呀，并不是味同嚼蜡。问题出在他本身的音色上。声音太尖厉，听几分钟还行，超过 10 分钟，学生会自动形成保护性抑制。这是先天性不足，要改变真的是很难。怎么办？只有练，练声，然后用音调、语速来弥补。

敢于尝试各类教学法。如尝试教学法、渗透教学法、目标教学法、课内外衔接、群文阅读、学案导学等。紧跟时代潮流，学习技术。如："尝试教学法"是江苏省常州师范学校特级教师邱学华同志提出的，我在村校包班教学的时候进行了运用，教学效果良好。尝试教学法不是传统课型教师先讲，而是让学生在已掌握的旧知识的基础上先来尝试练习，在尝试的过程中指导学生自学课本，引导学生讨论，最后在学生尝试的基础上教师加以引导。还有我在上数学的时候运用渗透式教学法，就是在完成当日教学任务时渗透一点新的内容，激发学生思考，鼓励学生大胆探索，让课上得新不新，旧不旧，学生在不知不觉中，完成了知识的学习与建构。

创造富于个性的教学方法：我在村校工作的时候，因为班额小。根据现实条件创设了"随意教学法"。时间随意：一堂课根据学生问题讨论或兴致有时 35 分钟，有时 45 分钟；课间时间有时休息 10 分钟，有时 30 分钟，根据课间活动学生的活动情况。地点随意：冬天我们围着火堆上课，春天我们到山岗上去寻找春的足迹，夏天我们到松林里和着松涛朗读，秋天我们到田野上、草垛边、溪水旁、垂柳下学习。课堂随意：上课时允许学生自由发言，随意讨论，随时表演。作业随意：愿意多做的，能够多做都可以，可以提前做，程度差的可以少做一些。面对成绩差的学生，采用青蓝结对，兵教兵的办法。为提高学生作文兴趣及作文批改的有效性，我红笔随身带，早自习、下课、中午，只要见着我，都可以面批作文。我还研究教师上课的语调与表情对教学效果的影响等。

云阳中学教师张小平，把高中数学上得绘声绘色、趣味盎然、炉火纯青、独树一帜。他很有文艺天赋，上到兴头的时候可以手之舞之、足之蹈之。他有一种独特的魅力，让学生对数学产生浓厚的兴趣，自主学习。他的教学业绩给他带来了诸多荣誉。硕士研究生导师，二级教授。国家"万人计划"领军人才（教学名师），入选首批重庆英才计划名家·名师（全市和高等学校一起共 9 人），享受国务院政府特殊津贴专家。获国家数学教育最高奖——"苏步青数学教育奖"一等奖（本届西部地区唯一的一等奖）。重庆市人民政府授予特级教师、重庆市名师，重庆市有突出贡献的中青年专家，重庆市先进工作者（劳模）。教无定法，但一定会有更优的办法，靠教育工作者去发现去创新去实践。

第四要有生活目标：做一个幸福的老师。季羡林是世界上精通于吐火罗文几位学者之一，吐火罗是民族名，也是地名，位于阿富汗北部。他经历过文化大革命的残酷迫害人生的大苦大悲，生命的跌宕起伏。他对什么是幸福的理解为：要有希望，有事做，要做成事，要有幸福的心态。这四点说得太好了。如果一个人看不到希望，做事就没有动力；如果一个人无所事事，那么就会空虚无聊；如果一个人做事总是不成功，那么就会丧失信心；如果一个人没有一个幸福的心态，即使他是幸福的也会无动于衷。其实拥有一个幸福的心态太重要了，人心不足蛇吞象啊！明代．朱载育作的《不足歌》道尽了人性的自然天性。

> 终日奔波只为饥，方才一饱便思衣。
> 衣食两般皆俱足，又思娇娥美貌妻。
> 娶的美妻生下子，又思无田少根基。
> 门前买下田千顷，又思出门少马骑。
> 厩里买回千匹马，又思无官被人欺。
> 做个县官还嫌小，要到朝中挂紫衣……
> 不足歌，不足歌，人生人生奈若何？
> 若要世人心满足，除非南柯一梦兮。

如果我们总是处在这种永无满足的心态之下，那就说明我们很难有一种幸福的心态，不修炼这种心态，你的人生就不会幸福，那你就很难给学生带来幸福，你的教育就很难是幸福的教育。

一个冬日里的星期天，下着小雨，寒风刺骨，我陪送夫人上街，遇到一位清洁工，边扫着街上的树叶，边哼着歌儿。我给夫人感叹，幸福真的是一种心态啊，与金钱地位不是绝对的正相关啊！

谢云著《禅里的教育》写了这样的故事。曾有人问佛祖："世间为何有那么多遗憾?"佛祖说："因为这是一个娑婆世界,娑婆就是遗憾!"看到他有些失望,佛祖又说："如果没有遗憾,给你再多幸福,也难以体会到快乐。"

我想佛的思想博大精深,但是我们也不能过分迷信,如果我们把教育生活中的不如意看成是命中注定的事,只是默默地忍受和承担,不去想法改变,那你肯定做不了幸福的教师。比如有的老师因为处理不好与学生的关系而烦恼痛苦;有的老师因为教学效果差而颜面尽失;有的老师因为缺乏管理学生的方法而毫无尊严。必须要静下心来,想法改变,而不是忍受。但是如果过分追求完美,一样也会造成不必要的困扰。

正确对待学生成长中本身的不完美,也要正确对待自己教育活动的不完美。不能因为一点点挫折就痛苦不堪,过分要求"称心如意",反而会使你的教育生涯变得糟糕。就像我们见不得白玉上不能有丁点瑕疵,学生一点也不能犯错误,这也不会让你的心态变得幸福起来。其实有的学生那种小错误、小顽皮恰恰是生命成长的可爱的精彩瞬间,作为老师要用一颗童心去看待与呵护这种积极的阳光的顽皮,而不是以一种暮气横秋的心态去思考而形成讨厌的心情。如果是这样,你很难有幸福的时候。

《百喻经》里有则故事:有个人养了250头牛,他放养得非常用心。但是有一天,趁他不备,一只老虎吃掉了一头牛。清点数量时,那个人发现少了一头牛,悲痛欲绝,无法接受。他想,现在已经少了一头牛,剩下的再也凑不足250头的整数了,这样留着还有什么意思,干脆都不要了。于是,他把剩下的牛群赶到悬崖边,全部推下崖底。虽然只是一个故事,在我们看来,不可理喻。但是在我们的教育活动中,我们有老师因为上课时一个同学违反了纪律，全班就不用上课了，老师在讲台上尽情谩骂，直到下课还骂意未尽。或者因为一个寝室一个同学熄灯后小声说话，把全寝室的同学弄到操场上跑操一样一样的。我说教育如同人生一样，是一门遗憾的艺术，指的就是这个道理。

宋朝的无门慧开禅师，为云门的"日日是好日"，写了一首传诵千古的诗偈："春有百花秋有月，夏有凉风冬有雪。若无闲事挂心头，便是人间好时节。"

看来我们教师的生活目标是不过分追求完美，少有闲事挂心头。那就要充分发挥"四自教育"的作用，发挥学生每一个个体的能动作用。

七、达成目标的方法和路径

要努力学习。 我入职前遍读各类教育杂志，准备几十张教育教学卡片，真的很是受益。在入职后的教育教学中，进入角色快，少走了很多弯路。

学得，学识靠读书。 "未来唯一持久的优势，是你有能力比你的竞争对手学得更快"——彼得．圣吉的《第五项修炼》。比较显著的例子是，当计算机普及过程，就是人们学得的过程，有的教师学得很快，他们在资源的寻找，现在教育技术的运用上就明显占优势，教学效果就优于那些学得较慢的教师，有的教师就是靠计算机运用这一项技能改变了自己的命运，我的身边不乏从村校到城里从城镇到省上工作的教师，但他们成功的背后就是他们勤学苦练的学得精神。

苏霍姆林斯基说："读书，读书，再读书——教师的教育素养正取决于此。"教师读书这个话题是目前网络上饱受诟病的一个事，认为一群不读书的人在那里教书。我还是认为这个说法不够客观，大多数教师还是爱学习的，不然的话，他也教不好书，但是的确有一部分教师已经没有了读书的习惯了，这就是动机鸿沟的问题。我还是提倡要博览群书，特别要读专业方面的书，你会收获豁然开朗或者游刃有余的感觉。因为书能化愚，有些时候你苦思冥想，不得其解的事，书中早就给你总结好，拿来可用。有的时候，跟着感觉走，其实行为是错误的，不知不觉中摧残了孩子的身心，读书可能就让你减少一些愚蠢的而自己浑然不知的行为。

魏书生开始教书的时候也是不怎么样，他说他读了 10 多本有关班级管理的书。李镇西从乐山被借调到成都，一个单身汉，所以有时间读了很多教育专著。他们的成功与学习密不可分。现在我们的老师每天都拿着手机在阅读，只是读的内容和方向出了问题。试问你的公众号里有几个有关教育方面的公众号，有教育公众号，你又研究了几篇与教育有关的文章。其实里面有的文章真的还是很有借鉴意义的。我们都知道一个成功的人总是有一双慧眼善于发现别人的智慧；也要用一颗谦虚的心去相信别人智慧；还要用一颗勇敢的心善于运用别人的智慧。他山之石，可以攻玉。

读书的时候我们也要学会甄别，特别是网络上的一些文章，有的可以说是水平太差，而且是充满了负能量。比如鼓吹什么教师不用评职了，不用搞教学研究了，不用论文了，不用教学成绩了。用心思考一下，时代的洪流滚滚向前，怎么会让消极负面的思想主宰，每一项管理机制的设计，都应该是引领大多数人积极向上的，只是机制会变得更加科学，更加具有激励性，不可能开历史的倒车。那种完全自由化的思想，认为工作你不能提任何要求，待遇还是要从优的自在逍遥的生活，即使到共产主义社会也无法实现了。

《论语·季氏》，前后句是这样的："丘也闻有国有家者，不患寡而患不均，不患贫而患不安。盖均无贫，和无寡，安无倾……"这句话按照字面意思来讲，就是说一个国家不担心财富少，就担心分配不均匀，不担心人少，就担心国内不安定。

这句话影响了中国几千年，在中国人的意识中，平均主义根深蒂固，成了民族的劣根性。而且长期以来稳定压倒一切，让一些人强为王，敢闹就有好处的思想得到滋生。这是对社会发展不利的，如果教育也走向这样，对一个民族是危险的。

共同富裕也不是绝对平均。所以必要的激励机制肯定是必须有的。

我还看到一则文章，说教师的平均年龄只有 58 岁，骇人听闻。居然有教师相信，至少有两名我熟悉的教师和我谈论这个问题，可见这些文章的负面影响力。现实是我县目前 100 岁以上的教师还有 6 名，高寿啊！更让人难以理解的是，这样的文章居然也有公众号推送，这样的文章还能影响一批人。

反过来思考：我们的所谓的学者、专家、名人，发表意见的时候真的就要慎重点啦。学术氛围我们希望达到百花齐放，百家争鸣的境界。但是我们不能为专而专，为特而特。你们的一句话让普通人无所适从啊！

李镇西《给教师的 36 个建议》中记录这样一件事情：一所普通小学的老师，读了一篇郑渊洁写的文章，对文章中"小学生干部制度是培养汉奸的做法"，产生了一些烦恼。他问李教师，马上就要开学，新学期又会重新对班干部进行选举工作，在此之际，班干部的设立到底有没有必要，如何去对班干部进行有效的引导，使他们避免成为一个"汉奸"。

当然李镇西也给出了很好的建议：他首先表明"不敢苟同"。

　　他认为无论小学老师还是小学生，绝大多数还是单纯的，没有郑渊洁想象的那么复杂世故，更没有那么阴暗与邪恶。他相信千千万万的小朋友担负起班干部责任时，心底是善良、纯真与神圣的。

　　他还用了苏霍姆林斯基在《帕夫雷什中学》中的一句话："为每一个人培养起善良、诚挚、同情心、助人精神以及对一切有生之物和美好事物的关切之情等品质，是学校教育基本的起码的目标。学校教育就要由此入手。"

　　作为读者，不论专家也好，名人也罢，他们怎么说不关要紧，重要的是你本身要有辨别事物两面性的思维，因为教育也是生活、学校也是社会，教师、学生都不是生活在真空中，不论是哪样教育方式与方法都可能产生真善美假恶丑的各种效果，教育的职能在于唤醒、引导、张扬真善美，抑制假恶丑。

　　习得，在实践中悟。我们很多学校要求老师写课后反思，但有的老师会发自内心认真完成，有的老师认为是一种形式，敷衍搪塞。一个人不能在同一个地方摔倒两次。善于反思的人，悟性会越来越高。很多方法要靠在实践中悟。比如魏书生的班级管理策略你都可以从书上得到，但是你为什么运用不出来他的效果呢？原因是多方面的，我小心翼翼地悟了一下。名人效应，受到国家领导人的三次接见，教育改革家，学生见你会眼睛发光的。他回到班上，学生不让他上课，只让讲他讲参加会议的经过，被领导接见的经过，想想那份虔诚，那份崇拜。想一想他没有出名的时候呢？我想成功并非偶然，那是多少智慧与汗水的结晶。比如他语言的循循善诱，待人接物的亲和力，班级决策的充分民主，做事方法的科学性。特别是他对教育原则的充分灵活地运用，如因材施教、集体影响原则等。比如：

让差生找自己的优点，让班上的学生坚持写 99 篇"学习是快乐"的主题日记。从心理学的角度就是不断地正向强化自己的优点，正向暗示学习是快乐的，久而久之学生优点就突显了，学习的心情就快乐了。

还有他特别的班级文化及精神文化的引领。如：人人平等和松、静、匀、乐。成绩一般的学生也能上讲台给同学上课，他讲了这样一个故事，有一次有八十多位人员的外地参观考察团来到他的班上要听课，正值一位成绩较差的学生上课，他并未有临场换将，体现了对学生的尊重，这需要教师放下心中的虚伪，拿出信任的勇气。这个学生还是按照平时的水平发挥，而效果是出奇地好。这些东西要每一个实践者在工作中去静静地悟。

我们身边有这样的教师，看上去非常能干，讲课的水平也不错，就是教学效果不拔尖。那么问题出在哪里呢？一是当事人沉浸在能力不错的错觉中沾沾自喜，不去反思自己在教学中的哪些不足，不去领悟别人成功的智慧与奥秘，认为别人只是比他用的时间多一些，所以班上的成绩比自己好，总是为自己的成绩差找客观理由。二是，当事人缺乏做事落地的习惯。课上完了就不管了，教学环节中的检查、督促、评价、辅导根本没有去认真完成，所以学生基础知识不牢固，教学成绩不理想。三是当事人有教育知识缺教育智慧，有一定教育方法缺教育悟性，肯定也会影响效果。

我走过的学校有一位叫张兴蓉的教师，长期教学成绩居年级第一，老师们都不愿和他教一个年级，因为不论你怎么努力，教学成绩难出其右，不可能冲到年级第一。大家都称她为张铁人，有的老师私下不服气，认为张老师只是比他们多用了时间。于是我带着这样的疑惑走进了张老师的教学过程。通过深入课堂、深入班级，我发现，首先是张老师能充分利用集体影响、因材施教等教育原则，充分利用循循善诱、"自主学习"的教学智慧，充分发挥自主、探究、合作学习的新的教学方法，充分利用自己的个人魅力去提高学生学习兴趣，充分务实科学完成教学的每一个环节。所以我在老师会上给她正名，说张老师是一个智慧的老师，不仅仅是你们说的只是多用了时间，她是在用心用情用智慧在教书，她班上的学生不仅仅是学业成绩优异，而且积极向上、自信阳光，你们看看她班上在参与学校各项活动各项比赛中都是名列前茅，学生综合素质都是出类拔萃。

听得，靠交流。听报告，听讲座，听有经验的老教师讲故事，听同事的意见与建议。

我在清华大学培训时，有一个叫曾军良的北京实验中学的校长，从长沙一所农村中学到山东再到北京当校长，每年至少读60本书，每天至少要跑步10公里，到北京定居了不能户外跑步，就在电视机前，边看新闻联播边跑步。清华大学的张学敏教授讲教学艺术非常精彩，他展示一下他的读书笔记，20多本，每一个字笔笔精到，一丝不苟，几乎是无一涂改。他们的个人经历很精彩，他们的讲座同样精彩，真的让我们受益一生。当然不是每一个教师都可以听到一些高水平的讲座，不过随着"互联网+"和智能时代的到来，资源极其丰富，只要你能跨越动机鸿沟，愿意学习，就一定能找到个性化的报告与讲座。

其实传统的学校教学研究也很有必要。记得20世纪80年代农村经常会停电，但是每周的常规教研活动，哪怕点蜡烛也要进行，绝不缺席，方式就是学习教学杂志上的理论文章，分组交流自己的教学心得、经验、故事。但是在调研中发现，我们的一些学校，完全被教师的意志所裹挟，业务学习时间没有了，教学研究的氛围没有了，教师只能是自生自灭，他们专业成长如何实现呢？

革命全靠自觉，但是如果作为教师生活成长的学校能够时时处处地为教师成长作好顶层设计，并能做好力所能及的帮助，那会为教师成为幸福教师提供智力支持。

这里附《凤鸣小学教师专业成长三年规划》希望对读者有所启示。

凤鸣小学教师专业成长三年规划

2016.8—2019.8

教师专业成长，即教师专业发展，它是指教师具有的与时俱进、可持续发展的教育教学能力。它要求教师具有更有效的教育方式，落实"立德树人"根本目的；要求教师具有更优的教学设计能力，促使课堂教学更加合理与高效。教师专业发展的根本目的是在教育过程中使教师和学生都获得成功。

没有教师的质量，就没有教育的质量！随着新课程改革的不断深入，教师角色的转换、教师专业发展越来越显得重要。教师的素养和能力，是胜任本职工作的基础，学校的质量、人才的质量，在很大程度上取决于教师的能力和素养。

一、教师队伍分析

（一）优势

1. 年轻有活力。全校教师共 157 名，平均年龄 37.2 岁。其中 40 岁以下年轻教师 106 人，占 67.5%。他们思维活跃，易于接受新信息、新事物，可塑性较强。

2. 学历全部达标。本科学历以上 67 人，占 35.8%，其余全是专科学历，达标率 100%。

3. 爱岗敬业。广大教师有着较强的集体荣誉感，有着为了学校的发展努力的传统和奋进的精神。

4. 教改推进扎实。教育理念、教学思想正不断在教师队伍中更新、优化，教师的角色正在发生可喜的转变。学校艺术教师数量充足，基本功扎实，具备培养有专长、有特长学生的能力。

5. 重视培养工作。教师间形成以"青蓝结对帮扶""骨干示范引领"为主体的青年教师阶梯式培养的工作系统，成为青年教师成长的摇篮。学校有县级骨干 38 人，校级骨干教师 63 人，占教师总人数 64.3%。

6. 制度较为健全。学校制度特别是奖励考核制度、培训培养制度完善，并得到了有效实施，制度文化已经形成。

7. 精神文化底蕴深厚。因历史以来学校在片区、乃至全县知名度高，故大家为身为"凤小人"自豪。

（二）劣势

1. 年轻教师专业素养不够。不少青年教师其实从内心并不热爱教育，之所以做教育完全是为了谋求一份职业。他们根本就没有自己的职业规划。所以无论是职业道德、知识储备等方面都还不够。

2. 年轻教师实践经验不足。教师的角色正在发生可喜的转变，但对新课改中所蕴含的教学理念还不能与实际的教学行为很好融合。而在教育教学工作中，学校对教师提出要求较多，帮助指导较少，有时会造成教师一些不适当的心理压力，工作的有效性就不明显。

3. 制度还需完善。学校已形成了对骨干教师的培养制度，努力创设机会使之尽快发展。但如何根据教师不同发展的需要，让不同层次的教师都拥有机会和空间，管理制度和评价体系仍需进一步完善。

4. 观念转变迟缓。教师普遍重基础学科方面如语文、数学方面的学习，忽视人文、社会和自然科学方面的知识，离复合型教师的标准还有较大差距。

（三）机遇

1. 就业和发展前景好。从大环境来说，教师职业的稳定性、绩效参公等大环境的改善，教师饭碗的含"金"量更高，幸福指数更高；从小环境来说，进城考试机会、学习的群体效应、敬业执业的规模效应，作为城郊学校应是学校较为理想的。

2. 社会及家庭的认可度高。近年来，凤鸣小学的教学质量得到上级、同行和社会的广泛认可，附近乡镇的孩子以进凤小学习为荣，办学溢出效应好，凤小教师的社会地位高。

（四）挑战

1. 工作量较大。临时性突击任务较多、班额足作业批改量大、管理方面的新问题等因素，导致教师工作任务繁重。

2. 教育教学研究意识不强。多数教师写教育教学论文是为了"评职称"用，较少花时间研究教学。年轻教师对于教学研究处于茫然状态，不知道"该如何为"；年长教师对于教学研究处于安然状态，"我年纪已经大了没有那么多时间搞什么研究，能教好书就不错了"。教师在具体的教学中，常常把握不好情境化、课堂合作、自主探究的"度"。

3. 缺乏"自我发展"的内驱力。因社会环境、背景因素如性别、年龄、婚姻状况、课程类别、职称、学历、收入等对教师职业的各维度有影响，导致年轻教师对教师的职业幸福感降低，积极态度受挫，专业追求懈怠。

二、教师专业发展战略

根据 SWOT 分析，发挥优势因素，克服劣势因素，利用机遇因素，化解挑战因素，立足当前，着眼未来，构建学校教师专业发展三年计划。

（一）战略目标

学校要引导教师树立终身学习的理念，创设有利于提高教师专业素质的学校文化，通过启动教师专业发展方案、深化校本培训、实施校本科研、青蓝工程、优化教研组工作等措施，整合教师专业知识，使之成为主动思考、自觉恪守、善于反思研究、乐于合作进取、勇于创造的学习型教师，实现教师教育行为的科学性、艺术性和个人独特性的统一，造就一批学科带头人、骨干教师，使教师不断自我更新、自主发展、自我实现，使年轻教师成熟，使中年教师优化，使老年教师与时俱进，确保每位学生都能接受优秀教师的教育。

（二）发展目标

1. 开展形式多样的师德教育活动。通过开展教育大讲坛，用身边的小事感染人，用平凡的精神激励人，继续在学校中营造良好的敬业爱生的氛围。

2. 上下联动，形成合力。结合学校三年规划，制定与学校总体发展目标相符的个人三年发展专业规划。

3. 继续开展校本研修活动。以"四自教育"和"凤翔课堂"对教师素质要求为目标，加强行政推动，强化教研组，名师工作室在教师专业发展中的功能，通过研修活动组织教师深入开展有效的教育管理与教学设计于教学策略的研究、课堂教学的分析与诊断、新教材新教法的应用与评价，提高教师的探索与实践能力。

4. 通过"走出去、请进来"的办法强化理论、培训技能、拓宽视野。鼓励教师积极参加县域内或者市级、全国的听课、理论培训，支持教师参加本科和研究生课程的学习。

5. 完善学校师资的自培。强调"因需设训"、因人施训"，关注教师人文需求，加强教师对东西方文化的了解，提高教师的文化品位。

6. 加强帮扶。通过日常课堂研讨、名师"传帮带"、青蓝结对促进教师专业发展，促进教师专业素养整体协同发展，形成金字塔式的梯队结构。

7. 探索个性化的教师发展多元评价。教师的现有状态为基础，体现个性的发展与需要，关注教师的未来，关注教师的成长过程，促进教师自主化发展。

8. 以课题为抓手培养教师科研能力。以问题为导向形成各个不同层次的课题，教师在参与课题研究的过程中，把教育教学实践中的经验及时上升到理论高度，内化为一种创新的教育教学能力。

（三）三年发展目标

合格教师。对象：见习期新教师。目标：完成优秀大学生到合格教师的转变。途径：学校选择骨干教师对新教师进行学科教学和班主任工作带教，根据合同要求开展传帮带的培养工作。主要标志：基本熟悉本校教育教学常规工作，有教育责任感，热爱学校，热爱学生。工作1年后能评为二级教师。

成熟教师。对象：教龄2~10年的青年教师。目标：完成合格教师到成熟教师的转变。途径：青蓝双向选择，自愿结对，在师德修养、教育理论、课堂教学、教育科研、学业管理等方面进行带教。主要标志：掌握各年级课程标准及教材内容和教学要求，学科专业知识扎实，能用心理学、教育学的基础理论来去指导教育、教学实践。

校级骨干教师。对象：教龄 6~15 年的青年教师。目标：完成成熟教师到骨干教师的转变。途径：选择富有教育教学经验的学科带头人、县级骨干教师担任导师，在理论学习、教育科研、学科教学、班级管理等方面进行指导。主要标志：学科教学和班主任工作形成自己风格，实绩明显；有较强的教科研能力和相应的研究成果；有较强的带教青年教师能力，被带教者成长迅速。

县、市学科带头人、骨干教师。对象：教龄 10~30 年的优秀中青年教师。目标：完成校级骨干教师到县、市级带头人、骨干教师的转变。途径：选择教育专家担任导师，参加高一层次专业进修，参与学校课程与教学改革，主持学校重点课题研究，承担培养校级骨干教师任务。主要标志：形成学科教育特色；完成 1~2 门自主拓展型课程校本教材开发；优良的教科研成果得到推广；在县内有一定知名度。届时能评为特级教师、市名教师或县名导师、名教师、学科带头人。

资深老师。对象：教龄 30 年以上的中老年教师。目标：完成教育教学经验的积累，指导青年教师成长。途径：回顾和阐述自己的教学经历，撰写教育教学经验总结或从教回忆录；组织青年教师拜师，研究他们的教学思想和教学风格，鼓励他们更新教学理念，学习现代教育技术。主要标志：教学思想和教学风格在青年教师身上得到延续，留下一批宝贵的资料（课堂教学实录、教育教学论文或总结、回忆录等）。

名师队伍培养目标：形成一支有一定影响力的校级、县级、市级和国家级的优秀教师梯队，并涌现出一批在课程、教学、科研、德育、科技、艺术、体育等方面有专长的特色教师。

三、主要工作举措

1. 在建章立制中寻求新突破

学校除了制订《凤鸣小学人才战略发展三年规划》、《凤鸣小学校本培训实施细则》以外。特别制订了《凤鸣小学教职工成长实施细则》，同时附教职工成长记录表，人手一张。其中加分部分有：论文、听课、上示范课、公开课、赛课、才艺展示、参加学术活动，指导类获奖、所教学科成绩等等。减分部分有：违规补课、乱订资料、十条禁令等相关内容，以及出现安全责任事故等。让教职工对自己一年的成长有一个清晰的了解和把握。

2. 把校本培训做实在

培训实行四定：定对象、定时间、定主讲、定内容。对象必须涵盖学校各板块的工作人员，时间纳入学校部门计划。比如每年的新教师培训：首先必须在开学典礼上宣誓，由校长领誓。然后有一个学校文化培训，内容有执行文化、责任文化、和谐文化、诚实正直良心文化等。学校规章制度培训：有专人负责培训学校规章制度，让教师了解制度、尊重制度、敬畏制度。其他方面培训：如班主任、辅导员、学生干部、保安人员、后勤从业人员每期都要分板块进行职业道德和业务培训。对全校教师每期进行计算机使用培训，现在我校教师上交材料都是通过网络上传，就是临近退休的老师也能够完成。对"四自教育""凤翔课堂"的操作要求作专项培训。

3. 积极创建学习型组织

校长是行政人员的组长，行政人员必须定时向校长借书。《赢在执行》是必读书目。同时，教师的必读书目为《做卓越的教师》《好教师在我身边》、各科的新课标。还有针对年轻人对网络的迷恋，我们新增了电子读书笔记。同时在学校网站上开设读书沙龙栏目，既方便又快捷，还增大了读书的容量。学校连保安都有读书笔记，每期要纳入考核。

4. 把传统的方法做灵活

师资队伍建设的方法走出去、请进来、专家引领、同伴互助。

县级培训我们是不失时机地在不影响教学的前提下尽量多派人参加。按要求完成国培计划。请进来，让专家引领。对改变教师观念和家长的认识起到了积极的作用。同伴互助，在教师中实行青蓝结对，教学效果好和教学效果差的教师结对，寻找提高教育教学质量的方法。以赛代训，学校每年组织教师基本功大赛，班主任辅导员基本功大赛，学科赛课，使一部分年轻教师脱颖而出。

5. 与实际工作目标结合

结合学校"四自教育"即"自觉文明""自我管理""自主学习""自我发展"，新课程改革落实到课堂的现实需要，组织对教师进行针对性培训。同时以问题为导向对学生进行专题培训，延伸培训，增强培训实效。

四、保障措施

（一）组织保障

成立以校长为第一责任人，教师培训部主任为执行负责人的"教师专业发展工作领导小组"，负责教师专业成长的规划、实施、管理、考评等工作。

（二）制度保障

建立教师专业成长档案，内容包括：根据《教师专业发展三年规划》撰写的教师个人三年规划，总结，参加校本培训的情况记录，听课笔记，教学随笔，上公开课的教案，教学点评，案例反思，个人课题研究情况，自制教具及教学软件，发表或获奖论文等。做好教师成长过程中的资料积累。

（三）资源保障

1. 资金保证

学校要多渠道筹措经费，在软、硬件加大投入的力度，为教师的专业成长提供必要的物质条件和良好环境。同时要拨出一定的经费，奖励在专业成长过程中的优秀者。

2. 师资保证

既要挖掘本校资源，充分发挥本校学科带头人、骨干教师的传、帮、带作用，又要面向校外，聘请专业人员进行专业引领。从而为教师的专业成长提供人力基础。

（四）其他保障

创刊《凤鸣声声》杂志，让教师的文章有一个发表的阵地。

腹有诗书气自华。快乐源于成功体验、源于不断成长、源于幸福生活。教师的专业发展就是学校的发展，就是学生的未来，民族的未来。

第二节 教师"四自教育"班级治理艺术

一个好校长就有一所一好学校，一个好班主任就有一个好的班级，一个好教师就能培养出一批好学生。多年的班级管理和学校管理，告诉我一个道理，干哪样工作都需要兴趣与热爱，才华和艺术。

我在读《伊顿公学的教育》一书时，引起了我的几点思考：

一是优秀的学生成就了优秀的教师。这句话初略一看，很有道理。可以反问一下，你是否胜任如此优秀学生的老师而不误人子弟呢？

伊顿公学是英国贵族学校，每年在全世界招生不超过200人。但伊顿公学规定，孩子一出生，家长就要到伊顿公学预报名，而且家长必须达到指定的学历，具有一定的学术成就，否则不予申报。孩子到了13岁再去参加伊顿录取考试。想想看，这是不是世界上最苛刻、最激烈的入学竞争。在我看来，这也许是一种商业策划，既确保了生源质量，又提高了学校的知名度。而我们面对的生源质量，不可能和伊顿公学同日而语，所以我们的教育效果肯定也不可相提并论了。但话又说回来，如果让你去教这样的学生，你能让伊顿走出了大英帝国的19位首相，走出威灵顿公爵，走出诗人雪莱、丁尼生，作家菲尔丁、乔治·奥威尔，经济学家凯恩斯，还有世界诸多国家的皇室子弟。哈哈，不可想象吧！

二是这么优秀的学生，伊顿又是怎么培养的呢？有什么特别的做法。王开东有一句话"伊顿公学有很多石破天惊的做法，能够让我们的教育开眼、开光、开智。"伊顿公学一共提炼了十大经典品格，对学生进行涵养和蕴藉，分别是：独立、个性、友爱、忠诚、尊严、勇敢、传统、绅士、幽默和使命感。想想这些品格是不是一个人面对未来社会的关键能力与素质呢？是不是培养目标非常明确呢？伊顿公学不以奢华取胜，不以大楼取胜，而以"伊顿品格"取胜。伊顿的使命是培养世界级领袖人才，号称贵族摇篮，但伊顿公学本身却不起眼，甚至简陋。伊顿公学最为人称道的还有"伊顿精神"：伊顿的校友，情同手足，无分彼此，永远是一家人！这点让我们可以思考的是，学校要有学校精神，班级要有班级精神，有了精神就有了灵魂，有了灵魂就有了凝聚力、向心力，有了团结一心、勇往直前的磅礴气势。

伊顿公学有一项大房子制度。凡是考进伊顿的孩子，不论年龄、种族、贵贱、贫穷，每50人分为一组，住在一幢家一样的大房子里，和一名德高望重的宿舍长（老师）住在一起，成为一个大家庭。宿舍长就是他们共同的爸爸妈妈。孩子可以自由地到爸爸妈妈的屋里打牌聊天，做饭用餐，嬉戏玩乐。

除此之外伊顿规定，每逢周末，每个老师都要带十位学生到自己的家里，与学生一起做饭，一起游戏，一起活动，师生敞开心扉，深入交流。这点李镇西也经常这样做的，他从乐山到成都后，经常利用周末和学生一起打牌、做饭、交流、活动、旅行等。和学生建立了浓厚的感情，教学效果相当的好。

2019年我在北师大培训，有幸参观了北京大兴区大兴小学，这个学校最有特色的是绿色教育，和驻地部队一起种西瓜，同时学校四季有农事，校园地很多，有种各种花蕙的，种其他植物的，甚至还有鸡兔养殖。最让人震撼的是他们每个班的班级文化，有蚂蚁、有蜜蜂等名称命名的班级，学生都能对自己的班级宣言能够成诵。这其实是一种班级精神，也是一种班级文化。

三是从伊顿公学招生可以给我们启示：对家长的高期待，家长对孩子的高期待，家庭教育的质量提高，对学校教育的影响是巨大的。可以通过在家庭中开展"四自教育"活动，提高家庭教育水平。

我在东北师范大学学习的时间，参观了长春实验小学，校长在经验交流中谈到，要教育好学生，必须先教育好家长。他们通过办家长学校，培训家长的教育方法，更新家长的教育观念，提高家长的育人水平。重庆市渝北区空港新城小学是一所很有特色的小学，校长陈中梅。基于家长督学的视角，从"督治、督质、督心、督行"一体化的思路，基于科学性、全面性、实效性构建家长督学"四维一体"的实践模式。有力推进家校共育工作。把学校工作全部向家长公开，让家长深度介入学校管理的方方面面，充分发挥家长的主观能动性，最大限度拓展了教育资源，家校融为一体，教育效果自然很好。

四是从伊顿班级的做法对班级管理很有启示：严格的校规、班规，集体生活，各种娱乐、体育、业余生活安排得满满的，时刻保持最好的仪态和着装，良好习惯和品行的培养等。我们应该对比我们学生在校的生存状态，找准短板，进行弥补，找准长处，努力坚持。

下面谈谈我对班级治理的相关话题：三十年来教育生涯，我时常听到教师感叹：我只教书多好啊！不当班主任，不批改作业，最好也不用评职称，当然不考试多好！其实这些都是朴素的美好的愿望。如果你教一辈子书，连一天班主任都没有当过，那会终生遗憾的。因为我从小学到初中，进行了认真的研究，你如果当了班主任，你所教学科的成绩，会比同类教师没有当班主任的平均成绩至少高3至5分。因为人性对权力的天然崇拜，会让你在学生心中的形象要高出普通学科教师。你上课学生会认真听，你布置的作业学生不敢不做，所以你的教学效果天然比其他老师要好一些。这只是从学生分数功利的角度思考问题。老师的成长也是从学生过来的，请问：随着时间的流逝，你们一定是记住了你的班主任，而对其他教师相对模糊。如果你发自内心不想当班主任，说明你对班级的组织能力管理能力缺乏信心，对班主任职业缺乏认知，对学生缺乏无私的爱。

多年来我想明白一件事，真要教好书、出成绩，必须涉及班级管理与课堂管理，有了管理就涉及育人了。管理没有巧，只要把学生扭得好，"扭"是重庆言子，意思是陪伴、或者工作细致的意思。我们很多老师在和学生相处的过程中，遇到了很多管理烦恼，总是无所适从，感觉缺乏方法和手段。下面这则故事，可能对大家有所启发。穷人问佛：我为什么这样穷？佛说：你没有学会给予别人。穷人：我一无所有如何给予？佛：一个人一无所有也可以给予别人七种东西。颜施：微笑处事；言施：说赞美安慰的话；心施：敞开心扉对人和蔼；眼施：善意的眼光给予别人；身施：以行动帮助别人；座施：即谦让座位；房施：有容人之心。古人的智慧博大精深，既然穷人都可以有这七种东西，那我们教师在面对学生时，是不是也可以至少给予七种东西呢？

在实践中我认为可以从班级治理的策略"八要两不要"让自己做清楚，做出效果：

要搞好和学生的关系。教师如果不喜欢你的学生，或者你的学生不喜欢你，那么你的教学成绩都不会太好。所以关系就是原动力，关系就是学习力，关系就是影响力。

哈佛大学最长的一项研究，四代人用了70多年的时间研究出影响人幸福感最大的因素是人际关系。可见要教好书，育好人，就必须要搞好和学生的关系：这个方面与个人情商很有关系，我们每一位教师因为自己人生经历是不一样的，有的情商高，有的情商低，有的有一种天然的亲和力，待人热情；有的却不苟言笑，为人刻板；有的谦逊和蔼，平易近人；有的唯我独尊，出言必伤人。怎么办呢？

学会颜施，从微笑开始。微笑是金，是开启心扉的钥匙，微笑是催生幸福的永动机，是人最美丽动人的化妆。多么经典的语言，把微笑描述得多么神奇，完全让我们每一个人心服口服。

中国有一句谚语：雷公不打笑脸人。意思是再厉害或再不讲理的人，也不打笑脸相迎的人。这就是微笑的力量。

（美）塔尔莱特.赫里姆小说《塔木德》第十四章"微笑是无价之宝"，不管在谈判中产生了怎样的矛盾，你都不会看到犹太人脸上的微笑少半分，就算气氛已经跌至冰点，双方不欢而散，你仍然会看到他们脸上挂着微笑，而且，这并不会影响他们第二天像什么事都没发生一样，跟你打招呼，闲聊。

尼克松说：一个人的微笑值百万美元。

日本商店招聘店员认为小学未毕业经常微笑的人比大学毕业满脸冰霜面容木讷的人机会大得多。

1988年11月柏杨在西安售书赠语：中国人请你笑一笑，笑就是美。中华民族其实是最友好的民族，是礼仪之邦。几千年来的礼教束缚，让人们言行有止，不越雷池。女人更要行不露足，笑不露齿。过分严肃的社会环境，让人们笑不畅快。1840年鸦片战争以来，百年的战争史生灵涂炭、国仇家恨，民不聊生，生活艰难。让中国人怎么笑得出来呢！新中国成立，妇女能顶半边天了，人们生活改善了，有尊严了，自然可以有发自内心的微笑了。

所以作为教师第一基本功就是学会会心微笑，特别是面对你的学生时。即使和你作对的学生，也要学会相逢一笑眠恩仇。这真的要练习微笑，要有意微笑，真诚微笑，必要时还要强颜欢笑。

关系建立在爱的基础之上。美国的一位社会学教授，曾叫他的学生到贫民窟去，调查200个男孩的成长背景，并对他们的未来发展作出评估。结论无一例外：这些男孩毫无出头机会。30多年后，另一位教授发现了这个案例，并根据当年的研究资料组织学生开展后续调研，结果却发现：除 20 人过世或下落不明外，剩下的 180 个学生中的 176 人，担任律师、医生、商人的比比皆是，都有成就。

惊讶之余，教授逐一拜访那 176 位成功人士，询问成功的原因，他们不约而同地回答："因为后来遇到了一位好老师。"教授找到那位早已退休的"好老师"，想知道她让那些孩子走向成功的秘诀。老太太满脸微笑，眼含慈祥："我哪有什么秘诀啊？我只是爱他们而已。"而正是这个"爱"，像冬日里的暖阳，温暖着 176 个孩子的心灵，让他们从此有了幸福的体验。

近代教育家夏丏尊说："教育没有情感，没有爱，如同池塘没有水一样。没有水，就不能成其池塘，没有情感没有爱，也就没有教育。"爱的方式千千万万，要根据不同学生的现实需要，才能走进他们的心灵。学生伤心时，你给他安慰，遇到困难时给以帮助，成功时和他一起分享快乐。教育是爱的和鸣，是理解和尊重，是心与心的呼应。爱其实并没有想象的抽象，细小到一个慈祥的眼神、一个友善的微笑、一声亲切的问候、一句真诚的赞美、一个友善的动作……

李镇西对学生爱的表现除了抽出时间和学生一起度周末，就是给有需要的学生写信，还有温言细语地和学生交心谈心。

我的学生生涯让我感动的记忆是，小学的伍玉清老师，她对我的生活照顾是无微不至，那个年代生活很艰苦，每天我们中午在学校蒸饭吃，但是没有汤菜，她会每天给我找点菜，如果没有菜了，她会给我的饭里倒一点酱油，真的是太难得了。我初中的冉林老师，生活那样紧张，每周学校伙食团才打一次牙祭，他偶尔会给我端上一个扣碗（盐菜扣肉）。我上小学一年级时有一位阙老师，有一次，冬天下雨路滑，我的鞋子湿透了，脚已经冻麻木了，他知道后，把我领到他的寝室，用温水慢慢给我热敷，在火炉上给我烤鞋袜。初中的邓伯平老师，他夫人病逝，自己拖着3个孩子，生活相当困难，有一次把我请到他家，自己下厨炒了两个素菜一个荤菜，其实就是一盘鸡蛋而已，他几乎把整盘鸡蛋全夹给我了，他的3个孩子眼巴巴地看着，我真的是好感动，感觉难以下咽。初中时有一次感冒了，李明俊老校长发现了，把我叫到他的寝室，亲自给我拿出家里的常备药，给我倒开水。他们多么伟大啊！这些都是师爱的点滴，虽然平凡但随着岁月的流逝而散发更加浓郁的馨香，成了一个学生永不磨灭的温暖的记忆，当然也内化为一个学生持久的正直与善良。

要充分相信并尊重学生。相信他们并发挥他们的主体作用，发挥他们参与班级管理的积极性。他们的"自我管理"才能会让你惊讶无比。

信任的力量：相传，在某个部落里，青年男子结婚，都要以自己捕捉的野牛作为聘礼，规格是最少一头，最多九头。部落酋长有三个女儿，前两个女儿都很漂亮，又聪明能干，都是被"九头牛"娶走的。第三个女儿不漂亮，很懒惰，一直没人来提亲。但是有一天，一个青年对酋长说，愿意以九头牛作为聘礼迎娶三女儿。酋长惊喜之余，赶忙说："九头牛太多了，她不值得的。"青年却始终坚持，酋长只好答应了他，这件事轰动了整个部落。

过了几年，酋长到三女儿家去，没想到正在举行晚会，一大群人围成圆圈，欣赏一位美丽的女郎载歌载舞。后来，那女郎又亲自下厨，做美味佳肴来款待他。酋长很奇怪，问那位青年，她是什么人，自己怎么不认识。青年回答："她就是您的女儿啊！"酋长很震惊："难道你是巫师吗？你是怎么把她调教成这样的？"青年说："我并没有调教她，我只是始终坚信她值九头牛，她也就一直按照九头牛的标准来做，就这么简单。"

回忆一下你的教育过往是不是有这样的现象：老师认为学生是什么样的，有时候他就真的会变成什么样。如果老师常常批评学生，这也不对，那也不好，学生就会变得愈加不好。

罗森塔尔效应，较高的期望，真诚的期待，相信学生一定能行，培养学生的自信心，唤醒学生的主观能动性，创新精神和创造能力。

面对新的班级、新的学生，师生关系一张白纸，成功教师的智慧表现在，不带任何偏见色彩，迅速走进学生心灵。对问题学生不囿于他们的过去，不发现或提醒他们的不足，不纠缠他的过去，只规划他的未来，总是表现愿意去相信他们，总是让他充满希望，总是表现发自内心真诚的期待。这样问题学生就有重获新生，从头开始的机会。用一种积极友好的心理去打造新的人际关系。奥地利教育家布贝尔说："当教育者赢得了学生信任时，学生对接受教育的反感就会被克服，而让于一种奇特的情况：他把教育当作一个可亲近的人。"

北京大学曾经对全班前5名和后5名的同学毕业20年后的成就做过一项调查，调查的结果是全班后5名同学的成就不次于前5名的。全班前5名的同学一般是教授或者科学家，但是许多企业家、社会活动家甚至政治家原来都是班级里名次不怎么样的同学。这个典型的例子就是余敏洪，他的著作中，谈得最多的就是他在北大的生活与学习，拼命学习把自己身体就拖跨了，成绩平平，但是后来他的成就却是让人钦佩。他在双减政策下表现出来的社会责任与担当，是一个教育人清醒与诚实，不是资本家的唯利是图。

我曾经教过一届小学毕业班，我粗略地统计一下，成绩前十名，与后十名学生，除几名考上学的学生有固定工作以外，其余的学生大多以经商为主，成绩较差的，情商较高的学生往往还做得大一些。所以，当教师的普遍心理是讨厌差生的，所以成功教师的智慧是，不要轻看班级里那些学习成绩比较差又有点调皮的同学。

尊重的力量：根据马斯洛的需要层次理论，不论成人与孩子，他们每个人都渴望得到别人的尊重。为了赢得尊重，成年人都非常努力地工作和循规蹈矩地生活；孩子们都认真地学习和努力表现。家长和教师要用最细腻的情感去呵护孩子那敏感脆弱的内心，给予孩子足够的尊重。具体表现为言语的尊重：如真诚回答学生的问候或问题。经常有这样的事情发生，学生非常礼貌地给教师打招呼或问好，有的教师爱理不理，有时鼻子哼一下，这是非常不礼貌的，必须做到亲切回礼。有的教师面对学生问问题时，说"这么简单的问题，还来问，上课干啥去了？"语气极为生硬，当事学生心里会怎样想，他还敢问你的问题吗？所以回答时语气相当重要，要做到态度柔和，轻言细语，让对方感觉到是出于理解的语言。对学生存在的问题要善意提醒，不总是厉声呵斥。行为的尊重：一个善良的鼓励的眼神，一个小小的举止，如伸出你的大拇指，或 OK，或胜利，或努力，或握握手，在学生需要帮助的时候，给以帮助等。

尊重，是一切人际交往的前提，但在亲子关系、师生关系中往往被忽视。

要公平处事。台湾作家刘墉曾说，伟大的老师就像磁铁，会公平对待每一个学生，不论它是大的铁块，还是小的铁屑。

不论优生与后进生都一视同仁。皇帝爱长子、百姓爱幺儿、教师爱优生，好像是天经地义。大多数教师会掉入天经地义的陷阱无法自拔。但是作为教师特别注意处事要公平公正，一视同仁。有的教师恨铁不成钢，差生错一道题，罚做五遍十遍，优生错了改过来就行，这就很不公平。记得我读小学的时候，我是班长，成绩优秀，班上来了一个留级生，成绩差，有一次，我和他因为课间争抢乒乓台的事情，发生了打架纠纷，其实都有错误，但是因为我的成绩好，批评得很轻，他因为调皮受到了严肃的批评，同时限制他下课打乒乓球，他为这件事耿耿于怀，甚至对老师怀恨在心。后来更难管理，发展为桀骜不驯，给班上女生写求爱信，再后来被学校开除了，有意思的是，他们后来真的结婚了。

一个班就是一个社会，教师要做到绝对的公平处事也是不现实的，因为每个人都会带有感情色彩，教师也不会例外。只是我们内心深处时时提醒自己要追求最大限度的公平，从感情对待到具体事项的处理，甚至包括处理时的表情与语气。比如，有没有这样的情况，同样是一个错误，我们对那个老油条是不是表现为鄙夷或者深恶痛绝的样子，而对于成绩好的同学，从心底选择原谅。如果能做到一视同仁，那你在同学们的威信就会大为提高，形象就会变得更加高大，处事就会让同学心服口服。

要以上率下。教师要率先垂范，要懂点政治。其身正，不令而行，其身不正，需令不从。要求学生做到的，教师一定要做到。

李镇西因为违反班规，几次罚自己扫地。《教育是心灵的艺术》中李镇西是这样记述的：新生进校之初，为加强班集体管理，我与学生们共同制定了《高87级（1）班管理条例》（以下简称《条例》）。《条例》在学习、纪律、卫生、体育等方面对同学提出了明确的要求，而且经我的提议，《条例》对我这个班主任也作了一些规定："凡每月对学生发脾气超过一次，或错误批评同学，或利用自习课讲语文，或下课拖堂两分钟以上，均罚扫教室一次。"于是，有同学感叹道："李老师了不起，竟能把自己放在与我们同学一样的位置上！"我说："犯了错误接受批评与惩罚，谁都应该如此。这没什么了不起。"《条例》实施不久，我便因错误批评同学而"犯规"。当天放学后，我二话没说，一个人拿起了扫把，在教室里干得大汗淋漓。这下，在全班引起了"轰动"："李老师太高尚了！"我却真诚而严肃地对学生讲："纪律面前，人人平等。老师怎能例外呢？这跟'高尚'丝毫沾不上边！如果你们老是认为李老师'高尚'，就已经把李老师视为这个班集体中的特殊成员，这是一种缺乏起码的平等意识的表现！"两年过去了，学生们逐渐接受了我的观点，后来我又因各种"犯规"而五次被罚扫地，大家都觉得这是很正常、很自然的事。

孙维刚，特级教师，北京二十二中数学教师、班主任。中国教育报2001年10月3日，有一篇专门介绍孙维刚的文章《折得东风第一枝》，说做教师，孙维刚做得轰轰烈烈，壮丽辉煌。说他太"神"了，"点石成金""出神入化"这些词用在他身上并不过分。

孙维则之所以名气大，除了班规比较严，教学质量特别好，而且执行时能率先垂范。一次，孙维刚的班承担了打扫一间旧教室的任务。房屋灰尘厚重，孙维刚怕学生们吸进石灰粉有碍健康，于是让全班同学到院子里去，自己戴上口罩进了教室并反锁上门，用长长的掸子在屋子里大干起来，学生们回过神来，使劲敲门他就是不开，等尘土落定，他出来已是蓬头垢面了，孩子们看着心痛地哭了。1993年的一天，孙维刚因在路上帮助一位摔倒的小贩，到校时晚了5分钟，他在黑板上写道："今天我迟到了，对不起大家。"然后走出门外，按照班规在凛冽的寒风中站了一个小时。

他们之所以能成名成家，不是因为他们有特别的过人之处，而是因为他们真的比常人学识才华高一点，要求自己严一点，处事为人细一点，责任意识强一点，教育方法活一点，爱生如子真一点，相信学生多一点，率先垂范实一点，生命认知深一点。

教师要做到以上率下，要求你的品德言行堪为师表，学识人格让学生心服口服。如果你不喜欢读书，你怎么要求学生爱学习；如果你不爱运动，你怎么去要求学生认真锻炼；如果你衣衫不整，你怎么要求学生衣冠楚楚；如果你蓬头垢面，你怎么要求学生爱卫生；如果你全无口德，你怎么要求学生不脏话连篇；如果你上课迟到早退，你怎么要求学生准时；如果你作业不改，你怎么要求学生按时完成作业。

要传递正能量。什么叫正能量？促使事物和生命生成发展的能量为正能量。是指一种健康、积极、向上的能体现社会正义和人格光辉的言论和举动。就是说教师的言行举止要给学生希望，给学生方向，给学生激情，给学生智慧，给学生自信，给学生力量。教师要传递正能量，才能带出积极向上的班集体。如果你对国家的大政方针，胡评妄议，你怎么去要求学生爱党爱国；如果你对学校布置的工作时时牢骚满腹，你怎么去要求你的学生令行禁止；如果你平时处事为人飞扬跋扈，你怎么要求你的学生友爱他人。教师必须要有家国情怀，组织意识、大局意识。必须对学校的决策与要求充分理解并真诚地执行，才能给学生树立正确的组织观念和集体主义意识。我有这样一个同事，自我意识特别强，老子天下第一，对任何人都不相信，对学校的任何政策都有抵触情绪，长期我行我素，其实他的生活本身是灰色的，很少有好心情，他的这种情绪，不仅影响了他的课堂，也影响他学生的情绪，他的教学效果一直都不好。有一个例子，一个教师把一个违纪的学生叫到讲台上，让他面向黑板，问："你看到了什么?"学生说："我什么也没有看到，眼前一片漆黑!"老师说："对了嘛，你的未来肯定是一片漆黑，毫无前途"。试想一下，这位老师传递的是一种绝望而不是希望。

我仔细调研一下，在教师群体中有四种人。一种是言语、行为都积极的人。这类人就是学校的太阳，温暖学校的每一个角落，照亮学生幼小的心灵。一种是言语、行为都消极的人。这种人就像团雾，所到这处，暗无天日，影响人们的视野，让人目光短浅。一种言语消极行为积极的人。这种人其实心胸狭窄，容易产生嫉妒心理，生怕别人比自己强，所以消极的言论就是他放出的烟雾弹，迷惑别人，而自己暗自努力，实现超越别人。一种是言语积极行为消极的人。这类人就是生活中华而不实，说话的巨人，行动的矮子，善于做表面文章，甚至阳奉阴违的人。我们的教师要对号入座，要规避自己的性格缺陷，努力做一个言语、行为都积极的人，那是满满的正能量，那么其本身的生活一定是幸福阳光的，给学生一定是温暖的向上的精神力量。

要学会言施： 就是要学会赞美，说赞美安慰的话。沙士比亚有这样一句话："赞美是照在人心灵上的阳光。没有阳光，我们就不能生长。"赞美学生的优点，用显微镜去发现每一个学生的优点，然后用真诚的语言去表扬学生。赞美是一种美德，赠人玫瑰，手有余香，一个发自内心的赞美，会让学生开心一天，记住一辈子。记得我刚上一年级的时候，我的数学成绩特别好，几乎次次 100 分。但开始的时候，语文背诵都没有问题，但听写会出问题，就是俗话说的唱月亮光光。有一次因为听写错了几个字，放学了被教师留学，同时留学的还有几个学生，当时学校离家较远，而且因为正在修公路，要绕很远的路程，看到同伴都走了，心理非常着急，突然有一个同学哭了起来，说自己肚子疼，我也跟着举手说："老师，我肚子也疼"。老师对着那位同学说"你肚子疼肯定是装出来的，张同学一看就是真的，你看别人平时成绩那么好，你的成绩那么差"。其实那位同学肚子疼不知道是不是真的，但我肯定是撒谎了。从那以后，就因为老师的那句赞美的话，我除了数学成绩一直好以外，语文的听写再没有被老师留下来，这就是赞美的力量，关键是这件事，我现在还清晰地记得。

学会赞美体现出自己豁达的胸怀和气度。

我们传统的老师不习惯赞美别人，总是通过批评甚至挖苦学生来迫使学生成长，其实赞美比批评给学生的影响更为深刻。清代学者颜元也说过："数子一过，不如奖子一长。"这是讲赞扬欣赏的激励效用。

心理学家威谱.詹姆斯说："人性最深刻的原则，就是希望别人对自己加以赏识。"赞美可以树立学生的信心，可以成为学生努力的动力。

赞美是一种艺术：你得去发现美，观察学生身上发生的细微的闪光点，赞美的语气一定要真诚，赞美的表达一定要恰如其分。特别是注意反话正说的使用。卡耐基是美国人际关系学鼻祖，他说："时时用使人悦服的方法赞美人，是博得人们好感的好方法。记住，人们所喜欢别人加以赞美的事，便是他们自己觉得没有把握的事。"老师的赞美要达到让学生感觉到自信。

除了老师要赞美学生，教师也要教给学生赞美的方法，让他们在日常生活中去赞美别人，让你班上的学生生活在赞美之中。我们语文教师可以给学生出作文题目《我的同桌某某》等，让他们去发现别人的美，表达美。在赞美声中成长的学生是自信而幸福的。

要艺术处事。处事刚柔相济，恰到好处，做到知行合一，言行一致。林逋《省心录》中有这样一句话："和以处众，宽以接下，恕以待人，君子人也"。大体意思是用和睦和众人相处，用宽容相待下属，用谅解对待他人，这就是君子的为人。有了这个大原则，就不会有太大的偏差。特别注意对待学生不能做灭绝师太，手段强硬、不近人情；也不能做锦衣卫，心狠手辣、杀气腾腾；还不能作扶不起的阿斗，"相父，此等如何是好"？遇事六神无主，太过柔弱。在现实生活中，前两种类型的教师不在少数，第三种类型也有之。

艺术处事需要艺术说话。甜言慰语三冬暖，恶语伤人六月寒，喜时之言多失信，怒时之言多失礼。与人善言，暖于布帛，伤人以言，深于矛戟。《荀子·荣辰》。

说话注意分寸。多说良言、甜言、慰语、善言，少说厌言，不说恶语。教师要练就宽厚大气的人格，遇事沉着冷静，说话要略作思虑再出口，避免出口伤人，这是底线。注意说话语气，说话的语气比说话的内容更重要，同样的内容说话的语气不一样，表达的意思相去甚远。要尽量做到让学生感受到顺耳、亲切、尊重。即使是批评或者严厉的批评，也会让学生感觉是语重心长，虽然不舒服，但也不至于太难堪太反感。教师对学生说话的内容选择一定站在学生角度，坚持换位思考，设身处地为学生的处境着想。这样说出去的话，容易让学生从心底接受。当然也可以想一想自己的学生时代，那样说出来的话就会更让学生受到感染。言语中要透露出为学生未来思虑的善良，流露温文尔雅的教养。

说话注意场合。给学生尊严就是给自己台阶，表扬用喇叭，批评用电话。

恰当幽默。苏联教育家斯维特洛夫说："教育最主要的也是第一位的助手，就是幽默。"恰当运用生动有趣的语言，体现的是教师的教育智慧，有的时候，教师的只言片语的幽默语言，可以消除尴尬，化解紧张的矛盾，也可以活跃气氛放松心情，可以活跃学生思维，使教学内容变得易于接受，关键还让学生感觉教师可亲可爱。

要学会宽容。宽容能触及学生自尊心最敏感的角落——苏霍姆林斯基。我进初一的时候，有点小调皮，那个时候上两节晚自习，只有班主任会偶尔巡视纪律，我坐在第三排。自习课的铃响了几分钟了，但教室还是闹嚷嚷的，我看前面没有老师来，于是我就跑到教室后门，一看外面也没有老师，于是为了吓唬一下同学们，我高声嚷道："不要闹了，吴耀光来了"。等我缩回教室一看，班主任吴耀光老师已经站到了教室讲台上。全班哄堂大笑，吴老师也笑了。我认为这下可惨了，有点无地自容，尴尬地溜回到了座位上。准备接受吴老师的严厉的批评，但他并没有批评我，只是说，大家不安静，张同学才出此办法嘛。这件事除了难以忘怀，就是从此后我的放肆行为也得到了一些收敛。

不说大话。依章办事，不说你办不到的事情。比如"我要开除你"，能开除吗？明显有违义务教育法嘛，不是义务教育，开除学生也要讲程序，讲法规嘛。"给我滚出去"，他不滚你咋办？你那芊芊的细手，那柔弱无骨的身板，去拉他、去打他试一试，即使你能打赢学生，但是能打吗？显然不能。"给我把作业抄一百遍两百遍"，能抄完吗？请问他抄不完，你又怎么办？不是自己让自己下不了台吗？"给我跪下"，他不跪你能奈得何不？中国的传统是"男儿膝上有黄金"，"跪天跪地跪父母"，没有跪老师一条啊！做有违中国传统文化的事，恐怕很难吧！"去把操场跑

50 圈"，速度无法控制，根据学生的性格，有的学生真的正常地跑，有的学生应付着跑，有的学生拼命地跑，所以有跑操场跑死了学生的案例。姑且不说老师要因此付出代价，不合算，那毕竟是一条鲜活的生命，你恐怕一生会因此而内疚悔恨。

在我的教育生涯中还真的有这样一个案例，当时学校正在举行集体朝会，我班的一个学生在底下搞小动作，被上面主持会议的行政人员看到了，厉声喝到"某某，你给上台来"，他上去了，再一句"给我跪下"，学生怒目圆睁，坚决不跪下，那场面异常尴尬，无法收拾。我赶快走到他身边说："去我办公室站好！等会儿再找你算账。"会后，给他作了细致的思想工作，他感激涕零，20 多年过去了，现在我们师生关系仍然非常地密切。

不秋后算账。遇事及时处理，不能拖拉。当然有的事情需要冷处理的除外。想起一件事就处理，没有想起就算了，拖的时间长了，造成学生是非模糊，事情会越来越糟，处理的难度越来越大。还有就是，犯了另外一件事后，处理的时候去揭开他上一次的伤疤、"数罪并罚"都是秋后算账的表现，不可取的。

第三节　"四自教育"的运作机制

一、学校"四自教育"的运作机制

（一）学校成立"四自教育"指导委员会，指导全校"四自教育"推进工作，做到职责界限分明。各班成立由教师学生组成的"四自教育"管理委员会，负责管理指导班上"四自教育"开展的具体事务。

（二）学校自上而下提供系列机制、职责、操作规程，并通过自下而上建立一套师生通过充分讨论形成的考核机制、职责、规程和结果运用机制。如在班主任辅导员工作月考核中设"四自教育"专项考核。文明班级的评比中，学生"自觉文明"加分减分的相关事项，只要是学校德处或政教处处理的，必须记入班级考核等等。

（三）学校领导小组提供一套具体操作细则，给各班提供一个讨论增删的蓝本，不然教师和学生因为没有系统的思考而导致职责不明，操作细则缺乏操作性。

（四）申报"四自教育"培养学生核心素养策略的课题研究。

可以通过实践研究上升为系统理论，为农村教育提供最为草根的智慧。实行三步战略，第一步是以问题为导向，把用"四自教育"培养学生核心素养策略研究作为校级课题进行研究；第二步是把"四自教育"培养学生核心素养策略研究申报为县级课题进行研究；第三步是把"四自教育"培养学生核心素养策略研究申报为省级课题进行研究。课题研究还可以满足教师评职的现实需要。

二、班级"四自教育"的运作机制

（一）让全班同学充分讨论每一个细则，形成班级自己的机制，有项目必须有标准，有标准必须有操作流程。这本身就是培养民主意识的过程，也是培养情感态度价值观的过程，还是培养宏观思维和微观思考的能力过程。

（二）让学生竞争上岗，只有争取来的东西，他才能更加负责，只有学生感兴趣的项目，学生才不会感觉到厌倦。当然也可以民主加集中，教师可以适时调度，适时引导，适时优化。

（三）特别重视小组建设。必须选一个能干的小组长。小组组织建构要清晰，人员职责要明确，小组文化应鲜明，小组精神应有自己的个性。如小组誓言，体现平等的生生关系，体现以人为本学习场境。

（四）在执行细则时，班级管理委员会要做细致的思想工作，让当事减分的学生充分认识到每一个标准意义，充分认识到自己存在的不足，并心安理得地接受规则的要求。必要的时候教师要出面进行道理说服和心理疏导。

（五）给学生以时间充分总结。学校每天给学生调出 10 分钟的总结时间，让值日班长总结当天的相关情况，强调重要事项。总结稿的拟定教师要给以一定的指导，通过总结，澄清认识误区，重温规则要求，训练规则意识，并让总结更加艺术更有效果。初高中可以安排在晚自习进行。

网络上有这样一篇高中学生总结稿，堪称天花板式的演讲。我想很难有哪位老师有学生如此细致的观察，能总结得如此幽默而又表现出语言艺术的才华。

同学们：

耽误大家几分钟时间，我来做一下昨天的一日总结。

昨天迟到的有董同学、刘同学、李同学，请假的有张同学。高效的一天从早晨的大声诵读开始，从政治多姿多彩的文化世界到语文古色古香的论语天堂，同学们大都精神饱满，声音洪亮。但仍有同学窃窃私语，交流问题，注意力不集中，被检察员所逮住。希望下次能够有所改善。且针对于昨天一天的课堂情况来看，我发现这样一个规律，文科的课堂比理科的课堂大多较为活跃，此活跃非彼活跃。如果把理科课堂比作紧跟老师步伐，然后思维敏捷，生怕漏下一个知识点的话，那么，文科课堂，相信大家在思想上都会有所懈怠。比如说会和老师开一个小玩笑，与老师互动较多，的的确确起到了一个活跃课堂氛围的作用。但需要注意的是，不仅要仅存于暂时的欢声笑语，更多的是要把注意力放在老师所讲的题目上，以及需要记忆的题目上。

就好比从昨天的政治课堂来说，上午的政治课大家就很明显进入课堂的状态较慢，然后晚上的晚自习，大家仍然有老师已经进入了下一个知识点的讲解，但大家很明显，还有大部分同学停留于上一个玩笑当中，非常开心，无法自拔。

总结完昨天的课堂情况，再跟大家分享一个应该都不知道的事儿，就是昨天，好像是上午第三节课，上午，有位同学，就在我面前伴随着上课铃的响起，在我面前嚼东西就在那里吃，然后他可能是下课吃，然后上课铃打了，他还没吃完，然后就在那嚼。然后我就问他，我说你好歹当着谁的班长的面，你收敛一点是不，然后他给我的回答是这样的，我没嚼，我含着。然后其实这个是我听过所有反驳里面最高级的。如果大家想知道这么有水平的话语出自谁的话，大家下课去问问光影社社长。

最后，批评我自己未及时管纪律未及时擦黑板。表扬施聪仁、季建如同学帮我擦黑板，然后表扬李舒畅上课主动起立听课，表扬五组八组九组同学昨天的物理题目全部做对。

最后看过这样一段话，送给不久就要期中考试的大家。原来真的有人删掉手机里所有的娱乐软件，不管不顾任何东西，没日没夜地学习，就仅仅只是为了回到原来那个眼里有光，然后被赋予希望的自己。你要坚信，每一个想学习的念头都会是未来在向你求救。

我的演讲完毕。

第四节　校长、教师的关键作用

一、校长要有改革的雄心和魄力，持之以恒地推动

俗语说"老大难，老大难"老大出面就不难了。《尚书·说命》，傅说向商王武丁陈说政治见解，武丁越听越受用，准备照办，傅说于是说："非知之艰，行之惟艰。"意思是知晓这些道理并不难，要真正付诸实行就难了。亘古至今，执行力是管理者必备的素质，是成就事业的关键因素。傅说在"非知之艰，行之惟艰"之后还有一句下文"王忱不艰"，意思是只要大王心志坚定，那么将所知付诸实行也就算不得多难了。那么怎样才能心志坚定呢？《王阳明：一切心法》中阳明心学"真知必能行"，只要商王武丁"真知"了傅说的政治见解，那么他就能够以坚定的意志排除一切干扰去付诸实行，这样也就不存在"行之惟艰"了。学校工作也是一样，不论推行什么改革，都会遇到不同程度的阻力，有的阻力大，有的阻力小，只有铁腕校长才会勇往直前地执行，持之以恒地坚守，也只有铁腕校长才会获得更多的教师的拥戴，才会在群众中树立自己的威信，也才能成就一番事业。

《教学革命——蔡林森与先学后教》，我看了很受启发。

1994 年《中共中央关于进一步加强和改进学校德育工作的若干意见》提出素质教育这一概念，到今年有近 30 年时间。学校以学生要升学为借口，以强化训练、题海战术，牺牲学生全面素质发展来达成应试的目标比比皆是。同样是学校，洋思中学当时硬件条件差于多数学校的硬件条件。同样是学生，洋思中学的生源可以说也是差于多数学校的生源。为什么洋思中学能成功？

　　我 2006 年考察了洋思中学，当时蔡林森校长刚离任不久，通过了解，蔡校长有教育情怀，有使命感，有改革的勇气与魄力，不盲从、不抱怨，能吃苦，能担当，能想能干。洋思教师有变革的信心，有无私奉献、爱生如子的精神，有"没有教不好的学生，只有不会教的教师"的理念，有摒弃浮躁，严格执行"先学后教，当堂训练"的行动力。洋思中学做到了本是素质教育应有的教育生存状态，却被称为创造了教育的奇迹。这不得不引起我们每一个教育人的深思。即便是在现有体制下，只要我们的校长、教师敢创新、敢实践、敢担当，一切皆有可能，素质教育可以实现也完全能实现。

　　关于教育体制，我有自己的一些肤浅的想法。我当校长多年，我恰恰认为，不完全是我们教育体制有多大的问题，因为世界上没有一个至善至美的机制体制，有的只是执行机制体制方法的科学性。就连物理学家杨震宁都认为，中国的基础教育体制不能学西方，他认为中国的机制至少照顾了 90% 的学生，当然对 10% 的特别聪明的学生是有一定影响的。这说明我们在追求教育公平的最大化的同时，要优化如何培养出特别优秀的创新人才的办法，说明现有体制机制也有改进的空间，国家也正在作这方面的工作。问题出在我们执行的基层政府及教育行政部门和学校太卷了，功利心太强了，家庭社会的要求太高了。

　　我回顾了一下，1987 年参加工作，那个时候因为初中学位少，小学为了升学，老师开始双休补课，和学生同吃同住。后来普及九年义务教育了，小学不补课了，但是初中要补课呀，不少学校初三上 5 节晚自习，从初二开始周六周日寒暑假都要补课。后来初二不准补了，再后来初三不让补了，2006 年至 2007 年，我们的初中的走读生也不上晚自习了，在我看来，这也没什么了不起嘛，不能说教学质量就有很大的下滑，当然肯定高考和主城的比起来，上清华北大的等知名重点大学的学生数量上会有一定的影响。现在高二不补了，连高三也不补了，一切不还是过来了。主要还是一个心态的问题。以前主城的学生、区县城区的学生有社会补习班上，比农村学校的学生更有优势。但是现在补习班也取消了，大家相对心态平和些了，只要大家都不补了，家长、老师、学校也不会有太多担心的了，一切自然就又慢慢习惯了，内卷的问题相对轻一些了。良性循环可能正在开始了。

从 2001 年第八次课程改革，基本上从机制上，课程标准和教材体系对推进素质教育进行了顶层设计。但是作为教育人特别是广大农村的教育人，大多数还是在穿新鞋走老路，因循守旧，难以自拔。应该说现在的潮流是理所当然推进素质教育，但我们既无改革的勇气，又无改革的策略，还无改革的行动。还在为自己的行为找客观理由，好像是高考没有取缔，我们就无法实施素质教育。

可是大家想过没有，高考能取消吗？教书不看学生的成绩吗？教育只看学生的成绩吗？这些问题想清楚了，你就会认为推行素质教育，培养学生核心素养是每一个教育人理所当然的职责和使命，推行素质教育是每一个教育人可以完成也应该完成的教育历史任务。

我的感言：当了校长你就必须敢想敢干，勇往直前，没有回头路，你必须具有铁人一样的身体，对待自己的工作总是充满亢奋，你必须是学校的精神领袖，你的思想你的人格总是魅力十足。你要敢于改革，不能被少数人的意识左右了你前行的方向。你要敢于担当，不能被路途的荆棘阻碍了你前进的步伐。你要从善如流，执行改革必须要狠，对待师生你必须有爱。你要一往无前，原则范围外的不越雷池一步，原则范围内的你可以霸气十足。

其实一切皆有可能，教育改革，看你敢想不，敢干不，能坚持不，能长期坚持不。

二、科学的机制要靠科学的方法去执行

为什么同样一种方法，运用的人不同，产生的效果则大相径庭。如汨罗、洋思功成名就，南京、涿鹿却抱憾而止呢？原因就是执行的方法的问题。

"三疑三探"教学模式符合新课标要求，有利于培养学生发现问题、解决问题的能力，本可以得到实施。但是问题出在科学的执行上，一是当地政府以行政的方式全面叫停这项改革，是没有科学执行新的课程改革的简单粗暴行为。那些推进成效特别显著，师生满意，家长认同的学校，完全可以继续实施。二是作为教育局，在分析研判改革的形势上估计不足，在执行改革前培训不足，在推进过程中，指导不足，在出现问题时，处置不力，实际也是执行的科学性上的问题。三是因为学校管理水平和师资水平的良莠不齐，导致改革的效果自然是大不一样的，部分学校在推进的过程中出现操作不当，导致课堂混乱不堪，家长意见大，也是不能科学执行的问题。四是一种教学模式的推动，不是适合于所有学科、所有课型，所有教师，所有学生。（部分学校）很明显推进的失败是犯了教条主义的错误，当然也是科学执行的问题。

其实细节决定成败，我们有的老师会因材施教，因地制宜，创造性地发挥自己的教育智慧。有的老师则总是差那么一点点。我校龙海燕老师是市级优秀班主任，她把"四自教育"运用得炉火纯青，她所任的六年级班级管理井然有序，学生个个意气风

发，文明进取，全县质量监测，语文成绩位列榜首，那是一个乡村学校从未有过的辉煌历史，也是一个教师职业生涯的巅峰时刻。接任一年级，仍能延续"四自教育"的传奇，看看龙海燕老师的《"四自教育"之我见》，以一斑而窥全豹。

三、教师从思想上要相信这个操作系统有效

只有相信，才能心甘情愿去执行。如何让教职工相信，我是这样推介的。老师们：请你们回首自己几年到几十年的教学生涯，你们什么时候遇到这样一位校长，他能允许你们把自己要做的班级软件交给学生去做；他能允许你们把学生的家庭作业交给学生去改，你只负责了解学生作业完成质量情况就可以了；他能允许你们把班级管理的琐碎事务交给学生去做去管。他这样做是需要勇气的，他要承担因为改革，学生成绩下降的风险。但请你们绝对相信：按照"四自教育"操作系统操作，学生考试成绩可能会有波动，但不可能有大的下降。只要你能创造性执行，学生习惯会越来越好，学习的积极性一定会提高，学习成绩也自然会提高。可以肯定的是学生的综合素质一定会得到充分的培养，学生的生命状态会得到根本改善，这样办学也一定符合国家的教育方针的，这也是一个校长及每一个教育人应有的责任和担当。从我走过的学校，大多数老师相信了"四自教育"，运用了"四自教育"，享受了"四自教育"带来的前所未有的尊严与幸福。

四、教职工要有改革的信心和勇气，百折不挠地执行

2006 年，我在苏州挂职学习的时候，在上海虹桥机场候机，电视上余世维正在作"赢在执行"的讲座，通俗幽默，非常精彩，很快就吸引了我的注意。于是我就到机场书店买了一本《赢在执行》，回校后组织教职工学习，让行政人员单独借阅，作用是明显的。一家企业的成功，30%靠战略，40%靠执行，30%靠

运气。但是学校改革的成功，30%的战略，70%的执行，而不是靠运气。无论多么宏伟的蓝图，多么正确的决策，多么严谨的计划，如果没有严格高效科学的执行，就不会有改革的成果。所以校长要培养教职工的执行力。在推进"四自教育"的过程中，特别是开头，教师的指导事务要繁琐得多，学生在操作的过程中会出现这样那样的问题，本身学生的行为就是一个曲折反复的过程，有的老师一遇挫折，就失去推动的信心和勇气，又回到原来的方法，这样肯定一事无成，只有百折不挠地、勇往直前地执行，才能达到预期的效果。

实践中我还发现，有的老师推动的效果不好，一是因为没有严格按照操作系统的方式方法进行，还是凭自己的经验和主观意志进行，投简单走捷径。二是因为把"四自教育"当作灵丹妙药，药到病除，把机制建构完毕，交给学生就万事大吉，百事不管，那一定是会受挫的。必须科学执行、悉心指导，才能达到理想效果。

五、实施"四自教育"首先需要转变教育观念，树立正确的教育观、人才观、学生观、质量观

观念决定方向，观念决定方法，观念决定动力。方向比努力重要，方向的南辕北辙，你巧妙的方法，你无限的动力就会大打折扣了。

我们教育的目的是立德树人，科学的人才观是人人都可以成才，学生是发展的独特的能动的自主的人，教育的质量就是培养全面发展的人。在现实唯分数的观念下，立德树人变成了口号，被动德育与灌输德育成为主流。我们要改变这种观念，用"自觉文明"的操作体系达成"实践德育""练习道德"，让立德树人落实落地。改变唯分数评价学生，树立每一个生命个体都可以成才，让学生从"自觉文明""自我管理""自主学习""自我发展"的训练中成为全面发展的人。

有这样一句俗语"勤快妈养懒女儿"，细细想来，的确如此，就像现在很多独生子女，"衣来伸手，饭来张口""十指不沾阳春水"，养尊处优，这样的人生活能力弱。家庭教育的不足需要学校教育进行弥补。只有把学生能做的事交给学生去做，培养他们"自我管理""自主学习"的能力，才能培养学生的创新精神、实践能力和社会适应能力。我给老师和学生灌输一个观念：如果学生在班上小组长的岗位上干出色了，那他出身社会后，在村里作一个小组长、在工厂作一个小组长、办一个小企业带几个工人也就没问题了。如果在班上干好班干部的工作，那他今后在村里干一个村长、支部书记，工厂的部门作一主管，肯定能行。学生的道德品质提高了，他就是为社会的和谐发展作出了贡献，为民族素质的整体提升作出了贡献。学生的组织能力增强了，将来作一个小包工头，解决几个人就业，不给社会添麻烦，就是对社会的贡献。学生的综合素质提高了，他将来对社会的贡献就会越大。

六、任何一个操作系统，都不是万能的，只能在实践中去完善，去创新

教师是塑造人类灵魂的工程师，说明教师职业的特殊性和艰巨性。所以我说教育是一件遗憾的艺术，有规律可循，但也千变万化，所以教育的智慧只有在实践中探索与完善。给师生以创造完善的机会，肯定他们富有特色而有效的做法，丰富并完善"四自教育"理论系统。事实也的确如此，我们每一位教师，在实施"四自教育"的过程中，都有自己创新，相信教师的智慧是无穷的，我虽然提供了一套操作系统，但由于年级不同，班上的学生不同，班上老师的个人理念不同，他们因地制宜因人而异地调整方式与方法，达到完善与创新的目的，未尝不是一件有意义的事。

比如易晓丽老师在机制建设上针对学生学习习惯差，在"自主学习"方面减分的力度相当大，震慑力强。如："未完成作业减 20 分""字迹不公整减 5 分""作业未检查减 5 分"……在这种大力度减分下，逐渐解决了"难收齐作业""格式不规范""字迹龙飞凤舞""家庭作业应付了事，不检查"等诸多"疑难杂症"。慢慢地，长期坚持下去，孩子们认真做作业的习惯就在那减分中逐渐养成。估计是她的学生学习成绩长期名列年级第一的诀窍吧！

七、各学科必须统筹协调，考验班主任的组织协调能力，特别是初中高中科目较多

这些工作也可以交给学生小组去研究讨论，他们会根据学生各自的优势，进行合理化的分工。但是最后各科"自主学习""自我发展"的落实网络框架还是要所任学科的老师去研究定夺，班主任统筹完善。

八、不能把任务交给学生后，就百事不管，必须时时处处加以指导、督查

老师的角色边界必须要清晰，推行"四自教育"的教师由原来的领导者、执行者、督查者、考核者变为领导者和督导者。领导者要出思想、出规划、出机制、出方法，督导者负责过程督查指导和结果评估及运用。

九、项目责任流程的标准必须清晰

比如每一个项目标准要清晰，岗位的职责要清晰。比如，窗明到什么程度，几净到什么程度，厕所的卫生标准，花草养护到什么标准等都要具体而有可操作性。学校都有样本，各班在样本

的基础上进行讨论优化完善就可以了。

十、记录必须客观，考核必须落实

每一项记录都必须真实客观当事学生要认可，每一项考核必须按时落实，不然没有信度，影响学生的积极性。同时注重考核的结果运用，注意考核的激励性，探索激励方式的多样性。

易晓丽老师在积分结果奖励上有独到的见解，大家可以参考。

要想让众多的奖惩制度起到最大的作用，一定要重视积分结果的奖励。我们通常一个月累计一次分数，积分前30%名的学生将受到奖励。为了让学生保持一种新鲜劲儿，我们的奖励方式不断发生着改变。最初颁发"表扬信"，后来慢慢变成抽奖。为了让抽奖具有仪式感，我特意在网上购买"盲盒"，里面的奖项有"自由换座""免一次作业""积分加十分""享受老师借书权利""奖励一本课外书"……

盲盒抽奖的方式最受孩子们欢迎。临近抽奖的日子，孩子总是日盼夜盼。有时我也会故意找借口延上个两三天，其目的就是吊足胃口，让他们觉得奖励来之不易，要倍加珍惜。我的盲盒也受到了同年级老师的青睐，被各班抽来抽去已经开始损坏而"变型"。于是，我从本期开始，又变换为"刮刮乐"的方式让孩子刮出自己的奖励。

在实施中，为了提高积极性，我们也会酌情考虑极个别的孩子。比如，我们班向同学属于典型的"自由涣散"类，坏习惯的养成不是一天两天可以改变。从最开始的不交作业到后来的按时做、按时交，由开始的应付了事到后来的认真思考，确实变化极大。但是他有时桌子底下有垃圾被减"3分"，中午阅读会上不认真看书被减"3分"，没有检查家庭作业又被减分……所以每月他的分数始终在负分与正分之间徘徊。为了让他保持上进的劲头，我就给他许诺，只要累计分数时不是负分，哪怕是"零"分，就可以享受抽奖。还别说，从那以后，他各方面都有所改进，稳住了自己的积分，那月月末，他第一次享受到了抽奖。

又经过几个月观察，我发现有些学生像向同学一样，已经改变了许多，进步了不少，但是积分始终无法靠前；我还发现大部分优生都能抽到奖。为了让后进生很快赶上来，也为了让优生更优，我想是不是可以以PK组为单位，每PK组不管分数多少，只要把自己的对象pk赢了，就可以享受"抽奖"呢？这样优生会更想着赢自己的"对手"，从而更优；后进生不管分数高低也有希望享受到"抽奖"的权利。当然，这只是我的思考，我将会在下个月的评比中去实验，究竟哪种方式最有效，只能在实践中见分晓。

——易晓丽《有趣多变的奖励》

十一、教育改革不能被不懂教育的思想左右

这点是历次改革失败的血的教训，必须认真吸取。每一次改革都有杂音，有来自因循守旧的教师，有来自不懂教育的家长。首先改革推动者必须要有坚如磐石的意志，正确评估反对的思想根源，作细致的思想工作，各个击破，不能被不懂教育的思想左右了改革的进行。然后作精细精准的观念培训和操作培训，让改革能正确有效度地推进。

看看重庆市优秀班主任龙海燕老师的推进过程中的体会，这也是她在全校教育大讲坛上的经验交流发言稿。

"四自教育"之我见

龙海燕

"四自教育"即是"自觉文明""自我管理""自主学习""自我发展"四个方面。这是张校长在多年工作积淀中总结出来的一系列有关训练学生素质的理论财富。它的终极目的是让学生达到"自我发展"，同时又把教师的从繁锁的事务中解脱出来。

如何让"四自教育"收到良好效果，通过实践发现应从以下几个方面入手：

一、思想引领到位

让学生明白"四自教育"是提高自己各方面能力，全面发展的保障。它可以让自己思维更敏捷，学识更丰富，能力更强大，为人处世、待人接物等方面更优秀。总之，时时对学生进行宣传，让学生入心，入脑。

二、方法指导到位

"四自教育"到底让学生怎么做，我们要教给他们方法。如，"自主学习"，培养学生的学习兴趣，习惯，让学生学会学习，尽量做到先学后教，变被动学习为主动学习，大面积提高教学质量。

（一）养成课前预习的习惯

课前预习是提高学生语文"自主学习"能力的有效途径之一。作为一名语文教师要着力培养学生的这一能力，只有教师重视，学生才会重视，只有教师循序渐进、耐心指导，学生才会养成良好的预习习惯，

明确预习要求，注意方法指导。每学新课之前，我都会让学生回家自学第一课时内容，1. 课文，自学生字词。用圈点勾画的

方法找出文中的生字、新词及多音字，然后读准字音，认清字形，再通过查字典、联系上下文等弄懂难理解的字词，为进一步学习扫除文字上的障碍。2. 反复朗读，做到熟读成诵。3. 查阅资料，了解时代背景。4. 再读课文，感知大意。让学生在预习后能理清作者的写作思路，了解文章的主要内容。可重点抓住文章开头、结尾、重点段落、重点语句，从中有所发现。然后在书中批注感悟。

（二）养成早晨到校自觉学习的习惯

学生到校较早，老师还没到班上，如果学生没有养成自觉学习的习惯，就会在室内、室外玩耍，打闹，这么宝贵的时间却被浪费掉，多可惜啊！我会组织学生自觉参与学习，要么我会在头天晚上布置背诵内容，学生到校后，让学习班长或者小组长进行背诵检查，要么我会让学习班长提前在黑板上抄课外知识的好词好句好段的积累，让学生比赛谁的记忆力最好，要么复习巩固前面学习的知识，或者自己读课外读物。除此之外，我还要求纪律班长对那些进教室不学习，贪玩的学生做好记载，晚上放学后，进行弥补，把耽误的时间加倍补起来，这样坚持下去，学生逐渐养成自觉学习的习惯。

（三）充分发挥小组长的作用

当老师没在时，小组长要带领全组学生主动参与学习，可以讨论学习中的疑难问题，可以相互出题考考对方，也可以对一件事的看法进行辩论。

（四）青蓝结对一定要精心组合

不光是成绩好的与成绩差的，还要看他俩的性格，蓝方是否能带动学生，他们之间是否能互补，可以采取学生自愿组合，老师再适当调配。不是搭配完后就了事，老师还要时时关注他们的表现，发现问题，及时协调，帮助他们解决一些问题，让双方更有信心完成好任务。

"自觉文明"，要让学生知道常用的文明用语，礼貌用语十个字要记牢，自己的形象、言谈、举止，该怎么去做，尊师礼仪，孝敬礼仪，就餐礼仪，主动问候，主动排队等都要教他们。

"自我管理"，要让班级的事，事事有人做；班级的人，人人有事做。刚开始，一些事情都要教学生做，让他们明白怎样做才有实效。譬如，擦窗户吧，先应该将窗子上边部分的窗框及四周灰尘擦净，再擦玻璃，擦玻璃又应该先用半干的毛巾擦，然后用干毛巾擦，这样擦玻璃才会透亮无痕迹。

三、行动落实到位

要求方法教给学生后，最关键的督促他们做没做到位，刚开始，必须每天对学生的进行督导检查，譬如，"自主学习"中的预习这块，学生是否真的预习了，我除了查学生的作业外，重点查预习的效果，小学生的自觉性、自控能力还很差，如果教师的检查跟不上，学生就会流于形式，随便应付。因此第二天早上，我会对学生预习情况进行及时检查，先是组长检查学生是否完成，然后全班或者小组进行默写或者听写生词、多音字，能默写出的可给附加分，不能默写就听写。事后，组长带领组员及时批改，错的字词先说错在哪里，然后再订正。其他方面通过提问检查，小组交流汇报等方式来了解是否真的学习了。最后及时给他们评价，给予奖励加分。除此之外，我还要求纪律班长对那些进教室不学习，贪玩的学生做好记载，晚上放学后，进行弥补，把耽误的时间加倍补起来，这样坚持下去，学生逐渐养成自觉学习的习惯。

学生"自我管理"这块，我每天不定时查看，他们负责的各个板块的工作是否做得及时，做得到位。譬如，负责值日的学生，每天走进教室第一件事检查学生扫除是否做得干净，发现问题，必须马上整改。你的态度决定学生的态度。久而久之，学生会养成主动自觉地做好每一件事的习惯。

四、肯定表扬到位

无论是谁，做了事情，就应该肯定，做得好的，出色的，就应该表扬。只有这样，他才会积极主动地去做得更好。对于一个小学生来说，尤其重要，所以，我坚持对学生进行肯定与表扬，孩子做得好，除了给他加分外，更多的是在班上进行表扬，在同学中树立榜样，给他精神鼓励与物质奖励，有时，还让他给全班学生做点经验介绍。

五、小结与反思到位

在"四自教育"活动中，要坚持总结与反思。先由学生自己小结这一天中的所做的事情，哪些方面做得好，哪些方面做得不够好，做得不好的必须重新去做。再由小组长做全面的总结，将学生一周来的情况进行考核，评出"星级学生"。

总之，在"四自教育"推进中，守住小事、重在执行、持之以恒，抓纲务本、天天督查、时时指导、时时记录，常常反思、月月总结、期期进步。

chapter

03

第三篇

效益成果

"四自教育"：培养学生核心素养策略探究

第一章　学生、教师终身受益

第一节　学生综合素质核心素养得到训练

一、"自觉文明"助力学生德育素养的内化和全面落地

通过实施"实践德育""练习道德"，构建科学系统的监督评价体系、自律体系，既有正面标准，又有负面约束，每一个标准都对应训练学生的仁、义、礼、智、信、孝、勇、节约等文明素养。考核评价体系，让学生的每一个文明习惯，将影响班集体的考核，也将影响班主任和辅导员的考核。通过捆绑考核把教师主动管理和学生自主约束结合起来，运用集体影响原则让学生学会自觉文明。

通过学生自主讨论建立科学完善的自律体系、监督体系，这个过程本身唤醒了学生的民主意识。同时自己制定的规则自己遵照执行和传统学校制定规则让学生遵照执行效果是不一样的，前者让学生具有从被动服从转向主动实践的动力，比如让学生时时产生做好人好事的冲动和意识，并努力去做好人好事。让学生对分数的敬畏内化为自觉文明的习惯，不断提高文明礼仪素养。学生主动实践遵章守纪，主动践行儒家提倡做人的仁义礼智信起码的道德原则，培养学生言语文明、行为优雅的人文底蕴，涵养友

爱、自信、诚实、忠诚、正直、善良等品格。效果非常明显，让好人好事蔚然成风成为现实，让遵规守纪意识在实践中增强，让学生变得言语文明，行止优雅。我想十年二十年后，就成为了民族的法纪意识、道德意识、公民意识和文明素养。

看看我们老师和学生的一些体会可以说明一些问题。

在"自觉文明"方面，我们设置了学生文明习惯综合量化考核细则以及学生文明习惯养成记录。一年多来，孩子们收获很多，教室里干净整洁；自习课上他们认真学习，再没有那种无所事事下的交头接耳；出操时没有老师带队也能整整齐齐；上放学排队礼让主动问候。对于我们这样一所三千多人的学校，简直就像是一个奇迹的发生。

这一年多来，"四自"教育已经在我校所有师生心中生根发芽，就是我现在新接手的一年级学生，也在如火如荼地践行着"四自教育"。真的，如果不是身在其中，有谁会相信，刚刚步入小学不到一年的孩子，一切都是那么井然有序、按部就班。

在"四自教育"探索的路上，全校师生付出了智慧和努力，我们用自己的行动，收获了不平凡的成绩。今后的路还很长很长，我们所有的师生，会用凤小人特有的坚韧和踏实，在学校的带领下，去创造更加辉煌的明天，我坚信，别样的教育，一定会有别样的收获。

——邓浪《别样的教育，别样的收获》

我们变了

五年级五班　凌靖　指导教师　阮美成

"四自教育"让我明白了：没人督促的情况下要自己管理好

自己，能自觉主动地学习，养成"自觉文明"好习惯，做一个积极向上，全面发展的好学生。

说起来容易，做起来却很难。因为我们班调皮捣蛋的男同学太多，班上纪律差，所以学习习惯，文明习惯都很差。学校公示栏里，批评栏当中我们班的学生经常"榜上有名"。自从学校推行了"四自教育"，张老师让班上的学生人人有事管，个个有事做，还采取了一系列的加减分制度。比如：早自习时不打闹，能主动读书背书加 1 分，能主动拾取垃圾加 1 分等等。一个月后评比，班上前 20 名的学生奖励两元钱，后 10 名的学生写反思 400 字。同学们都不愿写反思，只有积极上进了！

看，现在我们做什么事都要考虑前后，不然后果很严重。我的同桌魏同学以前上课喜欢说话，作业老是做不好，因此成绩始终不能上优生。呵呵，现在可是大变样了。早自习，她读书读得津津有味的，我想问她一点事都不好意思。上课时，回答问题也很积极了，当然作业也会做了。去年期末，还是全县抽考，她的成绩还是优生哦，她的妈妈非常高兴，还说是我把她管得好，因为我俩青蓝结对。其实哪儿是我，是她自己想多挣分，努力换来的。还有吴同学，以前每次考试都不及格。不是他不聪明，是他太懒了，经常不做作业，很多时候课堂作业也不完成，原来的老师拿他没办法，基本管不了他。并且他还喜欢拿人家的东西坏习惯。张老师了解了他的情况，鼓励他，只要做一次作业加 0.2 分，坚持一周再加 1 分。一周不拿人家东西加 0.5 分。一个月下来，他居然得了老师 2 元钱的奖励，这真是破天荒的一件事。他越干越起劲，成绩提高了。现在，老师要求我们背的书他基本上能准时背完，他管理的教室外墙砖的清洁也从没减过分。没想到，"四自教育"如此神奇！

我也变化了，比如：上课的时候我敢举手回答问题了，下课后喜欢看书了，因为自主学习规定，作文当作范文念后加2分，我想把作文写好，这样加分快！原来我是喜欢玩电脑、看电视，最不喜欢的就是看课外书的。

做操时、集会时我们班纪律好了，升旗仪式我们班的艺术表演也相当不错。一次，我遇见以前教过我们班的冉老师，他说："你们班的孩子怎么变得这样能干了"？我笑了笑，说："是啊，我们班变了，越变越好了！"

二、"自我管理"涵养学生优良气质和必备的核心能力

通过做事、管理，达成了训练能力，锤炼素质。以前我们要教育学生有责任心，我们的教育方法是教师根据品德教材，按照常规课型给学生讲解，学生似懂非懂，很难真正让自己做一个有责任心的人。"自我管理"，学生在学校在家庭都至少有一个固定的岗位，而且职责明确，学生每天都必须全心全意地完成，班上有评比，让学生感觉为集体为家庭做了有益的事情，感觉到自己生存的价值和意义，每天都在练习责任与担当，长期坚持，自然就有了责任的意识，有了担当的勇气。同时学生通过承担班上的管理事务，在参与中必然要去和人交往、要去组织、要去管理、要去协调，这样每天都在实践中训练了自己的管理能力、组织能力、交际能力，练习中学会了负责与担当，锤炼了学生独立、勇敢、尊严、创新、幽默感和使命感等关键素质和阳光自信的领导气质。

有一天中午我一个人在办公室处理公务。几位同学落落大方地走进校长办公室，邀请校长参加五年级某班的跳蚤市场。我还真的参加了，那个热闹的场面，一件件精美的手工制作，一本本书籍画本，一件件可爱的玩具，一件件干净的衣物，像模像样的

市场。学生参与的热情很高，有的学生表现出来的那种营销口才，让人忍俊不禁又暗自佩服。培养了学生的交易意识，生活实践能力。整个活动全部由学生组织，井井有条。让我感觉"四自教育"激活了学生的灵气与才气，让每一个生命都绽放出不一样的光芒。

每一个班主任下去根据"自我管理"的要求，创造性地发挥学生的主观能动性，李凌云班上把每天的安全教育，纳入"四自教育"总结时间里，排出轮次，由学生总结当日安全提出安全要求。他们根据自己的独特的儿童视角和自己的生活经验，讲得非常具体而有针对性。学生执行效果要好得多，省去了学生最讨厌的脱离实际的老师重复与啰嗦。

总之，"自我管理"的推行，改变了传统管理中的教师"苦管、累管""人盯人，累死人""师生较量与内耗"的不良局面，同时训练学生的责任意识，培养学生管理班级的能力，培养学生协调自己与他人、自己与集体关系的能力，培养学生组织与实践能力，实现班级管理自主化和全员化。学生的优势潜能和综合素养在实践中得到提升。

看看教师的一些方法感悟，体会教育的效益。

全班每一名学生既是班级事务的参与者也是班级工作的管理者，如此这般，班级在众多"管理者"的负责下变得有条不紊、井然有序。当然，小意外偶尔也会发生。那天，在公示栏中，我们班公共区域被减了0.1分，我的"办公室主任"立马就找到了"劳动委员"查找原因。其实，那天劳动委员对公共区域确实已检查过，后因另外的班倒垃圾路过我班公共区域不小心掉了一张纸屑。班长向我解释时，也想出了他们的对策——劳动委员检查卫生不要去早了，稍晚一点儿，也可以去检查两次，以此来杜绝此类问题的发生。你看，一次小意外，就培养了孩子们遇到问题后主动分析问题、思考问题、解决问题的好习惯。

——易晓丽

　　完成"自我管理"任务的过程，既是为同学们服务的过程，也是教育同学们的过程；既是提高能力的过程，也是教育自己的过程。马飞龙同学在担任值日班长之后，学习十分积极，原来好动的毛病也已经改正了。他在谈自己的体会时说："我原来爱打闹，如果我不改掉自己的毛病，怎么好意思去管别人呢？"在上学期四年级的质量监测时，他还名列年级前茅。学校张校长及其他校领导和进步快表现突出的学生进行座谈并陪他们共进午餐的呢。

——刘朝英

培养"自我管理"能力之点滴

龙海燕

　　在"自我管理"方面，每期开学初，组织学生竞聘岗位填报自主管理竞争岗位表，并明确自己的岗位制职责，然后我会带领学生去实施。即教学生怎样去做，怎样做好。我做到了坚持"三勤"，即勤问、勤查、勤小结。教育的效果是前所未有的。

　　勤问：问本人，问他所负责的事情做了吗？（是指他在班上所管理的具体事情），问他排队了吗？看到垃圾主动捡起了吗？问组长，你们小组的同学所负责的事情都做了吗？问常务班长，你看见班上的同学都做了该做的事情吗？做到老师问，组长问，班干部问，其实，这一简单问就是对孩子们的一个提醒，孩子们会在你的提醒中去履行自己的职责。

勤查：对于不自觉的孩子光问不查是不行的，还需要我们去检查他到底做没做，做得怎么样？我利用课间等时间查课堂纪律，查"自觉文明"，查排队等等，发现问题，及时引导孩子纠正，做得好的鼓励，同时将情况告诉负责记录加分减分的同学作好记载。做得好的加 1 分，做得不好的减 1 分，同样由老师查，组长查，班干部查。

勤小结：无论再忙，还是教学任务没完成，我都会保证 10 分钟时间小结一下当天孩子们的表现情况。或是让学生自己小结，或是组长小结，或是老师进行小结。进行小结时，一般是有针对性的，好的，存在问题的，对那些主动承担班上的学习、纪律、卫生、路队等管理任务，工作出色，效果显著每项加 2 分；管理到位，每周加 2 分。（包括认真值日的学生）一个月后，再将孩子们的加分减分情况进行统计，按一、二、三的等级给学生进行奖励，孩子们的拿到奖励不但很高兴，而且更乐意去做好每一件事。

我给大家分享几个事例：有一天，早自习时，我正在给孩子们讲作业，教室外传来一声"报告"，原来是因看病来迟的冯盛兵，进教室后，他放下书包，居然拿着盆子和帕子又出去了，我没有叫住他，我知道他是去清查他所负责的公共区域的瓷砖了。这时，我在全班同学面前表扬了他，并给他加 2 分。还有王向荣同学，她所负责的是电灯门窗的开关，那天因病向我请假不能上学，请完假后对我还说了一句话：老师，你放心，电灯门窗的开关我已请 xx 同学帮我做。事后我同样在全班同学中表扬了她，对她虽然自己生病不能到校而没有忘记自己的职责，还委托别人帮她做，这种责任心强的行为给她也加了 2 分。

现在，我所教的一年级的学生，大部分学生都能主动履行自己的职责，而且做得很到位。门窗电灯的开关、晨检、排队做操、吃饭、回家、等等，都不需要我过多地操心。张洋是我们班的值日班长，他每天都会留下督促值日生做好扫除，并且和值日生一起打扫，在他的带领下，教室的每个角落都会扫得干干净净。我说，你可以不做，指导他们做就行了，可他说，我喜欢扫地啊，老师，你不是说，主动做事可以加分吗？对、对，老师肯定要给你加分。你看这个加分减分学生看得多么重要。还有胡慧宁同学，她竞争的岗位是文娱班长，可她做任何事都很认真，于是我让她兼任学习班长，每天早上她都能带领学生读书。张校长巡视发现后在教师会上表扬了她。我将张校长表扬她的事告诉了班上的学生，学生对她更佩服了，她的责任心也更强了。有一天，我们因开班主任会延长了时间，上课好一会了才开完，我想教室里的学生或者再打闹玩耍，或者在静静等老师上课，毕竟他们是一年级的孩子，当我还没走到教室门口，就听见教室传来朗朗的读书声，我走进教室他们读得那么认真，甚至没有发现我。我立即表扬了他们。我问是谁叫你们这样做的，他们异口同声地说——胡惠宁。有时，我有意去晚一会儿，同学们都能主动地参与学习。不光是语文课，其他课也一样。学生有这些好习惯，我好高兴。

只要我们认真坚持，反复训练，学生"自我管理"能力和"自觉文明"的习惯就会逐渐养成，他们会因此而终身受益。

对干预教师职业倦怠起到了积极作用：目标明确、纲举目张、精细管理、身累心不累。

一是班级管理目标明确、纲举目张。班上的人一人一岗，班上的事，事事有人做，班上岗位职责分明。不需要教师为一天要怎样管理班级管理学生而心烦意乱。有一个良好的心境去面对一天的工作，心理不再倦怠。

二是班级管理项目精细、执行到位。小组合作学习，可以说原来该教师辅导的，变成了学生自己相互辅导，原来学习活动教师亲历亲为变为让学生去策划组织了，减轻教师过重的辅导负担、组织策划负担，自然也干预了教师的身体倦怠。

三是班级管理上去了，学生"自我管理"的能力提高了，学生学会了管理、学会了组织、学会了交际、学会了相处，学会了做人，学习习惯自然好了，学习成绩肯定提高了，教师的成就感自然增强了。也就干预了教师个人成就感降低的倦怠了。

四是学生变能干了，变可爱了，教师自然就喜欢学生了，进而喜欢教书育人了，喜欢教师这个职业了。润物细无声地干预了教师的情绪衰竭。

教师的职业幸福感越来越强。学校的人文氛围越来越好。易晓丽老师自豪地说："自我管理"让我这个"董事长"管理班级变得轻松、愉快，享受到了从未有过的成功与幸福。

看看几位教师的感受：

在小学教育中，大多数老师在班级管理上事无巨细，都是亲力亲为。特别是面对具体问题时，都采取简单直接甚至有点粗暴的方式，结果往往使我们劳力伤神力不从心，学生对这种教育方式也早已产生了很强的免疫力。所以我们时常抱怨现在的孩子怎么这么不好教呀？自从张校长来到我们学校，带来了"四自教育"，为我们的班级管理指明了方向。

以前班里大小事都由老师管，现在突然完全放开由孩子们自己管理能行吗？我在班里选了学习较好，有责任心的 5 名同学分别担任"一日班长"由他们负责一天班上的日常事务，下午放学之前总结这一天的工作情况并给同学们提出建议希望在第二天乃至以后能改正不足。刚开始这5名同学不知如何下手，于是我每周星期一早上就组织培训，让他们明白自己的职责，将工作落实好，也才能带领大家把班级管好。当"一日班长"的孩子开始由于胆子小，放不开，工作起来畏手畏脚，于是我就激励他们，夸奖他们放手让他们自己去管理，充分发挥他们的主动性和能力。

现在你早上走进教室看到的是"一日班长"带领同学们在认真晨读，课间出操有序排队，食堂就餐文明有礼，放学排队回家井然……

"四自教育"在我们学校的推广，让我们的老师管理轻松了，心情舒畅了；让我们的孩子人人有事干，事事有人管，让孩子成长了。感谢"四自教育"！

——薛传英《感谢"四自教育"》

我可以放心午睡啦！
——"四自教育"让我的教育教学变轻松了
凤鸣小学　张晓丹

上课铃已响了好一会儿，可教室里还是喧嚣声一片，压根没有停下来的迹象，我这嘶哑的嗓子根本对付不了。没办法，只有用教鞭狠狠地敲击讲桌，孩子们才逐渐安静下来，一堂课已去了好几分钟了。唉……

这就是我去年下期刚接的班级的模样：因为老师走马灯似的换，孩子们的学习习惯，行为习惯很是恼火。上课时没有声嘶力竭地讲，下面的声音就会盖过你；回答问题张嘴就来，根本不懂得举手；做课堂作业时有站着的，跪着的，趴着的，真是千姿百态；每天的家庭作业，一般都有十来人不做，即使做了的，字迹也是惨不忍睹。早自习、午休时没有老师管着，即使布置了作业，室内外也是打闹成一片，时不时来个挂彩的。批评教育、鼓励奖赏、吼骂惩罚，我是齐头并上，但收效甚微。我已是黔驴技穷。面临县质量抽测，教学任务重，没办法，我和搭档老师只好每天轮流早起陪他们读书背书，轮流午休在教室陪他们午睡或作业，一段时间下来，我们两位老师累得疲沓嘴歪。

那段时间是最艰难的日子，父亲胃癌晚期我们几姐妹瞒着所有人默默承担着，班上的孩子又如此不省心要时刻关照着，表面上看似云淡风轻的我实则要累倒了。

还好，在这关键时期，新来的张校长把他在多年的教育工作积淀中总结出来的一系列有关师生管理的理论"四自教育"无私地分享了出来，大力在学校推行。老实说，最开始接触这个"四自教育"还是有点不放心，孩子那么小，他们能自己管理好自己，约束住自己，主动学习吗？这个方法适合初中能适合小学？

为了把自己尽快解脱出来，抱着试一试的心态，我开始了"四自"的第一步——竞聘上岗。嘿，孩子们居然很积极，成绩很差的学生也不甘落后。因为对孩子们不了解，我没按照惯性思维让成绩好的学生担当重要职务，而是根据观察适当调整竞聘岗位，好动且组织能力强的负责班上的纪律，学习成绩好的当然负责学习，默默无闻比较细心的负责清洁卫生，调皮捣蛋的负责安全等。为了调动积极性，所有岗位试用两星期，做得好的继续有奖励，做得差的轮岗。

　　根据班上的具体情况，我重点检查的是"自我管理"这一项。第一步初见成效后，后边的就顺理成章了。前两天比较新鲜，孩子们基本上能各司其职。走到教学区域，教室外没有打闹的学生了，进入教室，干净整洁，有朗朗读书声了，每天的家庭作业只有那么一两个人没完成了。我大肆表扬，上起课来也轻松多了。我暗自松了口气，默默感谢着校长的英明。可好景不长，这样的境况没维持几天，早自习时，走廊上有了打闹的身影，午休后刚进教室，告状的人络绎不绝，反映最多的是那几个特调皮的，为首的是柯华、方练、陈渝，这几个学生的小组长甚至提出了要求，不愿意和他一组，每天的纪律值日班长反映的几乎也都是这几个人，真是一颗老鼠屎坏了锅汤。怎么办？放弃？我刚尝到甜头呢！不行！教育的过程也是和他们斗智斗勇的过程。拿这几个"惯犯"怎么办？我是绞尽脑汁。自我管理不行，别人管理不服。

　　一次下课休息，我看见几个小家伙围着柯华正讨论着什么游戏玩法，看着他眉飞色舞的样子，我猛然想到，他不就是一个很好的管理者吗？于是，我把他们三个和原来分管纪律的学生一起分成三组，轮流管理午休，比赛看哪一组值日时班上纪律最好，以我们两位老师不定时查看为准。第一天，吃完午饭休息一会儿后我悄悄来教室查看，嘿，好家伙，教室里只有极低的讨论声音，大部分都在认真完成作业。站了一会儿，发现声音大了点，就听见柯华洪亮的声音响起："安静，不然我记名字减分了，声音顿时小了下去。"他自己呢，也在讲台上做得端端正正地完成作业，时不时望望下边，看看同学们的情况。我放心地去了办公室。后两组的情况也大致如此，这一回合，我胜了！

　　就这样，我们两位老师根据"四自教育"的操作体系，根据孩子的具体表现随时调整着，细化着，班上的孩子也在一天天变化，尽管随时都有反复，但和原来相比，已是天壤之别。我也能偶尔抽出时间回家陪陪父亲，能安安心心适当小憩一会儿。当然，期末对于得分较多的也有奖励，那就是作业减少，快快乐乐过新年。一学期下来，孩子们的成绩有了不小的进步。行为习惯比原来好了很多，下课、午休打闹现象明显好转，没老师时能自觉听写、读书、背书，不完成作业的学生也越来越少，上起课来轻松了，也是不小的收获。

如今，我把"四自教育"的每一板块都列出了具体要求及具体的加减分情况，将班上学生分成了十六个小组，每个小组长一份并附上每组成员表格，让小组长根据情况随时记载，一个月一评比。孩子们也逐渐学会了自我管理，自主学习，自觉文明，自我发展。上次的作文《我的老师》，有个学生这样写道：我们的张老师真聪明，她设计了几张表，让我们自己管理自己，还让我们组员与组员竞争，小组与小组竞争，她自己就轻松了。

呵呵！其实不是我聪明，是"四自教育"让我的教育教学变得轻松，快乐。早上，我不用那么早进教室，教室里依然书声琅琅；中午，我也可以放心午睡啦！

三、"自主学习"训练学生学习兴趣，习惯方法，培养了学习能力素养

首先解决了主动学习的兴趣问题，有了兴趣，就调动了学生的学习积极性、主动性、创造性。二是预习设计，解决了学生学习方法问题，如预习干预方法，培养学生发现问题、解决问题的能力，培养学生的学习力。三是学案导学全面落实新课程目标，运用自主、探究、合作的小组学习模式进行学习培养了学生探究

能力、合作能力。四是青蓝结对，解决了相互影响合作学习的问题。五是相互讲授培养语言素养、表达交流的能力、口头表达能力、倾听的能力，记忆能力。六是三分钟演讲，训练了阅读收集整理资料的能力，写作能力、演讲能力。七是诗文素读与晨读午诵解决了学生阅读量和知识面扩大的问题。

"自主学习"，助力学生在科学指导下形成学习力。"自主学习"不是单纯的教学模式，它是基于新课程改革、基于学生核心素养的实践探索范式，既有丰富的理论支撑，又有很强的实践意义。"自主学习"的六项活动与方式，都产生了神奇的效果。当然也为学生养成终身学习的习惯打下基础。提升学生的学习力，从而提高学生学习效率。

易老师长期保持年级第一的秘密：

为了培养学生早读自觉积累的习惯，我一般情况下不会进教室，但是我们班绝对是这里围着两三个，那里站着几个的方式进行背诵积累。唱歌铃响起后，我才走进教室，你放眼一望，站着愁眉苦脸小声唱歌的就是未完成背诵任务的同学，坐着笑眯眯唱歌的一定是完成背诵任务的（背诵任务就是必须积累一篇课文或自己摘抄的优美段落）。未完成背诵任务将会被减 5 分，但是如果当天上午，他利用下课时间把背诵任务补回来了，可以加 3 分回去，这样给孩子"改过"的机会，因为我们真正的目的不是减分，而是让孩子自主学习、自觉积累。我想在这个过程中，孩子们除了养成自觉积累的习惯外，还养成"即使有损失，一定要想办法去弥补"的好习惯。

——易晓丽

"四自教育"伴我成长

五年级三班　彭艾星　指导教师　程江云

记得四年级上学期，我们可亲可敬的张校长就大力推行"四自教育"。我们这些小不点儿在"四自教育"的训练中进步着，成长着，快乐着！

以前，我们班做得最不好的就是"自主学习"。同学们每天早晨来到教室后，大多数都在玩耍，打闹，或者是赶家庭作业，几个班干部、小组长也没有起到带头作用，不仅如此，他们自己还和大家玩起来呢，玩得还更疯狂！可是现在，张校长推行"四自教育"后，一切都变了模样。

那天，我急匆匆来到了学校，走到走廊，觉得非常奇怪：这些淘气的小点点儿哪里去了呢，是不是还没来呢？我越发奇怪，以前吵闹的五（3）班，竟传出了朗朗的读书声，声音是那么美妙！我走进教室，向同桌一打听，就知道了原因：现在，语数老师都分别制定了自己的早读方案。数学早读由彭精炜和刘岩科代表负责，语文早读由八名读书小组长轮流负责，如果有人不听话，记下名字酌情减分。这样一来，每天早上就都有人带领大家读书了。渐渐地，同学们能自觉晨读，积累的知识不知不觉增多了，成绩也就变好了。伙伴们，你们觉得我们的"自主学习"表现得怎么样呢？

……

感谢"四自教育"，让我们变得更加成熟！以后我们一定会将"四自教育"做得更好！不信，那就请多多地来"检阅"我们呗！

（一）形成了学校课前演讲的新常态。

早上学生来到学校，各小组积极行动起来，组织 1 名学生在小组演讲，小组点评，气氛热烈。语文课前 3 分钟时间，1 名学生在班上演讲。他们态度大方，表情自然，用洪亮的声音完整讲完后，学生老师分别点评，这是学校的日常。

比如李坤渝老师，她根据自己班里的情况，首先定好本班学生课前演讲的轮次，每天一位学生上台演讲。每天放晚学之前，将班里的演讲本传给下一位，他在放学后去准备自己第二天要演讲的内容。演讲内容根据第二天的上课内容有关。或背诵收集的古诗词、名言警句，或畅谈自己收集的有关资料，或讲述自己预习的故事，或来一段成语接龙……

李凌云老师根据不同的年级设置不同的演讲内容，有能力的学生让他做 PPT，让演讲更有生趣。

每个小组也排出轮次按同样的方式和内容进行演讲，每天可以轮 1 人，这样一周每个学生就可以轮一次，一学期下来就可以轮 18 次。这样日复一日，年复一年地锻炼下去，可以想象学生相关素质训练发展情况。

学校还将这个课前演讲的时间制定到了学校作息时间表上了，保障了演讲的落实落地。演讲活动的开展着实锻炼了学生口头表达、交际、思辨能力，开阔了他们的眼界，扩大了知识面，增强了他们的勇气，让他们变得活泼、开朗、自信、阳光。

附：课前三分钟演讲稿

班级之事

演讲者：何莉　指导教师：张晓丹

　　我在校园里生活了五年，每天都有许多的趣事，这些有趣的事儿，就像天上的星星一样美丽，又如小鸟的羽毛样绚丽多彩，不妨采撷一两羽毛亮亮。

　　那是发生在上周的一件事，这件事让我对同学们又有了新认识。

　　我记得那是在上课的时候，我们正津津有味地听老师讲课。一位同学肚子不舒服，便"哗啦"地吐了一地，臭味扑鼻而来让人实在受不了。许多同学都捂住鼻子远离他。这时，老师说："谁愿意去帮助他清扫呕吐物？""我、我"一位同学大声地回答。我循声望去，他正是本班最调皮的人一黄同学，我心里疑惑地想：怎么可能，他可是本班最不乐于助人的孩子，不但不乐于助人，有时还幸灾乐祸。今天他是怎么了，难道太阳打西边出来了？只见他飞快地跑去拿扫把，走到那位同学身边请他去自己干净的位子去，等同学走之后。他便认真打扫起来，咦，好奇怪看他的样子好像一点也不怕臭。这时老师说："好了，我们继续上课"大家也就自觉地把注意力从他身上转移到了老师身上。可我不经意间看到了他还在认真的打扫，完全没有以前的调皮。可又我真替他惋惜这么精彩的课，他却错过了，不过他的形象却在我心中高大了几分。

　　也就是这件事让我明白了许多：不要看一个人平时很调皮，却忽略了他本性的善良。我提议大家，以真诚热烈的掌声表达对黄同学的敬意！

这就是我们身边的事，也是一个团结班级集体中的事。

（二）落实预习管理与评价，交给学生预习的方法，培养了学生学习力，提高了课堂教学效率。

推行自主预习过程中，教师按低、中、高三个年段的不同课型精心设计课前预习单，这既是学习流程也是学习方法。如低年级的阅读课强调朗读课文、读写生字、自行组词、思考课后题、学会勾画。中年级的阅读课强调把课文读熟、自学生字词、并会联系上下文理解词语，积累自己喜欢的语段。高年级强调感情朗读课文，自学生字词并会用不同方法理解词语。会质疑，收集资料。同时通过家校联合共同做好学生预习习惯的培养工作。

在实践中我们欣喜地看到，学生原有的一些不良的学习习惯得到了改正，逐步养成了良好的课前自主预习习惯。他们不仅获得知识上的增长，更获得能力上的提高。如：在学习过程中已能够熟练使用工具书，自行扫除阅读理解上的文字障碍，查找解决预习问题的资源的习惯成为一种基本技能；养成了"不动笔墨不看书"的习惯，切实提高了预习、听课的效率和读书的质量，提升了学生的综合素质。多名学生在"重庆市读书征文活动"中获奖，在"全国语言文字规范化大赛"中获奖，在云阳县组织的"中小学生现场作文大赛"中获奖，在学校、片区、县级组织的演讲赛中获奖。更多的同学能主动在课外探索相关知识。

（三）学案导学的自主、探究、合作的教学模式，学生对学习的兴趣变浓了，课堂上积极举手发表见解的学生增多了，学生的课堂生态发生了变化，学习积极性显著提高了。

丁莉老师"自主学习"探索，有效提高了学生整体的学习效果。

强迫终非易事　自主方能成才
丁莉

摘要：本文回顾了本班实施"四自教育"之"自主学习"模式以来的一系列变化，而这充分体现了"自主探究"的优越性。

关键词：自主学习；探究学习；学习者中心；制度

"我认为林冲是个懦夫，他明明武艺高强，却忍气吞声，谁都敢欺负到他头上，这样的人，有什么资格能被称为好汉？"讲台上的学生慷慨陈词，自然也引起了台下诸多学生的反对。这是一次读书交流会的情境，而对于"林冲究竟是一个怎样的人？"这一问题的争论，已经持续了十几分钟。

而回想过去，这样复杂的关于整本书的阅读任务根本无法实施下去，学生主动性和自制力不足，积极性差一直是影响整体学习效果的主要原因。而在我开展的以学习者为中心的自主学习活动中，也往往课堂氛围沉闷，在师生互动问答的过程中，也反响者寥寥，这使我不得不再次回归传统的以"讲"为主的教学模式。新课标理念要求的活动化课堂、任务群学习始终难以实施。

如今的教学理念中，以强迫、灌输为主的教学模式效率是相对低下的，也只有充分调动学生自主性，教师才能更好地提高教学的效果。而在教学模式的转变中，得益于自主学习模式的有效构建，我也充分落实了新课标的"自主、探究、合作"教学理念，全方位地提高了教学的效果。

一、从动力入手，促进学生主动探究

为了培养学生自主学习动力，我尝试用多种方法调动学生积极性。在每节课的备课环节，我都试图从网络上选择合适的自主学习内容，一方面让学生感受到所学内容的趣味性，另一方面让学生了解获得线上优质学习素材的途径。如在《草船借箭》这一篇文章的教学中，我就先向学生播放了动画片中关于草船借箭的一集，再以任务清单引导学生自主学习。如第一个任务为让学生解决生字词上的问题，第二个任务则让学生分析其中的人物性格。而在第二个任务的完成中，我一方面让学生在课上探究，另一方面也向学生布置了作业，让学生充分联系整部《三国演义》，探究在整部书中诸葛亮、周瑜、鲁肃等人物表现出来的性格。而在这一过程中，我让学生观看了《易中天说三国》等其他的学习资源，让学生以合适的学习资料辅助了自主学习。

同时，我还定期开展了自主学习方法分享大会，自主学习小能手的评选活动，以教师评价赋予了学生成就感。而通过趣味的素材和教师自己的鼓励相结合，我有效提高了学生主动探究的积极性，在后续的教学过程中，我也发现学生在自主学习环节积极性更加充足。

二、从日常做起，给予自主学习时间

在自主学习模式的落实中，培养学生正确的习惯相当重要。在每节课的教学之前，我都给予了学生足够的预习时间。起初，我只是让学生完成较为简单的生字词部分的学习，而逐渐地，我将文章大意地探究，文章整体结构的分析也加入到学生自主学习的阶段。同时，在学生整体学生情况的收集方面，我也从单纯的预习提问变成了结合智慧课堂手段的前置作业布置与学情分析。而每次上课时，我都先观看学生前置作业的完成数据，再合理调整教学的内容。

同时，在每节课的教学之前，我都给予三分钟让学生进行演讲。基于"文化自信"素养的培养，在演讲的素材上，我以中国传统文化典籍为主。如第一个要求学生演讲的内容就是《三字经》，在这一过程中，学生逐句解读《三字经》的意思，并拓展其中的"周处除三害""孟母三迁"的典故。而在《三字经》学习完毕后，基于学生主动性的进一步发挥，我则放开了具体的典籍限制，让学生自由选择演讲的内容，这为学生展现自学成果创设了一个好的平台。这样，通过日常多种教学活动的开展，我有效给予了学生自主学习的时间，培养了学生自主学习的习惯。

三、从制度出发，引导学生相互监督

在过去，学生自制力不足往往是学生自主学习模式难以实施下去最主要的原因之一。而在如今的教学中，我从制度出发，以多种措施保障了学生自主学习活动能顺利地实施下去。在自主学习模式正式实施之前，我先组织学生以投票的形式选出了学习委员和学习督导小组长。在之后的教学中，学习督导小组长负责监督本小组的自主学习活动。并且，每天都将组内每个学生的自主学习情况汇报给学习委员，再由学习委员汇报给我。当然，为了让学习督导小组长与学习委员对班级内学生的具体学习情况记录更加方便，我还发放了评价量表辅助他们进行登记。

同时，我让两个学生为一个小组，开展了"青蓝一对一"的辅助与监督活动。在日常的自主学习中，结对的两名学生需要相互检查、辅导对方的学习，具体包括抽测听写、背诵、家庭作业、讲解错题和错题订正，指导预习，落实任务，共同制定学习目标等。而为了提高每个学生的积极性，我还为完成不同量任务的青蓝一对一小组提供了"自主学习小能手""自主学习达人"等不同的称号，并根据称号给予相应颜色的作业纸。在学生达到一定层次时，我还为学生发放了相应的奖章。而通过这样多种制度的结合，我有效引导学生相互监督，让学生真正地将自主学习活动落实到了日常的学习活动中，从而将自学活动坚持得更久。

在如今的教学理念下，以教师强迫为推动力的教学模式已然无法再满足要求。而通过一系列教学措施，我将自主、探究、合作的方法渗透到了日常的课堂教学中，而这也有效提高了学生整体的学习效果。在如今终身学习的理念下，唯有自主学习，学生才能成才。而在此方法下，也让我们一同见证学生更加健康、快乐地成长吧！

李琴老师讲道：自主、探究、合作学习在语文课堂中运用，我努力做到转变角色，把学习的主动权交给学生，把课堂还给学生，给学生充分的自主学习时间，创设自主学习的氛围，让学生的学习热情得到充分的发挥。

从学生的年龄特点和认知特点出发，留给学生足够的探索空间，提供给学生"学"的方法，通过课前预习、课上质疑、小组合作等具体环节训练学生的问题意识。学生不但掌握了方法，还真正把握了学习的主动权。在自主探索问题与解决问题的过程中训练了创新能力。

我尽量给学生创设一个轻松愉快、平等和谐的良好氛围，给他们提供讨论交流的机会，设计小组讨论，全班交流的环节，让学生做学习的主人，加强学生之间的交往和沟通，促进相互了解，同时对其他同学的思路进行分析判断，锻炼了同学们的交际能力，也增强了他们探知欲望，培养了积极思维的习惯。

总之，在课堂上，灵活利用各种有效的教学方法，激发学生的学习兴趣，把自主权交给学生，真正达到培养学生"自主学习"能力的目的。

（四）青蓝结对，让学生相互影响，相互激励，相互帮助，共同进步，充分调动学生学习的目标性、积极性，充分唤醒学生的合作意识、看齐意识。

青蓝结对的新发现。

在老师的指导下，我和小祥互相帮助，相互检查听写、背诵和作业情况，遇到他不会的题和做错的题，我首先自己弄清楚后，再给他讲解，直到他也弄懂为止。我们还一起制定学习目标，在遵守纪律和清洁卫生方面互相监督。

经过我们的共同努力，小祥的成绩有了很大的提高，也没有以前那么调皮了，我呢，因为在帮助小祥学习的时候，学习比以前扎实，也有很大的进步。看到这些，妈妈乐得笑呵呵的，我也尝到了青蓝结对的甜头。

——二年级　年涵睿《我尝到了青蓝结对的甜头》

"青蓝结对"使孩子情商更高
——践行"四自教育"之新发现

凤鸣小学　周厚荣

有时候和同事在办公室交流，都有相同的感受，那就是孩子一届比一届娇惯、很多孩子都以自我为中心。特别是前年第一次接一年级，让我有点无所适从。课堂教学倒还不说，令我头疼的是如何解决孩子之间的纠纷，让我力不从心、焦头烂额。每天都要上演几幕相同的戏码。一个或者几个孩子哭哭啼啼地来办公室告状"老师，某某把我打了！呜呜……"

"怎么回事？"

"他不讲道理，他就是喜欢打人。"

于是叫来当事人一开口就是"老师，是他，他先打我的。"

"到底谁先动手？""他……""他……"

不约而同地指责对方的过错。以"他"开头成了孩子们推卸责任的方式。我从一开始的烦躁到后来深思，我深切地感受到这是孩子们自我、自私、的表现。如果这种相处方式得不到正确的引导，后果会很严重。

正当我纠结于如何来改变这一状况时，学校提出了"四自教育"。"自主学习"里有一项"青蓝结对"。针对班级情况我是这样分组的：把一个性格相对开朗的孩子和性格相对内向的结成对，调皮的和强势一点的孩子结成对，学习成绩好的和学习困难一点的结成对，组织能力强的和能力稍微差点的结成对……总之将适合的结对，适时调整。

对孩子的评价进行捆绑，无论是学习还是平时的表现都是针对结对同伴来进行量化考核。一开始扣了分，同伴之间还互相责怪，眼看着其他小组的表现好。我每天抽课前时间正确评价和鼓励、引导，孩子们渐渐都能积极正确面对这种组与组的比赛。在学习上互帮互助，在常规管理中互相提醒。孩子们懂得了谦让、懂得了合作、懂得了共同进步。就连班里的"调皮大王"也规矩多了，还主动担任起班级卫生监督员。每天定时检查班级卫生，那眼睛"贼溜溜"地不放过任何一个乱扔垃圾的同学。我抓住机会使劲表扬他，他变得越来越懂事听话了。其他同学一看调皮大王都得表扬了，更不能落后。

最令我欣喜的事就是孩子们的矛盾越来越少了。打小报告的人也少了，来找我谈心、汇报工作的越来越多了。孩子们把从前的"他"句式也改成了以"我"开头的句式。孩子们连说话的方式也变得很有讲究，情商也越来越高了。其实，情商高不过就是孩子们的心里不只装着自己，而是时刻想着他人，或者站在他人的角度考虑问题。看到这些悄然而至的变化，我心里像吃了蜜似的……

不仅如此，每天的工作都落实到人头，在早读班长的带领下远远地就能听到孩子们整齐的读书声；卫生班长每节下课巡逻检查到位，教室里干干净净的；每天的语文积累和课前演讲也是天天有人展示有人摘抄；课间排队、就餐礼让、集合站队也有人维持秩序了。我是前所未有的轻松加愉快。

一直很羡慕那些把工作当事业做的人，他们一门心思扑在工作上很有思想，很多方法，理念先进，经验总结到位。无疑他们是成功的也是幸福的。渐渐地，作为教师的我幸福感也越来越浓了……

（五）相互讲授，让学生记忆的方式改变了，从而改善了记忆效果。

温故知新，大大提高了记忆的水平。讲授的过程就是思维条理化的过程，是组织语言、运用语言、顺畅交流的口语能力提升的过程。

数学老师朱军，通过"闯关激励"的方法落实学生的讲授，让教学效果大为提升。他从四年级接的倒数第一的班，到五年级上期期末成绩在全年级7个班中就排第一名了。

根据"四自教育"之"自主学习"中提到的学习金字塔理论，马上运用、教别人，两周后记忆率保持在90%以上，于是我推行了"讲授闯关激励"。

讲授闯关激励什么是呢？我是这样做的，在班上选10个左右的成绩好能力强的同学组成讲授闯关委员会，他们直接到我这里讲授闯关，通过后其他同学就在这10个委员处讲授闯关第一遍，闯关成功并由讲授委员签字，再到我这里讲授闯关销号。这样的话，成绩好的基本上免闯，成绩较好的适当抽查两道较难的就行了，成绩较差的基础性的题可以多抽几道让他们讲授。后来放手让青蓝结对的学生相互讲授当堂课时内容进行闯关，效果出奇好，时间更灵活，操作更方便，讲授更细致。

再后来单元试卷考得不好也可以讲授闯关，再演变到每次单元试卷考试后都要讲授闯关；同步练习做完、批改完、讲评完、订正完一单元或者两单元也讲授闯关；如果时间充足的话数学书学完了全册也可以闯关、知识点全册也可以闯关、同步练习全册也可以闯关。

总之，学生讲授闯关让我的工作轻松多了，让学业成绩大大提高。

——朱军《我的讲授小妙招》

（六）诗文素读及亲子共读拓展了阅读面，培养学生阅读的兴趣、能力、习惯和品格

古人说过"书能明理，德能立名"，书是醒世良药，是立德立名的灵丹。学生游弋于课外阅读的琼海之中，诵诵古诗佳句、讲讲成语故事、背背经典名作、读读现代美文……天长日久就会出口成章，吟诗作对，引经据典，旁征博引，这不仅是传承文化，更是养育人性，修炼品行之为，从小储存广博的知识，将来就会生长出常春之树，结出智慧之果，养成读书学习的自觉习惯。

"少年强则国强，少年富则国富"，少年儿童是民族之未来，

从小养成学国学、吟经典的良好习惯，不仅能提高阅读能力，领悟人伦道义，陶冶道德情操，形成谦逊和善、彬彬有礼、温文尔雅的气质，更能养成豁达开朗、兼怀天下、诚实守信的大德，以致修炼出开阔的心胸，端正的品行，乃至浩然正气。

"诗文素读"及"亲子共读"活动的开展，是我们敢于从实践中总结和探索改变农村学生无法完成阅读量困境的初心，借先贤智慧之光去照耀我们莘莘学子心灵之窗的有益实践。

阅读活动的开展，我校除了高于均衡教育标准配齐图书以外，全天开放阅览室，各班建有标准的图书角，还在校园内开辟3个环境优美开放式书吧。同时优化阅读推进机制，配齐图书管理人员，这样保证学生在校随时随地有书可读，在家有书可读。

亲子共读不仅仅是拓展学生阅读面的问题，完成新课程标准要求阅读量的问题，更多的小手拉大手，培养了家长的阅读习惯、强化文化认同、振奋民族精神、淳化社会风气、提高民族素质。如果中国乡村学校都坚持这样的阅读活动，是不是就提高了家长的整体阅读能力，是不是就直接影响中华民族未来。

我变棒了

五年级四班　林思彤

我们学校正在热火朝天地开展着"四自教育"，大家都在悄悄地发生着变化，就连我们班的杨同学（成绩差得没话说）都开始在自主学习了，我可不能掉队呀！

"四自教育"有四项，我打算从"自主学习"做起。

早上，天蒙蒙亮，我从暖暖的被窝里爬起来，揉了揉惺忪的双眼，迅速穿好衣服，洗脸刷牙，几分钟搞定。就连妈妈都惊讶地对我说："这还是我家彤彤吗？咋这么能干了？"我不好意思地说："我要做学习的小主人，不能被同学们看不起。"说完，背起书包就向学校走去。我刚走到走廊上，就听见教室里朗朗的读书声。我轻轻悄悄地走进教室，放下书包，拿出《诗文素读》加入了朗读的行列。要是过去，我不知要磨蹭多久，才会把书拿出来，懒洋洋地翻着书。现在，我总想着老师的话："读书有三到，即心到，眼到，口到。"

课堂上，我再也不开小差，而是认真听讲，积极发言。老师不知表扬了我多少次呢！

课外，我也爱上了课外书。一有空就坐下来认真阅读，发现有好的词句，我如饥似渴地把它们摘录到我的笔记本上。看着自己的笔记本逐渐变厚，我的心里像吃了蜜一样甜。我这才发现，原来，阅读是这样快乐的事！

现在，我真的变了，变得越来越棒了！

（七）小组比学赶帮，充分运用了集体影响原则，极大地调动了学生个体主观能动性，营造了积极向上的精神氛围。培养了学生合作意识、竞争意识、团队意识。

四　自教育伴我成长

六年级六班　刘茜　指导教师　梁国琼

作为班上的早读管理员，是老师的小助手，我感到自豪，但其中的苦恼也让我哑巴吃黄莲——有苦说不出。

每天早上都上演着相同的一幕：同学们走进教室，有的赶作业，有的在起疯狂打闹，还有的在书本上乱涂乱画。根本不听指挥，甚至认为管早读的人就是一个摆设，如空气一般存在。可怜我这个早读管理员，提醒了这边，那边又闹起来了，提醒了两边，中间的同学又在闹，即使把名字记下了也无任何作用。只要我一记名字，被记下的人就会埋怨起来，还偏要和你对着干，面对老师的到来，那些"惯犯"立即金蝉脱壳，总有千万个理由脱身，这样一来，我又成了"千古罪人"。对于这样乱七八糟的早读，我真的无从下手。总之，大家的自觉性太差了，不明白老师的良苦用心，约束不了自己。唉！无奈呀！

不知从什么时候开始，这一切正悄悄发生着变化。教室里张贴了"四自教育""学习金字塔""四自教育评比栏"。同学们你追我赶、互帮互助，生怕落后，同以前形成鲜明的对比。

早读时，同学们个个精神焕发，像打了鸡血似的，声音哄亮。早上一来，便能听见我们班朗朗的读书声，可谓是一种享受。老师叫我把表现好的记下，我又无从下手了。哪一组表现更为好呢？这边的吧，声音洪亮又整齐，不对，那边读得更有感情，咦？中间这一组怎么少了两个人，哦，去擦瓷砖了，瞧，其余人读得多么认真啊！哎呀！每个人都这么专心，都怕给小组减分，该如何是好呢？算了算了，都写着吧，就说大家都十分认真。老师听了我的报告，脸上都笑开了花，为了表扬我们，老师很大方地为我们每个小组都加分了，还贴上了一颗小星星。阳光透过玻璃，把光撒在墙上的小星星上，格外耀眼。

"四自教育"让我们都变得自觉自主了，每人都以最佳状态面对着学习，愿"四自教育"永远伴我成长。

（八）团结一致，不让一个人掉队的集体主义精神。

小组合作、青蓝结对，训练的恰恰是学生集体主义精神，从教育思想上说，对学生更多地引入合作意识的培养，淡化竞争意识的训练，但是适当的竞争是有利于效率提高，有利于规则意识的训练，有利于合作意识的形成，有利于集体意识的培养。这方面我们的老师在实践过程中八仙过海，各显神通。

如易晓丽老师的办法：

起初，我们通过"青蓝结对"的方式把班上的优生和后进生进行结对，蓝方不仅在学习上对学生进行指导，也在各种习惯上进行帮助。因为双方成绩悬殊较大，所以青方考赢了蓝方将会受到10分的加分，而且互换位置，也就是，蓝方降为青方，青方晋升为蓝方。

在长期的实践中，我发现由于青蓝双方成绩悬殊，很少有青方考赢蓝方。从而，学生出现了反正考不赢，就"得过且过"；蓝方也以绝对的实力而"高枕无忧"。长期如此，班级就缺乏"竞争"意识。大家知道，竞争一旦消失，班级发展速度将会变得缓慢，甚至可能停滞不前。

找到原因后，我就开始尝试改变方式，除了建立青蓝结对帮助后进生学习外，我试着成立 PK 组合。PK 组合由考试成绩相同或相近组成，两人为一组。比如98分可能和99分或97分为一组进行 PK，60分可能和61或59分为一组 PK。如此这般，让人人有"盼头"，个个都可能"赢"。这样的 PK 大到每次期末、中期、单元测试，考赢者加"10分"，小到每天的每一项作业，每天作业分数较高者可加"1分"。就这样，学生作业次次有评比、天天有竞争，现在我们班随便抽取一本作业，绝对无潦草、无乱做现象，因为他们每次都会使出浑身解数地想"赢"。

减分约束习惯，加分提高干劲儿。我们大到参加校内外的比赛，小到每天的各项家庭作业的比较，我们都设有加分项。

——易晓丽

（九）对干预教师职业倦怠起到了积极作用。

1. 学生"自主学习"的习惯形成了，学生学习由被动变主动了，学习的兴趣自然就变浓了，亲其师信其道，对教师的感情自然就好了。师生的关系融洽了，教学氛围就更好了，这样教师的心情肯定就越来越好，倦怠就减轻了。

2. 减轻了教师的辅导负担。小组合作学习，青蓝结对，相互讲授、兵教兵，可以说原来该教师辅导的，变成了学生自己相互辅导，原来学习的活动教师亲历亲为变为让学生去策划组织了，减轻教师过重的辅导负担、组织策划负担。自然也干预了教师的身体倦怠，提高了教书育人的幸福感。

3. 学生"自主学习"的兴趣浓了、能力提高了，学生学会了学习、学会了组织、学会了交流、学会了相处，学习习惯自然好了，学习成绩肯定提高了，教师的成就感自然增强了。也就干预了教师个人成就感降低、情绪衰竭的倦怠了。

4. 促进了教师的专业成长。在"自主学习"研究的过程当中，组织教师阅读了相关的教育教学理论著作，学习了很多优秀的教育理念和教育经验，提升教师的理论水平。从最初的"自主学习"方法研究到指导实践过程中，老师们不断地总结，反思，改进指导策略。根据学生预习的情况，从学科的总体目标拟定出每节课的教学目标，再根据教学内容与学生实际，灵活地选用教法，设计合理科学的教学过程，使课堂教学效率大大地提高。从而提升了自身的教学水平，促进了教师的专业成长。本事提高了，日常教学工作自然就驾轻就熟了，教学效果变好了，心态自然轻松了。多名教师在指导学生在习作、演讲等方面获得国家、市、县指导奖，关于自主预习的多篇论文在市县级获奖，也在学校刊物《凤鸣声声》中发表。

看看陈老师获得尊严和幸福的方法：

很多老师不愿教语文，很多语文老师不愿教高年级，因为最怕改作文，高年级教师全批全改一次作文最少要4小时左右，耗时太长，动脑最多，老师不堪折磨，叫苦连天，怎么缩短老师的脑力劳动时间呢？从二年级学写一段话开始，我在课堂上教方法，给出评价标准，学生先根据给出的评价标准自评，修改；然后小组内互评，修改；再誊写在课堂作文本上，小组长评价，写好旁批和尾批；最后老师批改，教师批改时不仅要看学生的作文，重要的是看小组长的评价语。

老师这样持续一学期，到最后老师只关注多数学生的批注就可以给出相应的习作等级。每次县级作文大赛时，学校初评我们班的学生人数总是最多的，其中朱思颖、罗润晴、朱家邑、韦湫容、陈新美等获得县级一等奖。

这样做，既高效又省时，解放了自己，训练了学生真正做一个有尊严的幸福的语文老师，何乐而不为呢？

——陈太翠

四、"自我发展"助力学生科学提升生命成长质量

每天大课间，3000学生排箫表演婉转悠扬、声声动人；跑步节奏明快，号声嘹亮。每周一的升旗仪式上，由一个班负责主持，同时进行本班的艺术展演，展演的形式分个别表演与集体表演相结合，必须人人上台。虽然看得出有个别学生滥竽充数，但

多次上全校性的舞台锻炼表演，即使是集体表演，也会对学生产生很大的影响。表演的内容有的是全校性的特色项目排箫表演，有的是班级特色项目表演，学生个个精神抖擞、意气风发。每期一周的科技艺术节，各种手工、美术、科技制作、作文集等作品琳琅满目，处处闪烁着智慧与创客创新的光芒。六一节文娱汇演，学生主持抑扬顿挫、字正腔圆；学生艺术表演，精彩纷呈、极具感染；各年级排箫展演，此起彼伏、悠扬婉转。威风锣鼓，鼓点如雨、气势如虹。台上一分钟，台下十年功。这些都是学生主动积极地参加各项艺术、科技训练，彰显出的艺术素养、审美情操、人文素养、创新意识和创新能力，同时也展示了学生自信与阳光。每期运动会上，人人参与，个个英姿飒爽，演绎更高更快更强的体育精神，体现了学生平时参加各项体育训练让自己健康自强。这些既体现了学生各项素质的发展，也体现了学校生活的丰富多彩。

一个下雨天，中午就餐，从教学楼走到学校食堂约 500 米。一位没有带伞的学生主动走到我面前，拉起了家常，我自然就和他共撑一把伞了。这件小事表明这个学生超强的交流沟通能力，体现的是智慧勇敢品质。

总之，"自我发展"助力学生科学提升生命成长质量。激发了学生的进取心，完成了符合学生成长规律的课程目标。

学会放手让学生"自我成长"

凤鸣小学　　陈芬

自从张校长来到我校，带来了一套全新的教育理念"四自教育"，我们的校园便焕然一新：校园干净整洁、学生文明有礼、教师轻松愉快。正是这种全新的教育理念让我感到了多年教学以来从未有过的轻松愉悦。

自"四自教育"在我校推行以来，老师们深切感受到：教书轻松多了，效果也不错。这种教育理念最大的好处是解放了教师，培养了学生。老师们通过对班上的几十名学生进行分组，实行组长负责制，组长们管理起来轻松，又增强了他们的荣誉感和使命感。每天的家庭作业检查，课文背诵，简单的作业批改，他们都能尽职尽责地完成。老师们则只须作方法指导，通过小组抽查就可了解情况，实行一定的奖惩制度督促小组长更好地完成任务。而班级里青蓝结对的学习模式更是激起了学生的浓浓的学习风，青方蓝方结成对子在学习中相互讲解难题，大家比学赶帮，暗暗使劲，生怕自己落后，争做蓝方。

孩子在"四自教育"中更是得到了全面发展，他们可以为班级的做任何事务。而班级里一些组织能力较强的还能代表老师组织早读、午睡、排簫课、晨检午检、每日总结、班会活动。一开始，孩子们还有些放不开，我总是变着法儿地给予他们鼓励，通过一年多的磨炼，他们俨然成了一个个小老师。

她——陈佳，一个胆小乖巧的小女生，刚来我班时根本不敢跟老师说话，也很少和同学玩耍，但我发现她有一个最大的优点，就是做事极其认真。于是我利用"四自教育"这个有利的契机，鼓励她竞争了个小组长，指导她如何管理三个小组成员，对她的点滴进步及时表扬，渐渐地我发现她变了。她活泼开朗了，更自信了，胆子也大了，在老师面前说话不再羞涩，有时会主动向老师请教管理办法，还常常和同学们谈笑风生；学习更主动了，对小组成员要求特别严格。她小组里有一个后进生贾同学：学习基础差，习惯差，作业潦草，甚至经常不完成作业，应该在班里倒数几名吧。自从她当上了小组长后，总是一丝不苟地检查指导组里每个同学每天的家庭作业，只要不符合要求，她都会陪着他重新做，直到她认为合格为止。正是因为她的严肃认真的态度，才让那个曾经的后进生学习成绩有了明显进步。一年后的她，在和班里的其他小组长的竞争中她竟然做得特别出色，我为此由衷地感到高兴。

我的班级里正是培养了十六个这样的小组长，五个特别的小老师，才让我的教学工作越来越轻松，好多事情完全可以交给他们去完成。孩子们呢，不仅得到了全面锻炼，而且觉得自己为班集体做事，有一种荣耀，一种自豪，学习、工作劲头足，当然做事效率也高了。

"四自教育"真是让我受益匪浅，让学生能力得到充分训练，让老师有了尊严和幸福感。在今后的教育教学工作中，我一定会更好地利用它，让它发挥更大作用。

第二节　学生生存状态得到改善，生命质量得到提升

一、"四自教育"实践，让学生生存状态得到改善

传统管理下学生的生存状态是：早上来到学校，漫不经心、漫无目标地等待教师走进教室，才开始认真读书。上课的时候，教师讲得头头是道，有条不紊，反正回答问题长期有几名成绩好的学生，基本与其他学生无关要紧。所以随着年级的增长，举手回答问题的学生越来越少。各项活动的组织基本是教师亲历亲为，学生执行就可以了。但是"四自教育"推行后，每个学生都

有各自的任务职责，早上大家都带着使命感来到学校，在自己职责趋动下，开展学习和工作。每个学生都有存在的价值，在规定的时间内完成各自的任务。校园内，在没有教师的情况下，书声朗朗；课堂上，小组合作，讨论问题，解决问题，每个学生都在发表自己的意见；课堂外，各项活动都是学生在组织，在充满兴致地参与；放学后，学生积极投入到家庭的"四自教育"中，实践家庭成员应有的责任与担当。每天每时，学生都演绎着自己的快乐而有意义的生命成长场景。

李老师的文章记录了"四自教育"实践后学生的生存状态。

怀揣"四自教育"，静待花开

凤鸣小学　李坤渝

上课铃刚响，我已走上了讲台问道："今天的课前演讲轮到谁了"？我的话音刚落，只见李欣沅同学大步流星地走上讲台，开始了他今天的演讲："同学们，大家早上好，我今天给大家带来了五个成语，两句名言警句，一段优美的话语，还有我的小故事……"看着他如此落落大方的表现，我欣慰地笑了。想到两年前的他，简直就是判若两人。要是在以前，无论是上课还是下课，老师问他话，他是不会张口回答的。这时，同学们都会异口同声地说："他不敢说话。"今天，他有这样的变化，还真感谢张校长带给我们的"四自教育"。真正让学生实现了学会管理，学会组织，学会学习，学会交际，学会自信……

一、从小处着手，渗透"自主学习""自我发展"的理念

每天，我都要求有一名学生进行课前演讲，演讲者由各组的

组长在头一天放学前安排好，并且要求演讲者将要演讲的内容都记录在班里统一管理的本子上，演讲内容根据周次规定主题：第一周，惜时；第二周，节约；第三周，关爱……形式上有积累的成语，优美的语段，我的小故事等。这样，日复一日，年复一年，孩子们的课前演讲表现得越来越好。仪态上，从扭扭捏捏到落落大方；内容上，从枯燥无味到趣味盎然。

为了提高学生的语文素养，培养学习情趣，我还在班里选出粉笔字写的好的学生，每天在黑板固定的阵地里记录一条名言警句，而且这条名言警句必须由学生自己去收集，然后进行筛选所得。每堂课开课之前大声朗读几遍。如："选择高山，也就选择了坎坷；选择宁静，也就选择了孤单；选择机遇，也就选择了风险；选择求索，也就选择了磨难；选择成功，也就选择了尊严。"又如"知识来自于勤奋，创新来自于智慧，卓越来自于拼搏，精彩来自于追求，成功来自于意志，名望来自于奉献"这样，既鼓足了士气，也积累了语言。

二、从小事做起，学会"自我管理""自觉文明"

班里的花花草草，买了，死了，无人问津，让人心疼。针对这样的情况，我冥思苦想，怎么做才能让班里的花草常绿。于是，我实行了小组管理制。班里分成几个小组，每个小组负责为班里种上几盆花，并且在花盆上标上小组成员的姓名。谁种的花草谁负责。到时评出最美花草组。这样一来，同学们的积极性提高了，教室里，走廊上一下子放上了许多盆花草。一到下课，孩子们都围着花草瞧，看看哪盆花草需要浇水，哪盆花草能否晒太阳，搬过来，移过去。而且每到周末，好多孩子就将花草带回家去照顾。看着孩子们这般的细心，我感到很舒心。

每到放学时，轮值的学生就得上台进行一天的工作小结。记得林思彤这样总结道："今天，我班的同学从总体上来看表现还不错。清洁卫生打扫干净，晨读很认真，课外积累比较丰富。花草管理得很好。但是，也有少数同学表现不够好，比如杨同学没佩戴红领巾；李同学没按时擦黑板，方同学睡午觉不认真，凡是点到名的同学今天都减1分。希望同学们有则改之，无则加勉。"同学们听了林思彤的总结，都面面相觑，然后低下了头。我看着面前的学生，长长地舒了一口气，心里默念道：青出于蓝胜于蓝！

三、从身边做起，强化"四自教育"

每期的班级文化建设，我总会放手让学生去思考黑板报的设计，墙报的设计，然后让他们亲自操作。这样，他们品尝到了收获的喜悦。动手能力加强了。为了让"四自教育"在孩子们心里扎根，我还利用了家长微信群，家长会这样的阵地，让家长和学校配合好。记得有次家长会后，班里的蒲欣怡同学在日记中这样写道："哎，家长会，我原以为是老师向家长告状的会，没想到，家长会就是老师给家长洗脑的会呀。不是吗，爸爸一回家，就镇重其事地对我说："你们学校在搞四自教育，我们家里也要紧跟学校步伐搞四自教育哟，快去，把碗洗了。"

在"四自教育"的陪伴下，孩子们都在不断成长。让我们一起静待花开吧！

二、"四自教育"实践，让学生生命质量得到提升

通过"四自教育"实践，训练了学生健康的体魄，健康的心理，良好的社会适应能力和个性心理品质。营造了一个和谐的人际交往环境，让学生发现、体会、享受到校园生活的美好和生命成长的快乐与意义。达成了学生生命质量的提升，让学生真正体会到"四自教育"带给他们的尊严和成就感。

学生说起"四自教育"，喜悦之情溢于言表，生命质量跃然纸上。

一个腼腆小男孩脱胎换骨的生命成长记录。

"四自教育"让我变了

四年级六班　　王兴海　指导老师　薛传英

当我早上走进学校，看到了同学们排着整齐的队伍走进校园，时时互相问候的声音，校园里书声琅琅……这都要归功于"四自教育"。

我们班的变化可大了！教室干净了，同学们有礼貌了，作业工整了……我更是发生了脱胎换骨的改变。

以前，我总觉得自己一无是处，做作业只图快，字迹潦草，上课从来不举手回答问题，更别说为班集体增光添彩了。可自从学会了"自主学习"之后，我爱上了阅读。我看过：《三国演义》《西游记》《水浒传》《骆驼样子》《鲁滨逊漂流记》。我发现我变了，作文有话写了，文中随时还能用上很多成语呢！老师经常把我的作文当成范文读给大家听，听着自己的作文心里比喝了蜜还甜。现在我们班的同学在我的带动下也能自觉地看课外书了。

同学们还选我当"一日班长"。我是一个腼腆的小男孩，只要在人前说话就会脸红，紧张得不得了。让我来管同学，我怎么管得好呢？薛老师夸奖我，你能把自己管理得这么好，老师相信你也会把班上的其他同学带好的。于是在老师的鼓励下，在同学的帮助下，我"一日班长"还当得有模有样。早晨一到校，我就组织同学们晨读，在我的带领下大部分同学都能专心致志地读书，偶尔有几个调皮的同学，看着同学们都在认真的晨读也不再贪玩了。听着洪亮的读书声，我的心里像喝了蜜似的。中午，如果没有课外作业，我就组织同学们听写，然后同桌互相交换检查，错了及时订正，没错的同学就看课外书。中期考试，同学们的成绩大大提高了，语数成绩都考了全年级第一，当时我们班都沸腾了，老师更是喜笑颜开！

以前，班上的同学根本不知道什么叫"自主学习"。早上一到校，班上很多同学也包括我就三五成群凑在一起玩，女生则在走廊跳绳。晨读更是一抛脑后。有人主动上台领读，读书的同学更是寥寥无几，还是自顾自地玩。因此每次老师来了都大发雷霆，我们被骂后，跟没事人儿似的，老性不改。记得有一次，老师让聂子恒来组织听写，同学都不买他的账，教室闹翻了天，气得他脸通红，当老师批改时，发现好多同学没写完，有的甚至根本就没写，老师就批评了聂子恒，聂子恒委屈得不得了，这时，还有同学幸灾乐祸呢。

"四自教育"还让同学间更友爱了！你看谯峰正在给谯凌讲授数学题；运动会上丁星容正在给何雨奇送开水；下雨天黄万铭送陈佳朋回家。

"四自教育"就像一位特别的朋友，如果你交了这个朋友，它会告诉你怎样学习，时间长了，你会渐渐感悟到学习的乐趣。你的成绩也会越来越优秀！感谢"四自教育"你让我变得有自信了，有活力了！让我越来越优秀了！

在"自我管理"的过程中，也有学生成长的烦恼，这恰恰是生命成长的色彩。

班长的烦恼

——四自教育之喜怒

五年级五班：张鸿洁　指导老师：张晓丹

"常务班长，上来负责班上纪律，我去开一个短会。"张老师一声令下，就急匆匆地出了教室。

别以为当个班长很风光，遇到我班三大天王"，头都大了。瞧，这不，老师刚走，那几个捣蛋王又开始兴风作浪，那怪叫声差点把房顶给掀了。我竭力让大家安静做作业，其他同学都不说话了。可那"三大天王"仍然滔滔不绝，完全不把我当回事儿。我忍无可忍，只好拿出杀手锏，把他们的名字记在黑板上，每人减分，为首的柯华毫不在意地向往吐了吐舌头，不过说话声总算小了，我也开始做起作业来。可事情并没有结束……

我做着做着，被一道难题困住了，只好下去问同桌。不知不觉，我和她为一个选择题争论了起来，声音也不由大了点。这下好了，教室又恢复原样，说话的说话，下位的下位，像菜市场一样。我大喊了一声安静，一点效果都没有。我快步走上讲台，拿着教鞭使劲敲打讲桌，不知敲了多少下，教室依然闹哄哄的。"糟了，老师应该快回来了，见到这个样子，不生气才怪呢。我这个班长，岂不失职？"我心急如焚，再次让组长给说话的同学减分，居然不管用了。声音最尖的天王之一方炼大声说："凭什么减分？你刚才大声说话时为什么不减？哼！""我们是讨论题"，我解释说。"鬼才相信呢，你就是偏见，只给我们男生减分，不给自己和女生减。我们也是讨论题"那几个阴阳怪气地说着。"你们几个讨论题，太阳从西边出来了。"好伙伴徐君媛为我打抱不平。"就是讨论题……"眼看争吵要无休止地闹下去，我不知所措。对啊，我突然想到了老师对我们班干部的要求，那就是以身作则，公平公正，他们离我们较远，怎知道我们是讨论题。"安静，张鸿洁、徐君媛各减一分。"我大声宣布到，"再闹的减分"。教室里顿时安静下来，徐君媛睁大眼睛望看我，满脸委屈。

"噔噔、噔噔"，楼道传来有节奏的高跟鞋声。老师终于回来了。看着大家认真完成作业的样子，老师满意地向我竖了竖大拇指，给我和同学们点了个赞。可她哪里知道我的烦恼：我好伙伴儿要和我绝交了。但我相信公平公正的处事会得到好朋友的理解。

嘻……吃一堑，长一智，下次，我有妙招了！

第三节　教师生存状态得到改善，生命质量得到提升

通过"四自教育"的实践，增强了班主任、学科教师成功感、幸福感，改善了他们的生存状态，提升了他们的生命质量。

班主任感受非常深刻，他们从"四自教育"中实实在在地收获了幸福感。从管理干预教职工职业倦怠的课题研究中，"四自教育"作为重要的干预手段，样本数据显示干预前后，情绪衰竭班主任由67%降为17%。非人性化方面由33%降为10%。

原因大体逻辑为：事务减少了，心情变好了，成绩提高了，幸福感增强了。班主任原来的生存状态是：早上起来就开始婆婆妈妈、叽叽喳喳；要求学生这，指示学生那；批评学乙、处理学生甲。无始无终、不休不止。而"四自教育"推行后，所有事务都交给了学生，所有的学生都担负一份责任，他们各自都想成为

学生的表率，行为举止努力文明，自主学习，勤奋上进。

作为班主任现在的生存状态：走进校园，书声朗朗，神清气爽，来到班上，学生井然履职，像模像样，见到你后，更加声宏音亮，激情飞扬。这个时候，你只能站在一旁，看看学生聚精会神地朗读，看看教室窗明几净，课桌横平竖直。那种"无所事事"无为而治的幸福感油然而生。早上的好心情可以影响一天啦。

学科教师面对此情此景，肯定心旷神怡，自然对工作充满着亢奋。心气顺了，脾气好了，工作就带劲了，看学生的眼神都不一样了，师生感情就融洽了，教与学的效率的就自然提高了，作为师生生命线的学业成绩就提高了。事实的确如此：作为农村序列的凤鸣小学的语、数教师，成绩长期名列同类学校第一，纳入城区学校考核，也是年年获教学质量等级奖，他们以自己的成功赢得师生爱戴、家长的尊重，师道的尊严。另外每年40%星级教师评比，星光大道的呈现，老师个人成就感达到一个顶峰。生命质量大大提高了。

有这样一个故事：一个女教师，民办教师转正的，学历不高，以教低年级见长，工作认真负责，但是身体一直不好，因为长年睡不好觉，到北京、上海一些大医院治疗过，但效果都不明显。我作为校长，也查了一些资料，给她作心理辅导，找同类型的案例，告诉她这方面，有特异体质的个例。关键是心态调整比药物更有效。同时学校严重缺乏教师，代课教师就聘了21个，她也刚从村校调入中心校不久，一时半会儿无法给她安排轻松的工作。但是我想可以教给她教学方法，让她工作轻松一点，心里压力小一点，教学效果好一点，说不定睡眠质量好一点，身体自然强壮一点。于是给她传授"四自教育"推进方法。特别是"自主学习"班上进行实践，居然产生了奇迹。学生学习积极性大为提高。教学成绩由年级 10 个班中等水平，一跃成为年级最好。这名教师享受到从来没有的尊严。同时原来都不上高年级，这次主动要求不放弃这个班，继续教上去，直到她光荣退休。

谭顺梅："四自教育"让教师终身受益，让学生终身受益，我一直用到退休。同时我还把这个方法教给自己从事教育工作的儿子，在教育实践中取得了可喜的成绩，成了全县的优秀班主任。

李凌云：教师工作轻松了，学生成绩提高了，师生自然而然就都有幸福感了。

看看一位教师守望的幸福。

做个幸福的守望者

凤鸣小学　聂建琼

作为教师，幸福是什么？幸福就是艰辛地付出后有了收获，幸福就是遍地开花，桃李满园……

清晨，当我踏进凤飞楼园，远远地，便听见了朗朗的读书声，自然地加快了脚步，抬头望去，在小老师的带领下，全班同学都在认真地早读。我迈着轻轻的脚步走进教室，看着干净的地板，整齐的桌椅，莫名的欣慰荡漾在心头。欣赏着小老师认真地领读，倾听着同学们朗朗的书声，享受着教室里弥漫着的书香味道。

中午，教室里再也听不见喧闹声，你别以为教室里没人啊，你看，学习班长在那有模有样地指导午诵呢！那专注的神情，安静的场面，让你怎么也不忍心打扰。我守望着孩子们的自主学习带给我的幸福。

课堂上，你看，小手如林，优秀的孩子，后进的学生，都愿意表现自己；你听，孩子们那精彩的发言，不管正确的错误的，都想分享自己的答案；孩子们一会儿静静地沉思，一会儿奋笔疾书，看着孩子们用心地做笔记，有模有样地为同桌讲题，我守望着孩子们积极进取带给我的幸福。

校园里，听着孩子们亲切的问候，看着如花的笑脸，还有那主动弯腰拾垃圾的倩影；你看，上学放学，集合做操，孩子们自觉排队礼让；特别是清晨的操场，一字排开走进教室的孩子们，像条飘动的彩带，成了校园里最亮丽的风景，我守望着孩子们"自觉文明"的幸福。

领奖台上，孩子们昂首挺胸，手里捧着鲜艳的奖状。你看丰富多彩的活动，孩子们踊跃参加，现场作文，科技制作，手抄报评比，书法比赛……一样也没落下。眼前浮现出孩子们的点滴进步，耳旁回响着感激的话语，我守望着孩子们"自我发展"的幸福。

沐浴着"四自教育"的春风，用我们的执着和智慧，用我们的爱心和宽容，与孩子们一同成长，成就我们一生的幸福。

看看"四自教育"是如何影响一个老师的
因为有你，我和孩子们一同成长
——记"四自教育"

秦绪琼

1998 年 8 月，我从云阳师范学校毕业，从此，便走上了教书生涯。俗语说：吆得猪，可教书。这句话听着不是很好，但它真实地道出了教育是个漫长的、需要不停地付出耐心的历程。所以，时至今日近 20 个年头里，我犹如一台放映机，机械地一遍又一遍地重复着我的教育工作。从未想过在新课程标准下、新教育理念下来改变我那已经老套得不能再老套的教书手段与方法。每每遇到期末或面临县里抽考，我努力搬弄着我的老把式，机械地向孩子们灌输着课本里的知识，孩子们累得气喘吁吁，我则气得火冒三丈，结果却是无法面对的。2016 年，在张行满校长的带领下，学校掀起"四自教育"活动高潮，对"四自教育"一无所知的我，怀着忐忑不安的心情开始行动起来。一年下来，"四自教育"在我头脑里越来越明晰，感悟越来越深刻，教书劲儿头越来越足时，我恍然大悟：因为有你——"四自教育"，我和我的孩子们也一起成长了。

多年来，因我的不良习惯，导致我从未早早到过教室，也从未有意识地培养孩子们在无老师的情况下自己学习和作业。每当我一只脚跨进教室门，看到的是同学们满教室追逐打闹，嘻哈成团，心里便升腾起无名的怒火。现在，在"四自教育"的影响下，孩子们能比较安静的坐在位置上独立完成自己的作业。当然，"四自教育"不是老师完全放手让孩子随意做，我会根据近几天的教学内容以及孩子们的作业情况，每天下午给能胜任工作的孩子布置好第二天早上的任务。例如：简算易错，就出几道简算题让其他同学完成，并特别强调要检查的几名同学；解决问题难理解，每天出两三道进行训练……

当我有事情需要耽搁，再不会为落下的教学任务而忧心了，因为我有几个好助手，他们能在课堂上像我一样给其他同学讲解，帮我解决问题。还别说，这样的情况经历多次后，班里发生了很大的变化：原来特调皮且连班长都欺负的几名学生听话了，因为我利用他们的长处——聪明，让他们也成为管理者，通过亲身经历，让他们自己懂得要去管好别人必先管好自己的道理。课堂上，孩子们学习积极性很高，很多时候，我还不知道从何说起，他们已经说得头头是道，且相互补充、相互推理，一个接着一个，作为老师的我，看到此情此景，心里边除了高兴便是幸福……这一切，都是因为有你——"四自教育"！

做了多年教师的我，工作上随意性特大。当"四自教育"之风开始吹起，我还无所事事；当"四自教育"活动越演越烈时，我猛然明白，是应该改变自己了；当我在"四自教育"活动中逐步尝到甜头，感受到自己的变化，我欣喜了！

在本期里，我通过"自主学习""自我发展"，不断让自己在教学上得到提升。因为要去双坝小学献课，我翻阅很多教学资料，看了很多教学视频，在邹红光老师和其他老师的指导下，教案和课件改了一次又一次，频频试课……终于，在双坝小学上的课，得到了听课老师们的一致好评。因为有了前面努力的基础，在接下来的"凤凰杯"赛课活动中，我又夺得第一名的好成绩。这，难道不是因为有你——"四自教育"？

现在的我，再不是电脑盲了。通过"自主学习"，我会制作课件了，我还能自己制作微课，我更能帮助一些需要帮助的同事完成电脑上的一些操作事项。现在的我，获得了教师人生的存在感，找到了教育工作的幸福感，这都是源于有你——"四自教育"！

"自主学习""自我管理""自觉文明""自我发展"，这是"四自教育"的精髓。在短短的一年时间里，我和我的孩子们只做了其中很少很少的一部分，可我们的成长却是很大很大的。未来的教育之路还很长很长，我会带着我的孩子们继续整装待发，一路践行"四自教育"理念，一起茁壮成长在"四自教育"之路上。

感谢有你——四自教育！

第二章　家长的家庭教育明显改善

有些时候我把"四自教育"说成是一场教育革命，它的影响是那么的真实而有力。

第一节　亲子关系更为融洽

对农村家庭亲子关系的改善起到了积极作用。以前家长和学生因为作业、习惯等琐碎小事弄得个鸡飞狗跳，亲子关系越来越糟糕。"四自教育"推行过后，一切都变了。学生能自觉完成作业，不要家长催了。学生的行为习惯变得文明有序了，仿佛一夜之间判若两人了，变得可爱，家长在学生的心目中，也不那么面目可憎了。一个家庭变得笑声绕梁，其乐融融了。

读一读孩子的习作，感受教育的力量。

四自教育伴我成长

四年级四班：余鑫　指导教师：李幸

我一直是个胆小的学生，上课不喜欢举手起来回答问题，生怕说错了丢面子。自从有了"四白教育"，让我改变了许多。以前那个衣来伸手、饭来张口的我现在已经变成一个懂事的小学生了。

记得有一次，在上课时，老师问了一个问题，我拿不准，不敢举手，忽然，老师说："答错了没有关系，只要肯举起你的小手，就代表你认真思考过。"听了老师的这番话，我终于有了勇气举起我的小手，老师却请了另外一位同学起来回答那个问题。我心想："举手起来回答问题并没有我想象中的那么难，只要肯举手。从这件事开始，我懂得了四自教育，是四自教育小组交流发言给了我勇气。

记得还有一次，双休日之时，我早早地起了床，发现爸爸妈妈上班去了。我看见爸爸妈妈那么辛苦，想给他们一个惊喜，我来到洗手间，发现脏衣服堆积如山，我又到厨房找到了洗衣粉，开始洗衣服，衣服洗好了，又把家里上上下下打扫了一遍，然后来到厨房把饭菜做好，等爸爸妈妈回来，没过多久，爸爸妈妈回来了，夸我是一个懂事的孩子。

自从有了"四自教育"，给我带来了许多好处，我要感谢你——"四自教育"。

第二节　管理与辅导压力明显减轻

当孩子的"自我管理"进行到一定的阶段，他们的责任意识，履责习惯逐渐形成，在家里也能主动承担自己的家庭责任，做一些力所能及的事情，逐渐融入家庭活动之中，享受亲情的温暖，赢得家长的赞美，形成良性循环，家长管理孩子的压力自然减轻了。当孩子"自主学习"的习惯已经形成，特别是孩子按照预习清单进行预习的习惯已经形成，家长的辅导压力自然就减轻了。

家长说起"四自教育",感激之情溢于言表。

陈老师:李袁祥变化很大,以前回家总是先看电视,打游戏,每天的家庭作业要我催着才能做,盯着才能完成。听说现在学校推行什么教育,这娃儿变化很大,下午放学回家第一件事就是做作业,另外还帮家里做家务。

——摘自凤鸣小学四年级李袁祥家长的感言

向老师:我家黄仁丽以前性格内向,不愿和人说话,现在她喜欢吹排箫、画画,回家后天天练习,性格也变得开朗了,朋友也多了,人也自信了。感谢老师的辛勤培养。

——摘自凤鸣小学五年级黄仁丽家长的感言

刘老师:谭怡宁比以前乖多了,以前习得很,上课迟到、不爱完成作业。现在听说在管理班级内务,多早就要到学校,作业也不要人催了,还是学校有办法。

——摘自凤鸣小学六年级谭怡宁家长的感言

第三节　家校关系持续改善

没有哪一行业有教育行业这样服务者与被服务者目标高度一致,教师家长都希望学生学业成绩鹤立鸡群、品德品行出类拔萃、身体心理健健康康。但也没有哪一行业有家长对自己孩子的期待那样永无止境,对教师的要求那样难以企及。随着时代的发展,曾经的师道尊严,被必须为孩子服务意识所取代,家校关系变得微妙,家长时时把学生成绩的不理想、品德品行的不完美归咎于教师的不作为，让辛辛苦苦的教师无奈无语。"四自教育"的推行，让孩子的学生生活变得不再沉闷而单调，让他们在生命中各项素质都得到长足发展，让他们学习兴趣变浓、习惯变好、方法增多、成绩提高、能力增强，让家长每一天都感觉到自己孩子的变化，感觉到孩子生命生机勃勃成长。当家长育儿的心情变得舒畅，自然对学校的满意度增强，关系变得融洽，联系变得顺畅。

看看李老师的随笔，体会家校关系的融洽。

"家校"结合，播撒"四自"精神种子。每学期，学校都要开家长会，目的是让家长了解学校的教育变革，了解孩子的成长情况，了解正确的教育方法。记得我班的蒲同学在日记中这样写道："爸爸开完了家长会，一回到家，就对我说："你们学校在推行'四自教育'，很好。我现在要把'四自教育'带回家里来推广哦"。六一节，我们不光评出优秀学生，还要评出优秀家长，孩子们表现特别积极，生怕自己的家长没评上，因此，在孩子们的带动下，家长们也表现积极，例如学校大扫除，好多家长也加入了扫除行列。我班的王富强同学由于身体含血铅高，多动症较为严重，他妈妈主动要求进入课堂和她儿子一起学习，好亲自管理儿子，同时回家也好给他补习。

借助家校结合的模式，"四自教育"的精神种子播进孩子们的心田，让它们生根、发芽，培养了孩子们自我管理、主动发展的能力，正如孩子们在日记中这样写道："四自教育让我变得更优秀"，"我成了学习的小主人了"，"我的文明我做主"，"谢谢你，四自教育，我会将你发扬光大"。

——凤鸣小学　李坤渝《"四自教育"浸润着孩子的心灵》

第三章 成果影响

第一节 "四自教育"的成果

"四自教育"培养学生核心素养的实践研究,让教师品味到了教书育人的尊严和幸福感,让学生享受到了学校生活的丰富多彩。

一、形成了"四自教育"操作系统

通过多年的实践研究,形成了"自觉文明""自我管理""自主学习""自我发展"的"四自教育"操作系统。

另外在"四自教育"实践的过程中,还形成了学校行事规程、目标管理、消号管理、管理干预教师职业倦怠等学校管理的框架系统等。为最优化地管理好一所学校,提供了一套行之有效的操作系统,形成了系列理论成果。解决了学校管理方向不明、水平不高、职工倦怠严重等问题。

二、形成了"四自教育"操作体系的创新成果

一是解决核心素养落地的问题。林崇德教授表示,现阶段核心素养培养亟需解决的问题是如何切实地在学校落地。核心素养研究解决了培养学生哪些素养,而"四自教育"解决了怎样培养学生这些素养最后一公里的问题。不仅仅只停留在操作层面,而

是通过实践再上升到了理论的高度。

二是解决了学生实践德育练习道德的问题。颠覆了传统德育教育的方式。实施"自觉文明"，即把学生做的好人好事、表现的优秀点进行加分，把不文明的事项进行减分，充分利用学生对分数的天然敬畏内化为自主教育的动力。改变传统德育说教方式，进行实践德育练习道德，助力农村学生德育素养的内化和全面落地，从而达到立德树人的目的。

三是解决了训练学生能力素质的问题。"自我管理"一是让学生承包相关事务，学会按照规程做事，训练责任意识，服务意识；二是让学生承包班级管理事务，让学生在管理的角色冲突中，训练去理解社会，去理解人际交往，去理解老师，去理解同学。建构班级治理的创新策略，涵养农村学生优良气质和面向未来的核心能力。

"自我发展"把学生参与各项活动、各种社团，获得的各项奖励进行加分作为学生的发展评价，重点是训练学生目标意识、参与意识、创新意识、拼搏意识、审美意识。把学生的核心素养细化为具体的项目予以训练，长期坚持，学生身体变棒了，有了体育与艺术特长，能审美、能自信、能思考、能创新，助力学生科学提升生命成长质量。

四是解决了学生训练学习力的问题。颠覆了传统接受性被动学习方式。"自主学习"通过小组合作、青蓝结对、自主探究、相互讲授、3分钟演讲、诗文素读等方式训练自主学习，合作学习，探究学习的习惯，培养学习兴趣，丰富学习方法。切合了新课程基本理念与综合素养基本要求，教育目标清晰、指向明确。面向新课程改革的主要任务，更新教与学的观念，转变了教与学的方式，建构学生评价机制。解决学与学、学与教的关系问题，解决三维目标的统一问题。强调教学过程是生生互动、师生互动、协同发展的过程。学生获得知识、方法、技能的过程同时成为学会学习和形成情感、态度、价值观的过程。开展"自主学习"，助力学生在科学训练下形成学习力。

五是解决了学生个性自由发展的问题。"自我管理"岗位给个性张扬学生有用武之地，引导他们的思维活跃、好动多动向更有意义为班级为同学为学校服务的方面发展。"自觉文明"给他们试错的机会，学生做错了事减分了，他们可以通过做好人好事、认真学习、自我发展事项等加分进行弥补，这样即使犯了错误，也可以功过相抵，只要总分上去了，他们仍然可以评为各单项优秀学生。这和传统评优评先，只注重单一的印象评价学生，更为科学和全面，也更给学生敢想敢干，提供试错的空间，与传统意义上管得太死、管得太严是两个概念。更有利于学生个性自由发展，给天才学生提供适宜的教育土壤。

三、形成了"四自教育"文化

学校班上都有"四自教育"外显的物质文化，制度文化，从文化石、对联、宣传栏、走廊文化等。有内在的精神文化，从每个班的班训、到学校的宣传发动，有目标地推动"四自教育"，师生耳濡目染，"四自教育"作为学校的育人理念已深入人心。学生"四自教育"已置于学生发展需求之中，学生从"自觉文明""自我管理"开始；坚持"自主学习"，进而达到"自我发展"，达到学生练习核心素养的目的。通过学生自己参与管理、主动学习、主动发展等方式让学生在"四自教育"文化的熏陶下成长。

读一读陈老师的随笔，易老师的汇报，成果跃然纸上。

我班学生刘同学说："'四自教育'让大家都变了样儿，成绩好的同学更加努力，成绩不好的同学也开始认真了，自己也突然觉醒，成绩飞速上升，感觉整个人都脱胎换骨了一般！"

我班数学老师李坤英开诚布公地讲了自己的真实感受，她说，以前工作不顺心，巴不得刚上课就到了放学的时间，每天放学时才是自己最快乐的时候。仅仅两个学期，"四自教育"理念真正走进了学生的心灵，班风彻底地转变了，学生成长，自己也成长，工作越来越轻松，很庆幸自己有这么好的集体和同事。

我班学生张聪的母亲表示，从孩子的变化看到了学校校风校纪的转变，孩子在这样的学校就读，家长很放心。

——陈江云《"四自教育"让我们偷偷地改变》

我原江口小学的同事，现城区民德小学教科室主任易晓丽告诉我2022年秋期工作成绩。

老师好！向您作本期工作汇报：

1. 因开了一周的县人大代表会，未能给孩子复习，所以优生（按学校考核规定删除两个）未能延续上期百分之百的佳绩。

2. 上次给您说的那两个怎么都不及格的孩子，还好是每次被删除的对象，但这次分别考了81.5分、86.5分（数学分别考了16分、42分）。

3. 由于孩子们给力，本次语文仍以考核150的满分，仍居年级第一。

4. 数学由阮钦（原江口小学接受"四自教育"理念的教师）去年接手，以前是别人都教后甩了的班级，曾被一个老师评价为这个班是他教书生涯中，娃儿能力倒数第二的班级；经过阮钦一年的"自主学习"能力的培训，本期终于扬眉吐气斩获年级第一。

5. 现在年级人都疑惑："你们班是囊个搞的也，看起平常学得轻松，你作为教科室主任耽搁得也多，最后成绩怎么这么好看？"我笑着说："一两句话说不清楚，好久，我找个时间把我给张行满老师汇报的"四自教育"的推进经验在大会上来给你们讲一遍好！"

——易晓丽

第二节 "四自教育"的影响

一、得到了教育行政部门的关注

当教委的每一个领导来校都给予了高度的肯定，认为这是对农村教育的巨大贡献。在不同的会议上对凤鸣小学的学校管理水平都给予了高度的赞扬。成果被云阳教育委员会以学习与借鉴［2017］1号向全县推广了"四自教育"。

二、得到了各级专家的充分肯定

《运用"四自教育"培养学生核心素养》获重庆市教育学会科研成果二等奖。有三篇论文分获市教育学会二等奖、云阳县教育学会特等奖、一等奖。

2015年11月东北师范大学研修培训，作了《"四自教育"培养全人》的专题报告，得到师大专家同行的一致好评。

2017年11月，重庆市依法治校示范校验收专家组一行对学校推行"四自教育"进行高度肯定。认为这是实实在在为农村教育作出的贡献；是可以复制的管理经验；也是来自最为草根的智慧。

国家教育网络研修学院三位专家来校对"四自教育"进行了

一天的现场诊断，给予了极高的评价。

三、得到了媒体广泛关注

《重庆教育》201706 期以五个版面对学校推行"四自教育"进行了专题报道。

2017 年 12 月，云阳电视台对"四自教育"作了专题报道。

2018 年 3 月教育部移动校长培训，"四自教育"被国家网络行政学院评为优秀案例。专家刘靖在 12 省线上的点评如下："四自教育"尊重了人性、关注了人文、指向了人本，符合学生认知规律与人的成长规律，切合新课程基本理念与核心素养基本要求，解决学与学、学与教的关系问题，解决了三维目标的统一问题，构建一套育人体系，培养了学生可持续发展的关键能力，破解了教师职业倦怠灾难性问题。

四、得到了师生的广泛认可

"四自教育"实践，受到了师生的广泛认可，他们既是实践的参与者，更是实践的受益者，在实践研究中得到提升，在自治管理中享受幸福。在实践中发生了革命性的变化，学生的生存状态变了，变为能管理、能组织、能交际、能学习。教师的生存状态变了，事务变少了，心情变好了，倦怠减轻了。

五、得到了同行的一致认可

我为临近奉节县各类学校的分管教学的副校长、教导主任、教科室主任，云阳县、开州、部分学校教师作了《四自教育培养学生核心素养的策略》专题报告，好评如潮。为全县新教师作了《未来教师与班级治理》，为部分初中学校教师作了《教师专业发展应对策略》，为云阳县校长、副校长、副书记岗位培训作了《管理干预教师职业倦怠的策略》等专题报告，其中都有"四自教育内容"。大家感觉是最接地气，最有指导性报告，为大家提供了实实在在的操作方法。

六、一场教育的革命

"四自教育"在我走过的学校都是一场教育的革命。我在路阳九年制学校工作八年只形成"自觉文明""自我管理""自主学习"三自教育。在实践中学校发生了革命性的变化。首先"自觉文明"学生的加减分记入班集体总分，影响班主任津贴，效果出奇地好。制度实施后学生晚上就寝五分之内差不多就安静了。几千学生，中午能迅速安静下来，安静睡午觉。好人好事蔚然成风，遵规守纪意识明显增强，学生变得言语文明，行为优雅。整个学校的校风发生了革命性的变化，是建校以来从未发生过的。学校由乱到治，建校以来没有一个学生考上重点高中，到后来考上 1、5、9、11、14 人重庆市示范高中云阳中学，实现了零的突破，前无古人，教学成绩逐年攀升，平均成绩从倒数第一上升到中间位次。

我在江口小学工作五年，通过实践探索形成了"四自教育"完善的操作体系，受到了师生的广泛认可，在此基础上，研究推广"新星课堂"教学模式，重点落实"自主、探究、合作"学习在课堂上的落实落地，完善"自主学习"。改变了教师传统的治理班级的模式和教学模式，减轻了教师的工作负担，让他们实践"四自教育"中得到理论提升，在实践中收获成功，在实践中享受职业尊严与幸福。提升了学生的生命成长质量，激发了学生的进取心，我们一天天地感受到了学生的那份自信，那份阳光，那份实践能力，那份创新能力。学校每年获得一块重庆市的奖牌。教师的职业幸福感越来越强，学生核心素养得到了充分训练，学校的人文氛围越来越好，政通人和，蒸蒸日上。

五星村校的课改传奇，一个村校的涅槃重生。五星村校是江口小学下辖的一所农村完全小学，2012 年有学生 340 余名，有教师 15 名，平均年龄 51 岁，其中男教师 13 名，女教师 2 名。教师来源于附近拆并村校，学历普遍较低，都是从民办教师转正过来的，大多没有通过正规的师范教育，习惯于教师教学生学，缺乏创新意识。要在这样一所学校推行"四自教育"，推行自主、探究、合作的学案导学的课堂改革模式，难度可想而知。但教委主要领导相信我们能做事，能做成事。我们中心校行政一班人没有辜负领导的希望，迎难而上，从校园文化，课程文化，学校特色，课堂建模进行顶层设计。从"四自教育"、学案导学进行具体培训。请重庆市课改名校后叶小学的老师，到五星村校上示范课，并对课堂组织与管理，学案导学作细节培训。中心校派驻一名副校长进行课改督查与管理。半年的苦心经营，学校环境发生了根本性变化，以书法为特色的校园文化，让师生浸润在儒雅的文化之中。教师的精神面貌大为改观，腰杆挺得更直了，表现出从教以来，从未有过的自信。学生的生存状态变了，沉闷的课堂变得有了生机，学生落落大方敢于表达，回答问题能用完整的话。学习变得积极主动起来，各项活动的开展参与面也广了。学校的美誉度一下子就提高了。一度作为重庆市课改研究现场会的备选学校。真感觉是"四自教育"让这所老龄化学校妙手回春。

"四自教育"在凤鸣小学得到了全面的推行。"四自教育"培养学生核心素养，成功申报为重庆市教育学会课题。在实践研究的过程中，完善了"四自教育"的理论体系、操作系统。为最优化地解决学生核心素养落地，提供了一套行之有效的操作办法，解决了学校职工倦怠严重的问题。

"四自教育"让师生感受到管理理念的悄然变化，领悟到学生自治的管理思想，见证到学生素质的发展带来的惊人变化。让这所百年老校锦上添花，青春焕发。

学校近几年被重庆市命名为依法治校示范校，重庆市美丽校园，重庆市文明礼仪示范学校，云阳县综合考核优秀学校、特色发展示范学校、课程改革示范学校、教学质量优秀学校。县教委年度考核，学校几乎囊括所有奖项。办学水平得到质的提升，成为云阳农村小学领头雁，获得家长、社会高度认可，周边学生趋之若鹜，办学规模越来越大，学位难求。

其实最让我感动的还是影响了参与的每一个老师和学生。

"四自教育"让我和我的学生受益

谭顺梅

自从我校推行实施"四自教育"，我也是积极参与其中，并与我的学生一起成为受益者。

经过几年的坚持，获得一些收获。

1. 作为班主任的我觉得班主任工作很轻松了，因为我班的很大一批班干部成为我班级管理的小助手，很多事情我只要布置下去，他们就会处理得井井有条，令人满意。

2. 我的教学工作也轻松了，而且效果不错，教学成绩名列前茅；同时，我把'四自教育'用家长会和微信的形式推送给了家长，家长在家也以加分和减分的形式来约束和调动孩子的积极性，陈琪和余思思的家长经常把他们的得分和减分情况发给我，说"家庭四自教育"效果真好，孩子变得能干了。

3. 学生学习的兴趣和积极性提高了，班级设置了青蓝结对帮扶、根据'四自教育'设置很多板块，每个板块上线分数10分，以加减分制度等形成了一种积极向上的竞争局面，每周开展一次青蓝阅读和诗词大比拼，这些全是孩子们自己创意、去构思、去组织，我只收到令人激动的结果，收效非常出人意料，相信孩子，他们会带给你惊喜。

4. 孩子们的自主学习，自我文明，自我管理能力提升了，集体荣誉感也提升了，文明行为成为风尚，我们班级也多次评为学校先进班集体。

话不多说，还是来看一些具体的例子吧：

魏同学，性格内向、腼腆、胆小，成绩很好。我就根据"四自教育"的方法，有意识地培养他、训练他，首先树立他的信心，让他在各种场合表现自己，让他帮老师做一些力所能及的事情，并在他完成后表扬他，给他成功的喜悦，经过将近一年的努力，魏雨辰成为了一名优秀的班干部、老师的得力小助手。他的爸爸在家长会上说：魏雨辰以前在家里特别胆小，家里来个客人都要躲起来，现在把他培养得这样能干，能在班上做这么多事情，真的不敢想象。

董同学，父亲是教师，他成绩很好，但他只愿意管好自己的事情，不愿管班集体的事情。我就利用"四自教育"的方法，让他知道，一个人除了要学好知识外，还要培养自己多方面的能力，为班集体服务的同时也能培养自己的能力，自己的收获会更多。他开始愿意为班集体和其他同学做一些事，体会到了集体活动带来的收获和愉悦，逐渐积极参与其中，终于成长为班干部中的中坚力量。

邱同学，一名留守儿童，问题儿童，学习成绩差，行为习惯差。在开展青蓝结对时，全班所有同学都不愿与他结对，担心被他影响。这样就只剩下他一个人了，于是我在班上宣布，我和他两个结对我俩一小组，孩子们哄堂大笑，我还告诉大家，我也有出错的时候，在我的一栏扣分，在日常生活学习中，我针对他的小毛病不断提醒他，督促他改正。在学校的一次运动会时，针对邱越身高体壮，体育较好的情况，我鼓励他勇敢报名参赛，并在运动会上勇夺三块金牌和一个第二名，我班因为他金牌多，总成绩高，获得了团体一等奖，他为我班在全校运动会取得好成绩作出最大的贡献。于是我在他'自我发展'一栏给他加了10分，还因为他的成功我花了200多元钱给全班孩子每人一份小礼物，全班同学羡慕的目光，邱越特别开心。以此为契机，我不断鼓励他进步，后来余斯俊等同学也要求加入到我们的小组来，邱越对自己也越来越有信心，各方面都取得很大进步，成为了一名比较懂事、上进的孩子，在三年级的期末语文考试中，他破天荒地考了102分，真是了不起。

张同学，父母离异后对他不管不问，由爷爷奶奶待，后妈嫌弃，从小行为习惯很差，根本不搞学习，还喜欢打人。我深入了解他的情况后，首先真心关爱他，让他体会到老师对他真切的关爱。在利用"自我管理"和"自主学习"的方法，让他先逐渐管住自己，少犯错误，对他的每一丁点进步，都给予表扬，并在"四自栏"的加减分项中予以加分，让他看到自己的每一个进步。再就是让他慢慢养成良好的学习习惯，今天写到一个字、明天算到一道题，都要给他加分，同时让班上成绩好的同学和他结对，给他帮助。这些都让他觉得大家都没有放弃他，都在把他看作班级大家庭的一员，于是他也融入我们班集体，积极要求进步，各方面都取得不错的成绩。在一次课前5分钟演讲上，他演讲的题目是《我和老师的故事》，故事中讲到，我的家人嫌弃我，在学校经常惹事犯错，但老师和同学不但没嫌弃，而是不断的帮助，老师对我不放弃，让我在学校感到了家的温暖，从此以后，我要用老师的四自栏表上每个板块认真学习，好好做人做事，不给老师和班级丢脸……就这样，孩子真的变了，一天天地爱学习了，加分多了，减分少了，期末各科都获得优异的成绩。

像这样的例子还有很多很多，通过"四自教育"，孩子们能力提高了、学习进步了、文明养成了，班集体成为了一个积极向上、幸福快乐的大家庭。

当然，"四自教育"也不是灵丹妙药，急于求成，没有耐心细致的工作是不会取得成功的。只有按照"四自教育"的方法，持之以恒，坚持不懈，久久为功，就会取得理想的成果。

chapter

04

第四篇

理论延伸

"四自教育"：培养学生核心素养策略探究

当学校的"四自教育"推行有了效果之后，我曾经尝试把这种理念，贯穿到学校的各个层面，比如，学校行政人员的"四自教育"、教职工的"四自教育"、家长的"四自教育"。想通过学校及家庭成员全员全域全时开展"四自教育"，从而达到改变学校发展生态，改变家庭教育生态，调动人的关键成长因素的主观能动性，最大限度提高管理效益，建设幸福校园、幸福家庭。学校、教师、家长、都是对学生生命成长产生影响的重要因素，因此值得深入研究。但是"家长的四自教育"，可以有这样的思想，但操作性不强，所以我觉得建构"家庭四自教育"的理论体系较为现实一些，而且小手拉大手，操作性要强一些。因此，这里重点尝试介绍"家庭四自教育"。

第一章　"家庭四自教育"的理论源起

悠悠华夏，上下五千年，有着宝贵的家庭教育历史文化遗产，三国诸葛亮的《诫子书》，魏晋南北朝时期颜之推的《颜氏家训》，北宋司马光的《温公家训》，晚清曾国藩的《曾国藩家训》等。给后世重视家庭教育优良传统形成影响是深远的。民国时期朱庆澜的《家庭教育》一书，陈鹤琴先生的《家庭教育》一书，到今天影响都很大。

改革开放后，家庭教育理论快速发展，既有理论研究，也有应用研究。在中国，给基础研究涉及继承传统家庭教育的古为今用，和借鉴国外经验的洋为中用，涉及家庭教育的原则、艺术、方法，涉及家庭亲子教育、家校合作、留守儿童、独生子女等问题。应用性研究主要是对家庭教育现状的调查。近 20 年来，理论研究的方向主要是社会反映强烈的家庭教育热点、痛点问题。如自媒体时代，对家庭教育负面影响问题、留守儿童的教育问题、手机瘾、游戏瘾、隔代教育、家庭教育内卷化等问题。应该说给家庭教育提供了很好的理论及操作指导。

随着"互联网+"时代的来临，国外的许多有关家庭教育的专著，快速进入电子书架，丰富了家庭教育资源，拓展了教育人的阅读空间。也让我对家庭教育有了更深刻的认识。

2015 年 10 月 11 日，教育部颁布了《关于加强家庭教育工作的指导意见》，是一个标志性文件，具有历史意义。《意见》明确了"家庭教育政府主导"的原则和"政府主导、部门协作、家长参与、学校组织、社会支持"的工作格局。这里我感觉到了学校的组织责任，思考着学校在家庭教育方面要有哪些作为。当时就是想把家庭教育学校办起来，但是苦于理论层次不够，请过外面的专家来校作讲座，讲得很精彩，也很有指导作用，但是讲座的最后一个环节他要推销书籍，虽然他说的免费讲座，想来也无可厚非，书籍也是明码实价，毕竟书是非常不错的，能给家长一个获取书籍的渠道，但遗憾的是总带有商业的味道。所以从那以后有人找我免费作讲座时，我都会问一句："要卖书吗？"联系人会讲一大堆推介的理由，我也会以时间紧，组织困难等原因予以拒绝。从内心深处，我对于做文化的人总是高看三分，其实他们请的专家也是真专家，知识经济时代，这也是太正常不过的事情了，只是本人思想保守而已。其实我们每一学期都会召开家长会，召开的形式是先到各班由班主任进行交流沟通讲解，有一个要求，班主任必须要有讲稿，然后由学校进行家长大会，议程有两个，一个是由一名行政人员讲安全等具体注意事项，一个就是由我讲学校教育与家庭教育问题及应对策略，感受最深的还是"四自教育"，家长的接受度还是很高。但多次讲下来，感觉江郎才尽，也没有形成系统，力有不逮。

2016年《重庆市家庭教育促进条例》的诞生，成为我国第一部家庭教育地方性法规，是一个重要的里程碑。身为重庆的教育人有一种自豪感，还有一种责任感。让我能静下心来再一次审视家庭教育，审视家庭教育的学校作为。突然有一种柳暗花明的感觉。想想之前我们每个人心中的家庭教育就是指传统的父母对子女的教育，忽略了家庭其他成员的教育，忽略了子女对父母及其他家庭成员的教育作用。如果我们能用一种机制，对家庭中每个成员都能产生教育作用，那将是另外一种教育境界，大大拓展家庭教育的边界，这也是我萌生推行"家庭四自教育"想法的动因。当然重点还是应该聚焦子女的教育，不能主次不分，舍本求末。

法国教育家福禄贝尔说过："推动摇篮的手就是推动地球的手。"这是多么具有远见卓识的思想，细细想来，太有道理了，家长才是推动历史滚滚向前不竭动力。只有教育家说出这样的话是让人心服口服的，如果我们给家长讲，家庭是孩子长远的学校，家长是孩子最为关键的教师，只有家庭教育搞好了，学校教育才能搞好，只有学校、家庭教育都搞好了，学生才能成才，学生成才了，家庭就有寄托，民族才有希望，国家才会强盛，人类才能更好地发展。家长会想，你在说大话，在推卸学校责任。当然家长这样想本身就是学校对家长的教育责任没有落实，培训责任没有到位。其实不能责怪家长怎么想，现实是人们对家庭教育的概念是模糊的，家庭教育的方法是糊涂的，甚至是错误的。大多数家长面对孩子的教育无能为力，特别是在广大的农村。根据《意见》要求，也是学校的组织责任未能落实。

第一节　农村家庭教育的现状萌生了"家庭四自教育"

我一直关注留守儿童的生存状况，多年来研究学生家庭教育现状及对策。对留守儿童家庭教育现状进行了深入调研。根据《国务院关于加强农村留守儿童关爱保护工作的意见》对于农村留守儿童的定义是指父母双方外出务工或一方外出务工另一方无监护能力、不满十六周岁的未成年人。

2011年10月对2059名小学生留守情况调查数据如下：父母全在家占19.7%，单亲在家（即只有父或母）占17.2%，寄养在爷爷、奶奶、外公外婆处的占57.8%，寄养在亲戚朋友处的占1.5%，无人照管即自己管理自己的占3.8%，居无定所的为0，留守儿童占比63.1%。

2013年9月对学校2262名学生进行了调查，调查数据如下：父母全在家占22.6%，单亲在家（即只有父或母）占20.5%，寄养在爷爷、奶奶处的占41.8%，寄养在外公外婆处的占10.1%，寄养在亲戚朋友处的占3.6%，无人照管即自己管理自己的占1.4%，居无定所的为0。留守儿童占比56.9%。

2015年10月，对城郊学校2616名学生留守情况调查数据如下：

父母全在家占25.5%，单亲在家（即只有父或母）占29.2%，寄养在爷爷、奶奶34.6%、外公外婆处的占8.3%，寄养在亲戚朋友处的占 2.3%，无人照管即自己管理自己的 2 名占 0.08%，居无定所的为 0。留守儿童占比 45.3%。

2022 年 5 月我在本县较为偏远的一个乡镇小学进行了留守儿童全员调查。情况如下：总人数 258 名，父母双方都在家 37 名，占 14.3%，父母一方在家 54 名，占 20.9%，爷爷奶奶监护的 137 名，占 53.1%，外公外婆监护的 29 名，占 11.2%，自己管理自己及居无定所的为 0，寄养在其他亲戚处的 1 名，2.3%，父母双方都不在家 166 名，留守儿童占比达 64.3%。

从这些数据说明，中心场镇的留守儿童数量逐年减少，城郊学校比其他中心场镇留守比例要小很多，边远乡镇留守儿童的数量明显高于中心场镇，数量仍然处于高位水平。不过随着经济社会的发展，人们对孩子的教育越来越重视，但仍有 40% 以上是隔代教育，而边远乡镇甚至达到了 64.3%。而农村这一代爷爷奶奶、外公外婆，文化层次普遍不高，他们认为自己的任务就是让孩子吃得饱、穿得暖、不生病或少生病，至于教育那是学校的事情。而吃得好、穿得好、身体棒棒他们都难以保障，因为他们不懂得营养搭配。穿衣也谈不上合体尚美，恰到好处，总是大一号，因为他们总是想孩子是长的，能多穿一年是一年。节约意识，无可厚非，但对培养孩子审美、自尊、自信、自主就有一定的反作用。健康管理也缺乏科学的方法，特别是环境卫生、个人卫生、饮食卫生更是难以达标。

我曾经安排学校教师对镇上所有租房户进行了全员调查，发现了农民在由村民变为市民的过程中出现的问题。乱扔垃圾、家里没有冰箱的剩饭剩菜留到下顿吃，衣服到处乱放，洗了衣服不能规范晾晒。用电器使用不规范，电线私拉乱接，存在安全隐患等等。我们整理形成了调研报告，有图有真相，交给了当地政府，并和政府一道进行了环境整治。同时学校对学生、家长加强了卫生及用电安全知识培训，落实家长学生的共同责任，要求教师定期进行家访督查，形成上门指导机制和班上通报机制，因为大多数人是很顾及自己的颜面，所以达到了一定的震慑。另外镇府定期组织清扫背街小巷，收到了很好的效果。

我对口帮扶的几名留守儿童中，在例行家访中发现了一个爷爷领着两个孙子生活，目之所及怎一个乱字了得。我亲自去给他进行布置，哪个地方放餐桌，哪个地方放电磁炉，衣服晒什么地方按照怎样的顺序晾晒，进行了系统的指导。而且定时家访或者电话随访。学校教育做到这个份上，我认为是在做良心活儿。同时也为学校传染病防治做出了积极的努力。

而城市的现实是恰恰相反，过分精致，喝奶喝水用量筒量，一分不多，一分不差，保姆或者爷爷奶奶或者外公外婆像伺候小皇子、小公主一样。如呵护温室的花儿，他们很难有享受风雨洗礼的机会。家务活从来不会让孩子插手，生生地剥夺了孩子从小进行生活实践、生存技能训练的机会。不过城里新生代家长，文化水平相对较高，家庭教育水平也与时俱进，对孩子的教育要大大优于农村，家庭教育缺位比例要小很多。

家庭教育的缺位带来的问题。学生从小失去父爱、母爱或父母之爱，或多或少留下心灵创伤，不少学生存在心理异常、心理危机等心理健康问题。2006年老师在改学生习作中发现一个学生这样写道："我很小的时候父母都离开了家，我连他们长得什么样都不知道，也从来没有享受过父爱、母爱。学校的老师和同学都是那么冷漠，这个世界上没有人来关心我……"这个学生显然有些自闭了。我在和一个初二问题男生谈话的过程中了解到，他从上学开始就再也没有见过自己的父亲，那是整整八年没有父爱的孤独岁月啊！

还有无人看管的孩子，行为乖张异常，有的造成了未成年人犯罪。20 年前我在乡镇初中学校任政教主任处理过的初一、初二学生团伙下暴，偷自行车等事情。调查发现这些所谓的"问题学生"，大多是受监管不力的孩子。学生意外伤害事故时有发生，几乎是农村由于监管缺位诱发的悲剧。我有位小学同学，他和自己的姝姝两家都在外面打工，他的一个男孩与他姝姝的一个男孩都寄养在自己的父母家，一天放学后，两个孩子玩得无聊，到池塘戏水双双溺水身亡，惨不忍睹啊！

另外家、校联系困难，学生在校出了事，找不到监护人。即使有爷爷、奶奶、外公、外婆的，他们有的老弱多病，难以行使监管义务，管不到、无法管，个别老人连走到学校的力气都没有。我在初中负责的时候，有一个女生喝药了，学校紧急送附近医院抢救后，要送县医院进一步治疗，通知家长到位，结果只有一个八十几岁的老奶奶，行动不便。她母亲离家出走，父亲是残疾好多年没有回家。所以学校只好派人进行陪护，直到学生康复。

2006 年，我对路阳九年制学校小学部 24 个班，1802 名小学生进行了全部调查，调查数据如下：父母全在家占 22.6%，单亲在家（即只有父或母）占 20.5%，寄养在爷爷、奶奶处的占 41.8%，寄养在外公外婆处的占 10.1%，寄养在亲戚朋友处的占 3.4%，无人照管、自己管理自己的占 0.8%，其他的居无定所（即今天住爷爷家，明天住叔叔家等亲戚家的）占 0.6%。初中生双亲在家的就更少了，我校初一一班 78 名学生父母双亲在家的仅有一名。从这些数据说明，当时乡镇的家庭教育可以说是严重缺位，给学校教育带来了很大的困扰。

近 20 年来，国家富强了、经济发展了，社会治理有了长足进步，人民群众的生活越来越好，全面进入了小康社会。家庭教育明显改善，学校教育服务能力越来越强，教师与家庭的沟通更加便捷，留守儿童数量呈逐年下降趋势，上面列举这些现象也逐渐变少了。但要真正让家庭履行正确而有效的教育责任，作为教育人我们应该肩负起历史责任。

家庭教育的乱作为带来的问题。隔代教育造成溺爱现象严重。年事已高的爷爷奶奶、外公外婆虽然对孙子有无限的爱，但不懂如何教育孩子，孩子有求必应，养成了孩子好吃懒做、好逸恶劳的习气。同时为了不让自己的孩子在学校吃亏，教育孩子要强势，如要求孩子打架一定要打赢，不要管别人的闲事，做精致的利己主义者等等。同时不能很好地和自己孩子说话，要么吼天震地，让孩子惶恐不可终日，要么总是把自己的孩子说得一无是处，严重打击孩子的自尊心和自信心。

我有一个转弯抹角的亲戚，他的孩子以 720 多分考入本县最好的重点高中，成绩在全年级 200 名左右，她奶奶总是说他考不上 985、211 学校，孩子的爸爸说他奶奶要多表扬孩子，不要总是高压打击孩子。她奶奶向我道起了苦水。两个儿子儿媳长年都不在家，她带五个孙子，每天买菜要用背篼去背菜，为了他们的吃，费尽了心机。这点累不算什么，关键是孩子的教育，让自己心力憔悴。把孩子批评了，他躲在自己的房间里，不理你，你又进不到屋，还好卧室装了防护网，但家里客厅没有防护网，万一趁你睡着了，出事了咋办？所以她一夜不敢睡觉，在客厅守着，时不时把耳朵贴在门上听听动静，只有感觉没事了，才在沙发上打个盹，第二天还得照常买菜做饭，诚惶诚恐，周而复始。

我在想学生的成长是非常复杂的，家庭教育不是简单地表扬或批评、打骂能解决的。这些老人们的教育方法不怎么科学，但我们真的无法指责，从良心深处感谢中国的老人无私地付出，这是这个民族无私奉献、勤劳上进的伟大品质。唯有开展"家庭四自教育"方能改变几千年来家庭教育的现状。

社会乱象给教育环境带来的问题。无数个家庭组成了社会，社会诚信危机给教育带来的挑战，社会教育缺少正能量。前几年媒体报道的多起扶老人遭讹诈的问题，我原来生活的小镇上一位邻居姓赵，他的上小学的孩子就遇上这样的事，他家本来是从农村到镇上租房住，家庭经济条件并不好，因为这个事自己还赔钱了。我感觉小时候镇上民风多淳朴啊，怎么现在物质条件上去了，精神文化每况愈下。社会功利为先，现代人异常浮躁，变得越来越冷漠，越来越少同情心，事不关己，高高挂起，明知不对，少说为佳。自己打扫门前雪，不管他人瓦上霜，没有利益的事绝不干。对学生在社会上违规违纪，大家选择无视，很少有人指责与教育，因为护短的家长不在少数，以免自找麻烦。而有的不法商家甚至引诱未成年人下水。如网吧、游戏室、溜冰场、台球室、商店以前大多开在学校的周围，当然现在整治好转了，规范了，家长老师省心了。以前游乐场可开通宵，商店可卖零烟，在他们心中只有银子是白的，孩子都是别人的，更不会想到孩子是国家的未来，民族的希望。

面对家庭教育的现实，我有一种强烈的冲动，想运用一种机制让家庭教育取得实效，于是就有了"家庭四自教育"的萌芽。

第二节　从众多教育思想中探寻
"家庭四自教育"智慧

　　风靡全国的新教育实验对家庭教育的父母观、儿童观、家庭观的基本主张具体以下三点。一是父母是孩子的第一任老师。二是童年是人生最关键的阶段。三是家庭教育是最薄弱的环节。这三点反映了家庭教育的现实—薄弱；界定了家庭教育的责任—父母；指出了人生关键阶段—童年。基于以上观点推进每月一事，家校合作共育的实践探索，取得了实实在在的效果。

　　英国学者赫胥黎说："欲造伟大之国民，必自家庭教育始。"这个在孟母三迁的故事中，得到了有力的印证。因为有良好的家庭教育，所以造就了一个哲学家、思想家、教育家。孟子能被称为伟大之国民。

　　"一个为母亲特别钟爱的孩子，一生都有身为征服者的感觉；由于这种成功的自信，往往可以导致真正的成功。"这是著名的心理学家、精神分析学派创始人弗洛伊德说的一句话。毛泽东在其童年就受母亲的钟爱，与之恰成对比的是，父亲对他则格外严厉。自幼受父母双方的影响，毛泽东铸就了特殊的个人秉性：一方面，母亲的钟爱使他一身"傲骨"，充满自信；另一方面，父亲的严酷使他不仅懂得反抗，还学会了自我完善的本领。父母不仅给了毛泽东的生命，而且对他的一生影响深远。

　　看看毛泽东的《七绝·咏蛙》是何等的霸气。

独坐池塘如虎踞，绿荫树下养精神。

春来我不先开口，哪个虫儿敢作声。

再看看毛泽东写于 1909 年的《七绝·改西乡隆盛诗赠父亲》，诗中流露出的他的理想与抱负。

男儿立志出乡关，学业不成誓不还。

埋骨何必桑梓地，人间到处是青山。

最为巅峰是《沁园春·雪》，看看下阕：

江山如此多娇，引无数英雄竞折腰。惜秦皇汉武，略输文采；唐宗宋祖，稍逊风骚。一代天骄，成吉思汗，只识弯弓射大雕。俱往矣，数风流人物，还看今朝。

突出体现了毛泽东词风的雄阔豪放、气势磅礴的风格，后人无人能及。毛泽东伟大，他也真正成功了。

苏霍姆林斯基在《育人三部曲》中所说："童年是人生最重要的时期，这不是对未来生活的准备时期，而是真正的、灿烂的、独特的、不可重现的一种生活。所以，今天的幼儿将成为什么样的人，起决定作用的是如何度过童年，童年时代有谁携手领路，周围世界中有哪些东西进入了他的头脑和心灵。"携手领路的人自然是家长、教师，周围世界的东西包括家庭的、学校的、社会的林林总总的东西。我们都知道童年重要，但更应该理解为童年的教育更重要。特别唤醒缺失了的家庭教育，特别研究家庭教育，特别有效地进行好家庭教育最重要。

蒙台梭利告诫我们：无知地对待儿童比无知地对待成人更可怕。这让我想起了阳台上的盆景，园艺师让那些幼苗按照自己艺术设计进行了引导规范或强制生长。再看看小区的小树，有人去进行一定的修剪，慢慢地它也成了参天大树，它们各得其所，点缀了美丽小区，但是如果把未来的大树硬生生地做成盆景，那会造成多大的伤害。当我们不懂教育规律，无知对待儿童，那将给儿童带来多大的创伤。特别是那些不懂教育方法的家长，因为孩子大多数时间是和自己的家人一起度过的。

梁启超先生说："故治天下之大本二，曰：正人心，广人才。而二者之本，必自蒙养始；蒙养之本，必自母教始；母教之本，必自妇学始。故妇学实天下存亡强弱之大原也。"这里我们看出的是女子教育的重要性。犹太教育家弥塞亚也说"一个母亲的影响抵得上一百个学校的老师"，说明母亲的在家庭教育中的突出地位。

历志红、王燕在《犹太人的家庭教育》一书中写道：在家庭教育中母亲对孩子的教育是最具人性化的教育。男人是人类的头脑，女人则是人类的心灵；男人是人类的理性，女人是人类的感情；男人是力量的象征，女人则是文雅、华美、快乐的象征。尽管男人能够提供智力，但是，感情的开发却是由母亲完成的。

母爱是我们看得见的神灵，她的影响是永远和普遍的。从一个新生命诞生的那一天起，母亲就开始承担起导师和启蒙者的角色。孩子最终成为一个什么样的人，主要取决于他从第一个具有影响力的教育者那里所接受的训练和榜样的示范。

不知咋的，我的脑海中现在还存在母亲在自家菜园地挖地，把我放在小被子上自行玩耍的温馨画面；她对本村特困人家的帮助和总是给来要饭的人员的慷慨施助的善良；还有她那柔弱的身姿在田地劳作的勤劳与坚强；我们无论怎样顽皮或偶尔犯错从来没有打过的宽容。这些其实对我的人生影响是真实而深刻的。

《犹太人的家庭教育》还写道：孩子时时刻刻都在模仿着他的母亲，一个家庭的幸运与不幸，是开化还是无知，是文明还是野蛮，在很大程度上取决于女人在她特殊的王国，也就是家庭中的权力的运用。

当优秀的母亲在家庭中营造良好的道德氛围时，她们就为人类的精神世界提供了丰富的养料。她们为人类的进步所作的努力是男人们不可比拟的。女人在理性的指导下，以温和的性情和宽容的精神，给孩子创造了一个欢乐、和谐的氛围，这种氛围下成长起来的孩子不但善良，而且性格坚强。

相反，如果一个母亲行为不检，对孩子吹毛求疵，性情暴躁，极不安分，那么，家庭就会是一个让人生畏的人间地狱，人人唯恐避之不及，更谈不上一往情深的迷恋了。在这样的家庭中长大的孩子给社会带来的可能是不幸，生长在这样的家庭中的孩子是痛苦的。

我非常同意书中的观点，高屋建瓴。作为一个母亲，她的品格的状况也可以说是一个民族品格的状况。

但不能说明父亲在教育孩子的过程中的不重要。我个人认为，我的父亲对我一生的成长影响是最大的。他生在解放前，读的是私塾，背诵的是四书五经，他说人生有两件最重要的事，一个是耕田，一个是读书。然后只要是在桌上吃饭，或是睡觉前，都会给我们读《增广贤文》《劝世文》《道德经》《大学》《中庸》等，即使自己参加工作了，只要有机会，他都会拿出他的手抄本，或读或唱。那个时候对修身、齐家、治国、平天下似懂非懂，但有些话至今还能记忆清晰，比如：读书须用意，一字值千金；钱财如粪土，仁义值千金；路遥知马力，事久见人心；养子不教如养驴，养女不教如养猪；大学之道，在明明德，在亲民，在止于至善等等。这些话对自己也产生了或多或少的影响。后来自己当了校长后《道德经》里的一句话"太上，下知有之。其次，亲而誉之。其次，畏之。其次，侮之。信不足焉，有不信焉，悠兮其贵言，功成事遂，百姓皆谓：我自然。"意思是说，最好的统治者，人们仅仅知道有他，次一等的人们亲近他赞美他，再次一等的，人们害怕他，最次的，人们看不起他，统治者不值得信任，人们自然就不相信他！最好的统治者是多么悠闲啊，他不轻易发号施令，事情办成功了，老百姓都说我们本来就是这个样的。这对我在管理过程中，不揽权专权，揽功诿过，运用思想与精神统领大家和以人为本管理思想的形成，起到了一定的作用。有一种管理者总是洋洋自得地夸耀自己，说单位上的职工是如何如何地怕他，其实按照上面的标准，只能是三流水平了。

所以在家庭教育中，我们不能忽视父亲的重要作用，比如男人的负责与担当，勇敢与坚强，执着与坚守。这些都会给自己的孩子非智力产生较大的影响。

心理学家戴维·埃尔金德说："孩子们最需要知道的是，他们对父母很重要，永远都被爱围绕。"孩子怎么知道，爱需要述情。这点西方人比中国人做得要好得多，西方人总是在语言表达上更为直接，把"我爱你，宝贝"总是挂在嘴边。中国人表达感情比较含蓄，爱在心里，不会挂在嘴上。甚至有一句俗话"打是亲、骂是爱，不打不骂就要变坏！"因为不会述情，所以很多时候孩子不知道父母是否爱他，产生很多误会，导致亲子关系紧张。

作家尹建莉说过："教育孩子，无非是好好和他说话，不着急、不发火，做到这一点，就成功百分之八十了。"中国人最为恼火是不能好好说话，网络上的一篇文章说得太好了，中国人总是对外人客客气气，对自己亲人说话总是不讲艺术，总是说出来就伤人。

教育家杜威认为，教育并不是一件"告诉"和被告知的事情，而是一个主动的和建设性的过程。要使儿童在实践中获得内心真实体验，从而自己悟出其中的道理，比直接告诉儿童该怎样做，收效要明显得多。

广州番禺张中良夫妇收养了很多孤儿，一天，张中良让家中的小女儿慕恩带着眼睛看不见的姐姐美春出去玩，不知为何慕恩独自回来了，她将美春一个人丢在了外面。张中良知道后并没有进行批评教育，只是用毛巾蒙住慕恩的眼睛，让她自己在外面走一段路。自那以后，再没有发生类似的事情，慕恩变得特别懂事。这是一种体验教育，它比责骂体罚或者讲一堆道理印象深刻得多，效果明显得多。所以我们家长也应给孩子道德实践与体验的机会，让他们有积极的有意义的体验。比如帮助别人了，会受到感恩和赞扬，做错事了，会受到非议和谴责等。

卢梭说过，3种对孩子不但无益反而有害的教育方法是：讲道理、发脾气、刻意感动。

教育家的话，我们也不能完全迷信，该讲道理的时候还是要讲的，不讲孩子怎么知道是非对错，只是要抓住恰当的时机。反正我认为我的道德观，人生观的形成与父亲说劝世文是分不开的。该发脾气的时候，偶尔也可以发一次，也是会产生作用的，代表你有脾气，不能总是发脾气，那是无能和缺乏方法的表现。我小学一年级的时候喜欢唱读，一次父亲让我背当天所学课文，我一字不落地背下来了，正当我得意忘形的时候，他突然用两只手把书的页面前后捂住让我认字，我认错了，这个时候，他发脾气了，把我的书从大门扔了出去，骂我不认真，唱月亮光光，只差没有动手，雷火阵仗挺吓人的，从那以后，我再也不敢敷衍了事了，成绩直线上升，班上数一数二，很快就是班长了，从此再没有因为成绩差而遭遇他发脾气。我在想，如果不是那次父亲发脾气，我的月亮光光不知要唱到什么时候才能改正过来呢！当然刻意感动不好，有点虚情假意，而真诚的感动胜过讲十遍道理。有这样一个故事，一农村家长给自己在县城的孩子送零花钱，因为去晚了没有进到校园，为了节约住宿费，就在学校院墙下面靠着睡着了，半夜他的孩子翻院墙出去打游戏，一看是他的父亲，马上又翻了回去，第二天一早，父亲把钱交给他就回去了，这孩子再也不去打游戏了，而是努力学习，最终考上了重点大学。

　　事实上，孩子总是离不开父母的影响和教育的。多年研究我得出这样的结论：学生随和易于交往，肯定生活在一个和谐民主的家庭；学生暴力、性格乖张，多半生活在有家暴而不民主的家庭；学生勤奋、积极向上，多半生活在勤劳、富足和谐的家庭；学生邋遢、不讲卫生，多半生活在不修边幅不爱整洁的家庭。恰当的家庭教育，是学生健康成长的基础保障；不恰当的家庭教育，孩子则可能出现这样或者那样的问题。每个人的个性心理特征上，都可以从其童年生活中找到相关的影响因素。

第三节 《家庭教育促进法》坚定了推行 "家庭四自教育" 的决心

《家庭教育学》对现代家庭教育有一个定位。"家庭教育在造就人才的启蒙教育和全人类指导的终身教育中，具有无可替代的独特作用。重视和优化家庭教育，不仅是社会繁荣与发展的需要，也是完善个性、保健身心，使人享有快乐人生及家庭幸福的需要。"（邓佐群编，福建教育出版社 1997 年版。）

家庭教育的不可替代性和人们只关注学校教育，少关注家庭教育形成了难以调和的矛盾。

当家庭和学校在喋喋不休地责任争议中，恰恰学校处于弱势，因为共产党的初心和使命是为人民谋幸福，为民族谋复兴的，所有的财政供养的工作人员都是要全心全意为人民服务的。学校成了无限责任公司，无权要求家长在教育学生的过程中发挥任何作用。因为对于家庭教育既无标准，也无方法，更无约束，人们只认为教育就是学校的责任。学校老师不能要求家长辅导孩子的家庭作业，难道有能力的家长也不能看一看、改一改自己孩子的家庭作业？只是我们的老师也要站在家长的角度思考问题，不能搞一刀切，因为有的家长不会，要区别对待，尽量不给家长造成困扰，但我仍然坚持认为有水平的家长，可以为自己的孩子作力所能及的辅导。不能在微信或者 QQ 群里布置家庭作业，难道现代信息技术不可以方便一用？减轻学生在黑板上抄录的辛苦，节约了时间，目前中国的家长有这个条件，都有网络，家长都进了群，未尝不可。这是我想可以苛求教师设计作业的科学性，不必在意传递信息的快捷性。不能要求家长因为孩子严重违反了校规校纪后到学校配合处理，难道就只有教师上门这唯一的路径？那谁还重视自己孩子的教育。总之，老师不能要求家长为自己的孩子尽一个家长力所能及的管理指导教育义务。更有意思的是，有的教育主管部门，还明文禁止上述行为。这体现了人民至上的思想，但是未能体现孩子至上理念。我想只有学校家庭共同树立了孩子的教育至上了，也是更好地保障人民至上。历史的潮流滚滚向前，在勇立潮头改革者的实践不断深化的背景下，人们把关注的焦点移向了家庭教育。

2021年10月23日，十三届全国人大常委会第三十一次会议表决通过《中华人民共和国家庭教育促进法》（以下简称《促进法》）。

当我看到这个法规后，我有些激动，我认为中国的孩子幸甚、教师幸甚、教育幸甚、民族幸甚。

该法为中国历史上首部家庭教育方面法律，明确未成年人父母或者其他监护人负责实施家庭教育。依法明确了家庭教育主体责任。国家和社会为家庭教育提供指导、支持和服务。旨在矫正家庭教育中可能发生的不当行为，同时对能力与资源不足的未成年人父母或其他监护人赋能。对家庭责任、国家支持、社会协同和法律责任做出界定，明晰了学校和家庭在育人中的责权边界。该法为家庭教育法治化、规范化、科学化创造了新的条件。同时为我系统总结"家庭四自教育"经验，提供了法律支撑，也为我大胆尝试在家庭开展"四自教育"提供了理论方向、政策支持、目标内容和方式方法。

《促进法》规定，县级以上地方人民政府应当加强监督管理，减轻义务教育阶段学生作业负担和校外培训负担，畅通学校家庭沟通渠道，推进学校教育和家庭教育相互配合。目前"双减"工作正在学校落实，也产生了一定的效果，明显感觉小区内孩子打闹的声音多了起来，篮球场上中小学生的身影多了起来，说明政策的作用在逐渐显现。

《促进法》规定未成年人的父母或者其他监护人应当合理安排未成年人学习、休息、娱乐和体育锻炼的时间，避免加重未成年人学习负担，预防未成年人沉迷网络。

这点为"家庭四自教育""的设计提供了政策保障。说得容易做则难啊，合理设计安排，相对容易，做到的问题就是谈何容易了。比如：家长预防未成年人沉迷网络的问题。我有一个亲戚的孩子，初三勉强考上了一所普通高中，成绩不理想，主要原因就是因为游戏入了迷，父亲在外打工，母亲在家里进行陪读。为了不让他打游戏，伤透了脑筋，什么办法都想尽了，但是就是没有效果。一至周五，不让他带手机到学校，他会去买一个二手手机，回到家里，你看见他在看书，结果，他把那本厚厚的资料中间挖了一个洞，恰恰放下一个手机，在那里打游戏。一天夜里终于被他母亲发现了，于是就没收了。这一下就爆发了，他便收拾箱子，要离家出走，母亲堵住大门，对峙一夜。为了让孩子能到校读书，母亲还是作出了让步，允许他周六周日玩两个小时。后来还是不行，学生干脆要求住读学校，家长还是没有丝毫办法，只好同意。问我该怎么办，其实事已至此，已是冰冻三尺，非一日之寒了。我只能给他讲：把你反对他玩游戏的理由纸写笔载，同时写清楚，你作为家长已经履行了监护、告知、教育的责任，让他签字画押。自己的路，自己走，今后生活怎么样，不能埋怨家长，家长也不承担这样的后果。后来我了解一下，他又拒绝签字。我说，那证明还是有点效果嘛，那你就告诉他，你用手机把音录上和告知书作为长期证据保存，你也不用过分要求他了，只是给他的老师取得联系，让老师予以帮助。听说现在好像有所收敛。这个例子说明，家长真的是太难了。我想如果从小实行"家庭四自教育"结果会不会不一样呢？也就是帮助未成年人的父母或者其他监护人科学合理安排未成年人学习、休息、娱乐和体育锻炼的时间，避免加重未成年人学习负担，预防未成年人沉迷网络。如果这个机制设计科学，家庭运用得当，家校配合，说不定真的能解决伤透亿万家长家庭教育的效率问题，肯定是功德无量。

当下，《促进法》要求各级政府成立家长指导委员会，说明家庭教育存在资源不足，特别是在广大的农村家庭教育资源更是严重匮乏。要解决这些问题，还是要发挥每个学校、每个教师的能动性，让他们踊跃参与到家庭教育这个惠及子孙、影响民族素质的事业中来。国家要培养一名合格的人民教师需要付出多少的人力物力。但是面对成万上亿的家长，他们的教育思想与教育方法的培训指导是一个多么浩大的工程，但不积跬步，无以至千里，这也是每个教师的重要使命与历史担当，需要我们一代又一代教育人锲而不舍地努力。这不是唱高调，政策再好，如果执行层不能完成最后一公里的问题，那么一切都是枉然。所以需要我们每一所学校的每一名校长，每一名教师以时不我待的使命感去组织、培训、指导家庭教育。

《促进法》的问世，让家庭教育已上升为国家战略，由无足轻重的"家事"提升为万众瞩目的"国事"，顺应双减政策的大趋势，必将对中国的家庭教育产生深远的影响。《促进法》明确了家庭责任及要求：父母或者其他监护人应当树立家庭是第一个课堂、家长是第一任老师的责任意识，承担对未成年人实施家庭教育的主体责任，用正确思想、方法和行为教育未成年人养成良好思想、品行和习惯。

这实际是把家庭家长的有限责任进行了明确的界定，从而澄清家长社会总是把学校的教育责任无限放大的模糊意识。进而审视自己的所作所为对自己孩子产生的积极或消极的影响。调整对教师适当布置家长管理孩子品德习惯、辅导孩子学业的反感心态。真正承担起自己家庭教育的主体责任。当然也给"家庭四自教育"的推进，给家长带来的自我约束及对自己孩子教育责任约束，提供了政策依据。自然给我研究"家庭四自教育"理论体系，提供了强大的思想动力。

《促进法》也规定了学校的社会协同责任及要求：中小学校、幼儿园可以采取建立家长学校等方式，针对不同年龄段未成年人的特点，定期组织公益性家庭教育指导服务和实践活动，并及时联系、督促未成年人的父母或者其他监护人参加。

这给学校在家庭教育培训管理等提供了强大的支持，但同时也给学校如何开展家校联系，父母如何在家庭教育中科学地做到言传身教，提出了研究的空间。

推行"家庭四自教育"，其实就是对国家战略落地的一种实践研究，一种最为微观的操作探索。

在中国城市家庭教育调查中发现，有10%左右的父母对自己的教育义务认知不明，那农村呢？这种现象怕更加普遍了，所以在农村推动"家庭四自教育"具有更紧迫的现实意义。

《促进法》第十六条提出了开展家庭教育的内容，第十七条提出了合理运用家庭教育的方式方法。这给"家庭四自教育"的设计提供了更为具体的目标内容、方式方法。

第二章 "家庭四自教育"的设计思路

中国教育学会 2016 年家庭教育国际论坛提出新课题"父母向孩子学习,与孩子一起成长",英国剑桥大学社会人类学家艾伦．麦克法兰教授指出,"家庭教育方式从家长教育孩子的自上而下规律,逐渐变为孩子影响家长的自下而上的自我提升"。我有一位同事,她讲自己要求孩子读书的同时,自己也按时读书;要求孩子练习演讲,自己也跟着练习演讲;要求孩子早睡早起时,自己也跟着养成了早睡早起的良好习惯。还有一个朋友自己有一个不吃早饭的坏习惯,但是在要求孩子必须吃早餐的同时,自己也改掉了不吃早饭的不良习惯。老子说:"圣人处无为之事,行不言之教。"身教重于言传,凡是要求学生要做到的事,家长要尽量做好榜样。俄国教育家乌申斯基说:"只有人格才能影响人的发展和形成,只有性格才能铸造性格。""家庭四自教育"就是家长和学生一起成长的一套实践操作系统,是家长对孩子的温情陪伴,也是家长向孩子学习,与孩子一同成长的过程。

一、"家庭四自教育"设计应有利于儿童权利保护

天津教育科学研究院研究员关颖在其著作《家庭教育社会学》有这样一句话:"对家庭而言,尊重和保护儿童权利是抚养教育孩子的底线和基本内涵,也是孩子教育的起点和归宿"。中国青少年研究中心家庭教育首席专家孙云晓指出,家庭教育指导实现转变为"从家长的为所欲为，到尊重儿童权利"。儿童权利最直接最通俗的表现就是在家庭中的话语权。我在"家庭四自教育"设计中，让孩子和家长一起讨论相关的岗位及职责，其实就是落实孩子的话语权。家庭中重大事项，重要决策，尽量征求家庭成员意见，统一成员意见。我一直是这样做的，不要认为孩子还小，不懂事，从小要培养这种民主意识。把家庭变为一个讲理的地方，特别要和孩子讲道理，而且要耐心细致。和孩子展开平等对话，不总是盛气凌人，要求孩子唯命是从。孩子提出的正确的意见和建议，家长要尊重和采纳。家长如果错怪了孩子，及时真诚地道歉。同时在不违背大的原则情况下，请提供独立的空间，允许孩子有独立的思想，独立的兴趣、独立的决策，独立的方法、独立的行动。

现实是我们不论是从城市还是农村，整体上走向了另一个极端，那就是过分强调了儿童权利，尊重也过分了。比如独生子女的家庭教育，隔代教育。小皇帝、小公主、小胖墩的出现就是一个缩影。但是由于家长不懂教育，不懂法规，为所欲为的时候也是有的，但现象明显减少。

我想大家要注意认识上的误区，强调儿童权利时，决不能放任自流，该有的规矩必须有。著名首富比尔盖茨也说过：身为父母，最重要的一项天职，便是在孩子年幼时，用规则来约束他们。

其实培养孩子规则意识，是孩子从小应该享受家长培养自己适应未来素质的权利。一个人有了规则意识，有了契约精神，有了底线思维，他就会立于不败之地，一生平安。

二、"家庭四自教育"设计应关注孩子勤奋精神的培养

互联网时代，是一个提倡技术的时代，是一个讲求效率的时代，是一个竞争的时代，但很少人再提勤奋的时代。

小的时候，是那些勤奋学习的故事，激励我一路前行。至今什么悬梁刺股、凿壁偷光、囊萤映雪、苏廷吹火读书、李密牛角挂书等等，还耳熟能详。并且还时时激励我在工作中刻苦学习。在减负提质的今天，我们更多地关注减负，却少有提及"勤奋"两字了。但古训"天道酬勤""一勤天下无难事"，总能引起我的深思。我认为，任何有作为的人，哪一个不是从小养成了勤奋和吃苦耐劳的习惯和精神。不论什么时代，勤奋的精神永远不能放弃。

我国唐代著名诗人、哲学家韩愈有一句治学名联："书山有路勤为径，学海无涯苦作舟"。意思是用书堆积起来的大山中，要想攀登遥远的高峰，勤奋就是那登顶的唯一路径；无边无际的知识海洋里，勤苦将是一艘前行的船，能够载你走向成功的彼岸。我认为"苦作舟"，可以调整为"乐作舟"。只要对学习产生浓厚的兴趣、快乐地面对学习，就不会有厌学之心，就不会感觉痛苦。我有体会，在读师范的时候，自己喜欢上了读书，真的就像每天必须吃饭喝水一样，到毕业的时候，真的还不想出去工作，只想在学校静静地读书多好，甚至想自己能够当图书管理员多好，想看什么书都有，那是多么幸福的事啊！

从古至今，有成就的人，都是从勤奋学习勤奋工作奋斗来的。没有春天的播种，夏天的耕耘，哪有秋天的收获。成功的背后往往是难以言说的艰辛。

荀子说："锲而不舍、金石可镂，锲而舍之，朽木不折。古往今来，大凡成功者，他们也许不是最聪明的，但一定是很勤奋的。没有哪一个著名的成功人士或科学家是一夜之间就功成名就的，而是几十年如一日刻苦加勤奋，才创造出一番成就。治学攻坚，唯一的路径就是勤奋，曾国藩天资平平，但就是一生勤奋才名流青史。王安石《伤仲永》中的方仲永五岁能作诗，可以说是天赋过人。但到十二三岁的时候，才气大减，当他二十岁的时候，就完全成了平凡的人了。原因就是没有坚持勤奋学习。

杰出的思想家顾炎武从小到老，从不离书的，惜时如金，即使是在行军还是避乱中，只要路过平原大道，他就坐在马背上读起书来。

匡衡家中没有蜡烛照明，因为家里太穷。他便用凿子把邻居家的墙壁凿了一个洞，借助这点光来读书。听说邻乡有个大户人家，家中有许多藏书。出于对书的渴望，匡衡做了个不要报酬的雇工，他只想读遍主人家所有的书。年复一年，他成了大学问家。

"发明大王"爱迪生，小时候不被老师看好，还认为智力有问题，但是他每天连续工作 20 小时，在试了 1600 种材料后，制作出了第一只会发光的电灯泡。

尼克松的家境并不富裕，一家人只能靠种地糊口。父亲在自己的菜园里辛勤劳作，供养着一家人。母亲则是一个有着文化修养的伟大母亲，更多地承担了教育子女的责任。自尼克松出生后，她就用自己的智慧和耐心教他。在尼克松 6 岁上学之时，母亲早就教会他读一些书籍了。童年的经历使他养成了勤奋用功的习惯，一生都保持勤劳，这为他以后的成功打下了坚实的基础。他靠自己的辛勤付出实现人生的目标。

这里再举一个生命不息，奋斗不止的普通人的勤奋故事。赵慕鹤，老家山东，年轻时为逃难到了台湾，直到 66 岁退休，他一直做着一份普通的行政工作。75 岁时，他跑去欧洲当背包客；87 岁时，重返大学念书；93 岁他选择到医院当义工；98 岁他成为全球最老硕士；105 岁时，又开始到清大中文系旁听，继续他独有的传奇。为了方便买车票、看病挂号，他开始学电脑、学上网、学英文。

曾国藩、顾炎武、匡衡、爱迪生、尼克松等，他们的成就都是经过不断的钻研与勤奋才获得的。

俗话说："笨鸟先飞"。意思是要不落后，就要比别人勤奋，就要比别人先行动，"笨鸟先飞"是一种不甘落后，勇于争先的表现。我们只要比别人勤奋，我们成功的概率就比别人大。

现正值百年未有之大变局，竞争已硝烟四起。美国处处打压我们，西方列强不希望我们崛起，随美起舞。我们每一个教育人要有历史的使命感，我们每一个国人要把勤奋当作一个美德来追求。一个人知识的多寡，能力的强弱、成功的大小关键还在于勤奋的程度如何。懒惰者，学习上不会优秀，事业上不会有建树。只有勤奋者才能在无垠的知识海洋里猎取聪慧，获得知识的力量。只要我们不怠于勤奋，不疏于方法，就一定能在书山学海、工作事业中达到理想的顶峰。为民族之强大贡献自己的一份力量。

"家庭四自教育"的实践精髓是勤奋，我们每位教师、每位家长，不能忽略勤劳、勤奋精神的培养。让孩子在"家庭四自教育"实践中逐渐形成勤劳、勤奋美德，孩子会终身受用的。

三、"家庭四自教育"设计应坚持实事求是因家施策的原则

因为千家万户，千差万别，每个家庭都有一本难念的经。"家庭四自教育"的设计，尽量规避过分理想主义色彩，坚持实事求是。要求各家庭根据自己成员实际和学生的认知水平，采用民主讨论，对操作系统进行调整优化，达成精准施策的目的。对家长的职责评价应采用简易性原则，让家长能轻松完成，起到示范引领而不至于过分约束。

第一节 "家庭自觉文明"的设计思路

一、"家庭自觉文明"设计，要符合中国家庭传统的伦理道德精华部分，同时兼顾现代家庭伦理道德的发展方向

设计应遵循儒家家庭伦理中父慈子孝、举案齐眉、相敬如宾、兄友弟恭，同时要兼顾自由、独立、平等相待、平等协商、诚信文明等优秀的现代家庭伦理道德的发展方向。

今天，我国社会已经进入"互联网+"时代，追求人的全面而自由的发展成了我们的社会理想。西方的意识形态不断输入，他们过分强调人的独立性，导致亲子关系淡薄，夫妻关系缺乏忠诚不稳定。父子在酒店一起吃个饭，实行 AA 制，缺乏人情味。清华大学教授杨燕绥在比利时留学的房东，是一个垂死的老人，要求她每天回来的时候，看看他死了没有，结果有一天当他用竹竿捅头的时候，老头不动了。他儿子第二天才回来，问他怎么不管自己的父亲呢？他儿子回答说，父亲交过税的，归政府管不归他管，一点人情味都没有。这些已经在中国年轻一代产生影响。同学聚会大多都是 AA 制，夫妻生活也出现了 AA 制，说明夫妻彼此缺乏信任，离婚率呈逐年上升趋势。我们要正面引导，尽量保持温情脉脉的亲缘关系。

但同时也应减少这种温情的背后负面问题，比如让爷爷奶奶、外公外婆带孙子，一些年轻人认为是理所当然的，推卸养育责任。我最近调查我县的一所边远乡镇学校爷爷奶奶、外公外婆带孩子比例竟然高达 64.3%。

另外，部分家庭的伦理关系逐渐向父母无条件地服从子女、丈夫或妻子无条件地服从对方转化。在家庭"自觉文明"设计中，注重引导亲子关系上的"民主教育"和夫妻关系上的"平等协商"，杜绝各种"无条件服从"关系，重视家庭成员的权力和责任，珍视一方烟火的天伦，践行家和万事兴的文化。

《围炉夜话》里说，"百善孝为先，论心不论迹"。

怎样做到孝，除了践行"孝"的新内涵以外，《论语》中还有一句话我认为很有操作性："子夏问孝，子曰：色难。"意思是子夏向孔子请问什么是孝。孔子说：晚辈常保恭敬和悦的神色是最难做到的。微笑与好好说话，是孝最为温馨的行为。传统家庭伦理中孝的要求太高了，太细了，我们要与时俱进，尊重父母人格，赡养父母生活，把尊敬长辈纳入礼仪范畴。《三字经》里有一句话"香九龄，能温席"。说黄香九岁时，为了让父亲睡的时候不感觉到冷，就懂得帮父亲捂暖被子。这是一个具体的例子。引申到现在，学生能为父母长辈做些什么呢？一句和颜悦色地的问候，一个感激感恩的目光，一杯清香四溢的热茶，一盆热气腾腾的洗脸或洗脚水，一份用心准备的礼品，一张擦拭汗水的手帕，一份力所能及的家务等。

家庭中家长在"孝"的行为上要起到示范作用。俗话说"屋檐水点点滴，点点滴在现窝里"。说的就是一个不孝的家长是培养不出一个孝顺的孩子的，孩子的孝顺一定会在家长的孝顺中找到影子。我有一位朋友，在家庭教育方面很成功，真正做到了言传身教。一天晚上，我接到他打来的电话，他在电话中非常激动地告诉我，他的儿子打来电话把他感动哭了。一是说，请父亲放心，他在中铁工作，在陕西安康的项目组，虽然很艰苦，但是他把这个当成是锻炼自己的意志的机会，他一定会好好干。二是说第一个月工资发了，给父亲 887 元，给母亲 888 元，为什么要少

1 元呢？为了让母亲更高兴一点，父亲也一定会高兴的。另外给爷爷奶奶外公外婆各 200 元，请父亲转交，而且，以后的每一个月给四位老人每人 200 元，都由父亲转达。如此孝道的孩子是怎么培养出来的呢？原来这位朋友，每月都会给双方父母钱，而且每次都是让他的儿子送达，这个过程就是培养孝的过程。

我在这方面也有很深的体会，20 世纪 90 年代条件很艰苦，父亲和大哥都在农村，我给父亲零花钱的同时也会给大哥一份。另外每当家里栽秧打谷，我都会回家出钱出力。平时只要我们吃一回肉，就会炒好了分一部分给父亲带回去。1997 年我家有一部公用电话，我的儿子四岁了，他自己守电话挣的钱，他都会存好，一周给爷爷，一周给外婆。他大学第一个暑假打工挣了 1500元，用去 1000 元给他母亲买了一个包，给我买了一条西裤，现在只要我们有需求的东西，他都会第一时间从网络上买回来，毫不吝啬，不论贵贱。这些既是孩子耳濡目染的结果，也是家庭教育的结果。

二、"家庭自觉文明"的设计，要符合《家庭教育促进法》的相关要求

《促进法》第三条　家庭教育以立德树人为根本任务，培育和践行社会主义核心价值观，弘扬中华民族优秀传统文化、革命文化、社会主义先进文化，促进未成年人健康成长。第十六条未成年人的父母或者其他监护人应当针对不同年龄段未成年人的身心发展特点，以下列内容为指引，开展家庭教育：教育未成年人爱党、爱国、爱人民、爱集体、爱社会主义，树立维护国家统一的观念，铸牢中华民族共同体意识，培养家国情怀。教育未成年人崇德向善、尊老爱幼、热爱家庭、勤俭节约、团结互助、诚信友爱、遵纪守法，培养其良好社会公德、家庭美德、个人品德意识和法治意识。这些内容都是家庭"自觉文明"设计的主要目标和内容。

第二节　"家庭自我管理"的设计思路

《促进法》第十六条（五）　关注未成年人心理健康，教导其珍爱生命，对其进行交通出行、健康上网和防欺凌、防溺水、防诈骗、防拐卖、防性侵等方面的安全知识教育，帮助其掌握安全知识和技能，增强其自我保护的意识和能力；

《促进法》第十六条（六）　帮助未成年人树立正确的劳动观念，参加力所能及的劳动，提高生活自理能力和独立生活能力，养成吃苦耐劳的优秀品格和热爱劳动的良好习惯。

犹太拉比朱丹拉说：勤劳工作与学习《律法书》一样会收到相同的效果，因为辛勤工作和学习都会把邪念逐出头脑。所以让孩子和家长在有意义的学习和家务活动中，减少不必要的毫无意义的无聊的情况发生，这也是家庭"自我管理"的功用。

许多犹太教育学家认为家长应该为做家务的孩子建立一个奖惩制度，做到恩威并施。

一、"家庭自我管理"的设计教育目标要明确

要充分体现每个家庭成员在家庭的责任与义务，孩子也是家庭的重要成员，让他们完成力所能及家务事，可以培养他们责任意识、担当意识、协作意识，培养他们实践能力、生活能力、观察能力、思维能力、创新能力。同时给孩子带来成就感，因为他们为家庭作出自己应有的贡献。在劳动的过程中，让他们体会到父母的辛劳，从而让他们从小有一颗感恩的心，不总是让他们养

成衣来伸手，饭来张口，这种理所当然的养尊处优习惯。还有孩子参与家务劳动，可以调节他们一天学习的紧张情绪，做到张弛有度。

我自己的孩子从 5 岁上小学起就参与家庭便利店事务，主要是卖东西，守公用电话。家里洗碗的家务，他也整整做了一个暑假。

《家庭教育》报道，犹太民族中很多所大学中的一些社会学家、行为学家和儿童教育学家，对以色列地区 456 名少年儿童作过长达 20 年的跟踪报道发现，爱干家务的孩子与不干家务的孩子相比，长大后的失业率为 1∶15，犯罪率为 1∶10，前者比后者的平均收入要高出 20%。同时，爱做家务的孩子长大后离异率、心脏病患病率也较低。

重庆市沙坪坝区滨江小学有一门校本课程，六年学会十二道菜，我到那个学校参加校长影子培训，观看了学生学习操作的场面，他们学得多么地投入多么地开心，当他们把自己炒出来菜端给我们品尝的时候，表现出的那种成就感，那种自信满满的神情，让我们印象深刻。同时我想一个孩子学会了 12 道菜，将会对他们未来的自己的家庭生活及身体健康产生何等深远的影响。比那些不会炒菜，只吃外卖的家庭幸福指数肯定要高许多。

尼克松 9 岁时，父亲卖掉了屋子和菜园、果园，把家搬到了惠特尔。父亲十分勤劳，靠自己的双手辛勤耕耘，努力改变全家人的命运。终于，他有了属于自己的加油站，后来又办起了杂货店，并专门出售自家制的馅饼和蛋糕，将尼克松母亲的手艺绝活推向了市场。

父母的勤劳对尼克松产生了很大影响。他很早就帮忙操持家务，做些力所能及的事，父母经常拿《圣经》中的"你必须汗流满面，才得糊口"这句话来教育他。尼克松把这句话牢牢记在心底。尼克松很快就成了家里的得力帮手。在父亲和母亲辛勤劳动的带动下，尼克松充分认识到只有劳动才能创造一切，才能满足自己的需求。给家人帮忙让尼克松深深体会到了劳动的快乐和成果。尼克松回忆到，他每天早晨4点钟就起床，5点赶到洛杉矶第七街菜市场。他自己挑选水果和蔬菜，把价钱还到最低，选购好的货物用马车送回家，等这些货物洗净、分级，放到店铺后，接着在8点钟去上学。尽管很辛苦，但每次劳动后，尼克松都感到一种轻松和快乐。因为他靠自己的努力，得到了收获。

我小时候，最开心的是放羊，最痛苦的也是放羊。开心的是我们几个小朋友一起，把羊赶到山上，自己选一块地，开始我们的摸国、打珠子、掉杏核、抓子等游戏，或下"六子棋"，斗"24"。内容丰富，玩得开心啊，特别是摸国，满山遍野地追逐，斗智斗勇，酣畅淋漓。当到了每年的腊月，羊卖钱了，给一家人买新衣裳穿，过年的时候家里还宰一头羊，炖上一锅，让一家人美美地享受一顿，这个时候父母还表扬我几句，那种洋洋自得的成就感，现在还记忆犹新。记得有一年卖了三只羊，父亲到街上给我们三兄弟和妹妹各买了一件当时最流行的绒衣，穿起来又暖和又漂亮，我心理多么幸福啊！当然也有痛苦的时候，比如下雨天，羊饿得咩咩直叫，只要雨小一点，不得不把羊赶出去，一路泥泞，站无站处、坐无坐处，一点也不好玩啊，一如细雨中那只站在红刺藤上的小鸟，那种百无聊赖的难受，只有儿童的我能够体会了，尽管在诗人的眼里，新雨之后，薄雾缥缈，高山流水，好一幅美景。还有就是有时玩过头了，羊悄悄地去吃了集体的庄稼，家里赔钱了，那种诚惶诚恐的心理着实难受，但父母从来没有因这类事情打过我，虽然他们赔钱了。不过这其实是一种痛苦的体验，也是一种生活体验，磨炼了自己的意志，也体会了人生的挫折感。当然在那个年代，农村孩子必须参加力所能及的生产劳动，少有例外。

在我的记忆中，初二结束的那个暑假和初三的那个寒假，家里基本没有让我做什么家务活，因为我要中考了，但是对我的作息时间还是有严格要求的。也正是这样，我的成绩还是有很大提高，特别是物理学科，我自己完成了一本资料的自学，初三的第一学期，我考过年级第一名。也正是父母的支持才考入师范学校。

犹太教育学家通过研究，缺乏劳动的孩子长大后会有以下不良的行为表现：依赖性强，缺少自主性；动手能力弱，眼高手低；不懂得劳动成果的不易，不理解父母的辛苦；没有同情心。

因此。在犹太家庭中非常重视让孩子参与各种各样的家务劳动，同时任何孩子都能圆满完成家务劳动。

中国家庭首先就要解决让自己孩子做家务的不忍心理，认为孩子小，不用让他们做家务，但从内心深处是希望自己的孩子从小有勤劳善良品质的。微信上有人分享了一个孩子边刷碗，边看书的视频，我看了一下，转发量、点赞量达 10 万之多，可见人们对这类孩子的认可，同时也折射出内心深处对自己孩子的一种期许。

中国家庭要摒弃模糊观念，心安理得、目标清晰地给孩子做家务的机会和要求，让孩子力所能及参加劳动，练习勤劳、担当、同情心等相关品质，为种族的最优化作出家庭贡献。

二、"家庭自我管理"的设计内容应具体

根据孩子的兴趣爱好，至少选择两项家务劳动项目，同时家

庭成员其他项目也应具体清晰。

犹太人家庭安排孩子经常从事的家务劳动。有打扫卫生、整理院落或者花园、洗衣服或者缝补等等。

他们是这样做的，五岁左右的孩子都会做上一两件家务活儿，这是根据孩子的接受能力来定的。小一点的孩子可以帮助父母折一些信封，可以领取报纸和信件。大一点的孩子可以做更多的事情，帮助父母安装或者修理一些旧家用东西，掌握这种劳动技能与阅读、数学、逻辑和信息的组织能力有关。当孩子将旧东西一件件拆除的时候，他必须注意记住各部分的结构和组合，这对孩子的记忆是一种挑战。

中国的家庭普遍的有打扫卫生、洗衣服、做饭、炒菜、洗碗、种养花草等等，中国农村的家庭除以上项目以外要做的事可多了，有种植如蔬菜、瓜果、土豆、玉米等，养殖如鸡、鸭、鹅、鱼、猪等。只要符合学生的年龄特点，只要孩子有兴趣，在征求他们同意后，父母都可以带着孩子一同完成。这样做不但可以在劳动之中与孩子进行充分交流，培养亲子感情，还可以加深他们对生活的体验，激发他们对生活的热爱。当然具体到家务劳动承包事项上，要做到充分民主，必须完成项目不宜过多，以2到3项为宜，太少了达不到锻炼的目的，太多了又完成不了，过分加重孩子的负担。其中有些事项可以家长与孩子共同承包共同完成，这样可以培养协作意识和亲子感情。

三、"家庭自我管理"的设计职责应清晰

在家庭"自我管理"的实践中让孩子明白，做家务是落实家庭每一个成员的家庭责任，也是一种家庭义务。孩子教育管理，家务劳动管理，家庭学习管理，家庭活动管理，家庭安全管理等职责必须具体清晰可操作。这些项目职责，要召开家庭会议，在

充分民主的基础上，共同制定每一项管理的责任内容，只有大家认可的内容，实施起来就容易一些。只有明确的责任，才能让家庭成员工作起来有条不紊并持之以恒地坚持下去。

第三节 "家庭自主学习"的设计思路

帮助未成年人树立正确的成才观，引导其培养广泛兴趣爱好、健康审美追求和良好学习习惯，增强科学探索精神、创新意识和能力。——《促进法》

在农村谈到孩子的家庭作业是令大多数父母或监护人都能讲出独特的心烦意乱的故事。中心意思是，学生不能按时完成家庭作业或讨厌家庭作业。造成的因素是多方面的，有学校的，如学校管理过分强调应试。有授课教师的，如布置的作业过多，缺乏科学性、趣味性、机械重复。但家庭因素肯定也是不能忽略的，因为家长没有正确教育孩子学习的方法，没有提高学生学习兴趣的机制和措施。孩子在家庭中没有一个适宜孩子发挥潜能、积极主动学习的氛围等等。

一、"家庭自主学习"设计要培养孩子按时完成任务的习惯

孩子在家庭中重要表现为是否按时完成家庭作业，当然还有按时完成其他家务事项。按时、保质、保量完成，体现的既是一种能力，一种态度，更是一种习惯。如果这种习惯形成了，那么学生做事就变得从容不迫，从而增强了完成任务的自信心和克服困难的勇气。林格、程鸿勋、唐曾磊在《"自主学习"》一书中，记述习惯的形成过程可以分为三个阶段：第一阶段是约束阶段，即确定了习惯养成目标以后，刻意修正和约束，这

时人会觉得很不舒服，甚至很难适应，但这是养成习惯的第一步，没有这一步，之后就不可能实现，这个阶段通常时间为一至两周。第二阶段为适应阶段，即经过了第一阶段之后，仍然要有意识地进行坚持，但心理已经基本适应，坚持已经不是很难，这个阶段最容易半途而废，这个阶段通常时间是四至五周。第三阶段为自然阶段，为了巩固前两个阶段的成果，将适应变为一个人的自觉行为，习惯就基本形成了，这个阶段通常时间为三个月至四个月。

我想这个理论研究是很有价值的，这几个步骤我认为是可信的。所推行"家庭四自教育"，遵循习惯形成过程的三个阶段规律，同时也要遵循三个月至四个月的时间概念，要有足够的耐心，用心、用情、有方法去唤醒、指导、呵护孩子习惯的形成。

二、"家庭自主学习"的设计要考虑家长积极介入和真情陪伴

北京大学、浙江师范大学与社会科学文献出版社联合发布《语文教育蓝皮书：中国语文教育发展报告（2020）》。调查数据显示，有高达 69.97% 的学生希望家长辅导语文作业；有 30.03% 的学生不希望家长辅导作业，原因是家长在旁边辅导让自己感到拘束是主要原因（占 51.38%），家长不能解答疑问（占 36.09%）和家长过于严厉（占 12.53%）也是重要原因。以上数据说明，学生在家完成作业时近七成是希望家长的辅导和陪伴的，我想小学生更是需要。那么在陪伴的过程中，要规避三成学生不希望家长辅导作业的原因。如尽量避免让学生感到拘束和过于严厉。但是在介入和陪伴的过程中，尽量与孩子协商并达成共识，必须按照习惯形成的三个步骤进行引导、提醒、监督。引导孩子认识自

己的潜能，正确认识自己的优点与不足；提醒孩子在哪些地方要运用非智力因素如信心、毅力、耐挫去完成相关任务，同时提醒时时控制自己的情绪调整自己的心情；监督孩子在学习习惯养成每一个环节的落实。

三、"家庭自主学习"的设计应有利于培养孩子的学习兴趣

有这样一句俗语："男服学堂，女服嫁"，说明学校教育的影响力，但同时也说明家庭教育的弱力感。在现实生活中有着这样的现象，学生在学校表现还算不错。但他们回到家里，天不怕地不怕，就怕看书、作业和背诵。有家长反映，他们的孩子，从来不会主动完成家庭作业，而且在家长的高压态势下，在那里做作业都是愁眉苦脸，磨磨蹭蹭，正常半个小时能完成的，他们要1到2个小时。这实际是讨厌完成作业，缺乏学习兴趣。

如何训练学生在家庭的学习兴趣呢？

合理期许。根据孩子的现实能力，内心需求，设定跳一跳能摘桃子的目标，让孩子有机会体验到成功的快乐。有的家长总是拿孩子班上最优秀的学生的行为来刺激他，这是加重孩子自卑感的无益方式，不可取。

恰当表扬。要培养孩子的学习兴趣，必须观察他需要什么？渴求什么？不总是物质的，还有精神的。孩子其实最需要的是老师家长的表扬与肯定，这恰恰是很多家长最忽略的问题，他们习惯于把自己的孩子说得一无是处，即使有表扬，方式不对。不少的家长总是说："这孩子很聪明。"这是不准确的，而且容易让孩子自以为是，华而不实。最好表扬孩子勤奋、有毅力、有方法等等，这样可以培养孩子持久的耐心和思考、思维的能力。要适时地、不吝美言、恰如其分地给予表扬。

美国有一项实验，老师让幼儿园的孩子们回答问题，她对其中一部分的孩子说："你们答对了8道题，你们很聪明。"而对另一半的孩子换了种说法："你们答对了8道题，你们确实付出了巨大的努力。"接下来，这个老师分别给两个部分的孩子布置新任务让他们自己选择，第一种是他们在完成的时候也许会出现一些差错但是最终可以学到一些东西，第二种是他们有把握一定可以做得好。结果那些被夸奖为"聪明"的孩子大多都选择了第二种，而那些被夸奖为"努力"的孩子则大多数选择了第一种。

这项研究得出结论：如果一个孩子总是自认为很聪明，很有可能在面对挑战的时候想回避。

夸奖自己的孩子聪明，会有一个缺陷：孩子在潜意识中认为是由于自己聪明才会一帆风顺，逐渐对自己的感觉良好，想着自己的将来一定是只会成功，不会失败。时间长了之后，就容易对自己的评价不那么客观了。如果他把事情做得很好，他就会认为只是他聪明罢了，一旦他受到了挫折，他的第一反应很可能就是"我并不聪明"，随之对一切都失去了兴趣。这样的孩子将来走上社会之后就会感觉自己有点输不起，甚至会导致终生一蹶不振。

所以，我们最好是赞美自己的孩子"勤奋"，当我们在夸奖他勤奋的时候，其实就是在鼓励他继续努力去寻求更多的挑战，这样可以帮助孩子在遇到挫折的时候不会气馁，他会始终认为自己不懈努力去做的事情是一件值得的事。

适度奖励。适度的外在激励，让孩子体验到成功的快乐，可以运用物质的激励因素，会收到更好效果。关于物质奖励孩子有不少不同的观念，认为对孩子的负作用不少，容易把孩子引向追求物质享受，其实每种方法都有它利好的一面和不利的一面，关键看施奖者的引导和升华。在对孩子进行物质奖励的同时，不要忘了从言语、精神层面给以激励。在作物质或者金钱奖励的同时引导运用物质和金钱价值走向，让孩子把钱花得更有意义，如买书、捐给需要帮助的人等等。让孩子用自己努力挣得的物质去帮助别人获得成功感，本身就是对孩子道德的训练。

四、"家庭自主学习"的设计应着眼于科学有效地组织实施

如何科学地组织好学生在家庭进行好"自主学习"。首先家长要营造良好学习氛围。

一是可以优化学习物理环境。在家里尽量给学生提供独立的学习空间，有条件的家庭最好能装修出一个书房。二是优化学习人文环境。有能力的家长可以指导孩子按照正确的方法去完成家庭作业，尽量参与亲子共读，学生读书你读书，学生写字你写字，或给孩子提供力所能及的学习帮助。没有能力的家长，咨询老师，根据老师提供的管理流程，不折不扣地监督执行。约束自己及家人不能起反作用，学生在家完成作业，你却在家打麻将，吆五喝六，猜拳行令，都不好。三是用心发现孩子在"自主学习"中表现出来的闪光点。在此基础之上因势利导地唤醒引导孩子把自己的优点优势发挥出来，从而培养孩子独立学习的兴趣，进而达到树立完成任务的信心和勇气，并积极、持久地开展"自主学习"。在"自主学习"中培养自己的观察、思考、想象、记忆能力和持之以恒的顽强毅力。四是建构"家庭自主学习"的管理机制，发挥机制的积极作用。五是作好自己孩子忠实的学生，根据慧曼学习法，倾听孩子讲授当天所学的关键内容，用一种虔诚态度虚心听讲。

开展"书香家庭、亲子共读"活动，培养孩子阅读能力。斯

蒂芬·克拉生在《阅读的力量》一书中说：虽然贫穷家庭的孩子接触书籍的机会比较少是事实，但若是将贫穷孩子分成两组，被提供较多读书机会的那一组孩子将会发展出较高的语文能力。在这本书中，斯蒂芬·克拉生用大量的数据对比告诉我们，父母读书与否、学生阅读量的多少等因素与学生成绩的好坏密切相关。家长学生要明白亲子阅读的重要性。全面提高学生的语文素养，养成阅读习惯，让家长和学生都能正确对待阅读，知道阅读对一个人的一生所起的重要作用，对阅读产生浓厚的兴趣，掌握一些阅读的方法和技能。丰富学生的家庭生活，增进家庭成员之间的情感交流，构成和谐家庭、书香家庭。

家庭应为亲子共读提供必要的书籍。苏霍姆林斯基也曾经讲过：一个学校可以什么都没有，只要有了为教师和学生精神成长而提供的图书，那就是学校了。

一个家庭也是一样，什么都可以没有，一定要为学生成长提供适合学生阅读的图书。就是俗话说的，积金千两，不如积书。我小时候，家里有很多书，特别是连环画，我特别爱看画本，有图有文字，很精彩，什么《三国演义》《隋唐演义》《西游记》《水浒传》，还有一些当时较为流行的《小兵张嘎》《潘东子》等革命故事的连环画。印象最深的是牛头山之战，场面描写相当精彩，图画栩栩如生，张宪、岳云、牛皋、高宠四将领让金兀术不再天下无敌。因为当时金兀术的"兀"和牛皋的"皋"，这两个字不认识，还是大哥教给我的，"兀"字好多人都不认识，所以现在还有印象。

作为农村的父母，主动为自己的孩子购买足够数量的书籍来满足孩子的愿望的在逐年增多。我对一所小型学校进行了全员调查：父母主动给孩子买有益的课外读物的占比为 41%。说明乡村在振兴，家长的家庭读书意识在逐渐唤醒。但知道孩子需要什么书的以及和孩子一起读书的那还不是很多。这个所在学校和老师应该发挥组织的力量、教育的力量加以解决。

以色列的一项民意调查结果表明，百分之八十以上的成年人深信，给孩子们讲童话故事，这样会让孩子获得智慧。我们也来做这样一个调查，估计回答是不知道。有条件的家长可以给孩子讲童话故事，没有能力的家长，可以和孩子一起听有声书里的童话故事，当然也可以听孩子给家长讲童话故事，也是不错的亲子陪伴，更能提高孩子的阅读兴趣。

第四节　"家庭自我发展"的设计思路

《促进法》第十六条（三）　帮助未成年人树立正确的成才观，引导其培养广泛兴趣爱好、健康审美追求和良好学习习惯，增强科学探索精神、创新意识和能力；

《促进法》第十六条（四）　保证未成年人营养均衡、科学运动、睡眠充足、身心愉悦，引导其养成良好生活习惯和行为习惯，促进其身心健康发展；

17 世纪捷克大教育家夸美纽斯的教育观是，"教育在发展健全的个人"。

1989 年联合国世界卫生组织（WHO）对健康作了新的定义，即"健康不仅是没有疾病，而且包括躯体健康、心理健康、社会适应良好和道德健康"。

世界卫生组织对健康的具体定义为：

躯体健康，即生物学方面的内容：体重适当，身体匀称，站立时头、肩、臂位置协调。眼睛明亮，反应敏捷，眼睑不发炎。牙齿清洁，无龋齿，不疼痛，牙颜色正常，无出血现象。头发有光泽，无头屑。肌肉丰满，皮肤有弹性。能够抵御一般感冒和传染病。

心理健康的内容：充沛的精力，能从容不迫地担负日常生活和繁重的工作而不感到过分紧张和疲劳。处世乐观，态度积极，乐于承担责任，事无大小，不挑剔。善于休息，睡眠良好。应变能力强，适应外界环境中的各种变化。

社会适应良好：指个人的心理活动和行为，能适应当时复杂的环境变化，为他人所理解，被大家所接受。

道德健康：不能损害他人利益来满足自己的需要，有辨别真伪、善恶、荣辱、美丑、是非的观念和能力，能按照社会认可的道德行为规范准则约束、支配自己的思维和行为。

"家庭自我发展"的设计着力点和指向点是孩子，但是在实际的操作中，家庭成员都可以置身其中，可以做到率先垂范，可以主动参与，必须以一个完整的健康的姿态去影响自己的孩子。

一、"家庭自我发展"的设计要关注孩子身体健康发展

这是非常重要的发展内容，家长都似懂非懂，往往又自以为是。小眼镜、小胖墩的现象已经引起了国家重视。我们每一个家庭肯定责无旁贷，作好孩子的身体健康管理；合理安排作息时间；科学安排营养膳食；适当安排体育锻炼；积极注重姿态管理。我有一个邻居，一对双胞胎，一个饮食正常体型较好，一个吃得太多，但总是喊饿，典型的小胖墩。家长为此伤透了脑筋，不让吃太饱，水就要喝一碗，看着孩子的样子，家长又于心不忍。如何科学安排营养膳食，是一门学问，如何教育孩子科学膳食才是更大的学问。城市里的形体训练班生意红红火火，说明家长对孩子形体管理的重视。

二、"家庭自我发展"的设计要关注孩子心理健康发展

人民日报发布《2022 年中国抑郁症蓝皮书》，中国精神卫生调查显示，我国成人抑郁障碍终生患病率为 6.8%，其中抑郁症为 3.4%，目前我国患抑郁障碍人数 9500 万，每年大约有 28 万人自杀，其中 40% 患有抑郁症……

我国中小学生的心理健康状况实在不容乐观。《中国国民心理健康发展报告（2019—2020）》，2020 年中国青少年的抑郁检出率为 24.6%，其中轻度抑郁 17.2%，重度抑郁 7.4%。高中阶段重度抑郁的检出率在 10.9%—12.5%。这意味着高中生的重度抑郁高达十分之一以上。

近年来从身边的现象可以理解，以前每年暑假全县总是有几例意外溺水事件发生，近几年通过教委、学校、当地政府的合力教育几乎没有发生溺水惨剧了。工作的确做得很细致很深入了，当地政府在各塘库边都设立了警示标志，加大了各村各社区群众的宣传教育；我们学校在每个塘库周周设了信息监督员，时刻保持和学校安稳办的联系，监督并制止学生私自下河下塘游泳；学校根据不同的季节，每天讲安全注意事项，同时还派专人在天气较为火热的时间段对重点塘库河道进行巡逻。所以才基本防止了学生意外溺水事件的发生。但新的问题又出现了，每年跳水、跳楼让花季少年香消玉殒的数量却在攀升。社会上把青少年学生体质下降、抑郁症增加，归罪于从小学到中学长期高强度地学习和竞争的结果，这其实也有失偏颇。造成学生心理问题的因素是极为多样而且复杂的，家庭教育难以置身事外。

这里涉及一个有害压力的问题了，讨论这个问题具有对澄

清人们的模糊认识，指导人们行为，有一定的现实意义。美国国家儿童发展科学委员会将压力归为以下三类：正向压力、可承受压力和毒性压力。正向压力能促进儿童（还有成年人）的成长，让他们更能够承担风险，并表现得更出色。可承受压力如果只在相对短暂的时间里出现在孩子身上，也是可以增强韧性的，关键是必须要有成年人在旁边提供支持，而且孩子还必须有足够的时间来应对压力与恢复元气。毒性压力被定义为在缺乏支持的情况下，应激系统被频繁或长期地激活。毒性压力非但不能帮助孩子为真实世界做好准备，反而会影响他们的健康成长。

心理学上曾设计过一个走迷宫实验。把志愿者分成三组，要求他们蒙上眼睛，根据迷宫的设计路线用一根带有反馈效应的木棒慢慢地凭自己的触觉走出去，一旦进入死胡同，木棒就会发出警醒的声音。按照常规一般需要 30 分钟左右。第一组开始时告诉他们只需要 10 分钟就可以走出来，在他们走的过程中，时不时地提醒他们时间。当那些被试在实际操作中屡屡发生错误时，他们开始出现焦虑情绪，而且越急出错越多，直到 40 分钟也没有走出来。第二组志愿者，这次只是说尽他们各自的最大能力就可以了，没有向他们提出时间要求。最快走出迷宫的只用了 17 分钟，大多数人都在 30 分钟内走出去了。第三组什么要求也没有提，只是让他们自己通过迷宫，平均用了 35 分钟时间走了出去。究竟是什么原因造成了这三组完全不同的结果？当然就是心理压力！

也就是说：正常范围内的心理压力或适度焦虑往往可以激发人的潜能，促进思维的活跃程度。处于"零压力"的思想状态下，只能是懈怠松弛，创造性的发挥更无从谈起了。

所以在"家庭自我发展"的设计中，必须着眼于有关孩子健康心理、成熟心智的培养以及健康身体的塑造。同时把压力尽量控制在正向压力和可承受压力的程度。当然我们必须想清楚一个问题，只要是孩子感兴趣的事项，他们会投入自己的智慧与热情，压力自然与苦累无关。而孩子不感兴趣的事项，即使在成人眼里，那些理所当然、简单不过的事情，对他们来说，有可能是不可承受压力，或者变为毒性压力。那么现实是家长不可能所有事情都由着孩子的兴趣，正确的做法是想方设法唤醒、培养孩子的兴趣，并适可而止地给以压力，避免出现毒性压力就好。

大多家长根本不了解孩子复杂的内心，对孩子孤独、内向或情绪亢奋、偏激行为束手无策。如何改变这种现实状况。在家长的"自我发展"中应力所能及地学习儿童心理学，让自己有能力走进孩子的内心世界，让自己为孩子成长烦恼提供必要的咨询和支持。在生活中合理控制孩子的压力，避免孩子心理健康出现问题，让孩子心志在适宜的环境中顺利发展。

百度健康内容审核团队定义儿童心理健康的标准主要有五个方面。一是儿童的认知发展正常。儿童的认知思维能力以及注意力、记忆力等方面有正常的发展，不落后于同龄的儿童。二是儿童的情绪反应恰当。平时多处于良好的情绪状态，有恰当的情绪反应，比如遇到开心的事情会开心大笑，遇到负面的事情或刺激性的事情则会焦虑、恐惧、容易哭泣等，这都是正常的情绪反应。三是儿童的人际关系良好。儿童无论是与家长的相处，还是与同龄的小朋友之间的相处，都能够保持愉悦的、融洽的关系。四是儿童的性格特征良好。儿童在性格方面没有不良的表现，平时比较主动自信，性格比较温和，能够展现一定的意志坚强，不过度自卑，也不过度自信。五是行为正常。平时活泼好动，遇事愿意主动地尝试，喜欢观察，对周围的世界充满好奇心。

有了这些标准，家长就可以进行检查、诊断和矫正孩子的心理状态，促进孩子的心理健康发展。

三、"家庭自我发展"的设计要关注孩子社会适应能力和道德健康

家庭要给孩子提供应对处理人际关系的机会。首先处理好家庭成员之间的关系，提供交流沟通的机会，遇事先自行处理，懂得述情，力求达到在家里为人处世，能得到赞扬。在外面遵守社会认可的道德行为规范，热心公益事业，助人为乐，道德健康，能做到邻里关系和谐。和自己的伙伴相处学会站在对方的角度思考问题，学人之长，容人之过，诚实真诚，不占小便宜。引导孩子树立诚信为人、正直处世的道德价值，在同学中、朋友中树立自己的威信。

四、"家庭自我发展"的设计要关注孩子艺术素养发展

这方面城市孩子大多从小都参与各种各样的艺术培训班，我相信大多数还是根据孩子兴趣的，但也有的项目是孩子不喜欢的，有的给孩子报的项目过多，让孩子疲于奔命，家长接送或在培训机构外面无聊地等待，这样家长、孩子都累，这是不可取的。而农村孩子大多数就没有这个待遇了，只有学校开展丰富多彩的社团活动，教师把学生参与的项目向家庭延伸。孩子将在学校参与的艺术项目，回到家里自觉练习或者实践，如器乐、声乐、美术等，这其实也是最好的休息方式，只要是孩子感兴趣的。同时家长要唤醒、引导孩子在农村去发现美、欣赏美、践行美。如空气清新、阳光和煦、鸟语花香、静谧恬适

的自然美；勤劳朴实、正直善良、百折不挠、坚毅刚强的人文美；衣着得体、站立如松、行走如风、坐姿如钟的姿态美。这让我想起了法国著名雕塑家罗丹说了一句话："世界上并不缺少美，而是缺少发现美的眼睛"。而家长就是要去塑造孩子那双发现美的眼睛。这方面有一定的难度，在广袤的农村，还保留着纯朴的乡风民俗、小桥流水、萤火蛙鸣、晨雾缭绕、暴雨彩虹、稻香十里……但这些仿佛只有诗人看了才怦然心动的美景，偶尔勾起城市人久违的乡愁外，而对于长年生活其中的农民却无法感受出那是一幅幅多么美丽的画卷，多么自由地劳作，多么恬静地生活。看来这点需要我国的乡村振兴国策予以逐渐解决。但这成了家庭教育的一个堵点，一个盲点，一个弱点。解决这个问题，除了家庭教育促进以外，还是要靠我们广大的教育工作者，孜孜不倦持续地培养孩子的审美素养，培养那一双双发现美的眼睛。

五、"家庭自我发展"的设计要关注孩子创新能力发展

呵护孩子创新意识：就是家长要小心翼翼保护孩子的好奇心，蹲下身来倾听孩子的天马行空的问题，并和他们进行讨论与探索。

训练孩子创新思维：鼓励他们时时有"为什么"的自觉思维。教给他们观察的方法，培养他们敏锐的观察想象能力。教给他们运用"互联网+"查阅资料印证自己创造性的想象能力。训练他们时时记录自己灵感的习惯。

训练孩子创新技能：当孩子有创意的时候，鼓励他们大胆操作进行物化，形成创意作品，并进行分享。这样既训练了学生的表达能力，又培养了学生的创客意识。如孩子在家创作文学作品，有创意有制作的动手作品，有观察日记等。

六、"家庭自我发展"的设计要重视孩子非智力因素的培养

非智力因素，是指不直接参与认知过程的心理因素，它包括情感、意志、性格、兴趣等方面。大多数心理学家认为，非智力因素的主要内容有：兴趣与爱好；愉快的情绪、对事业的热情；对挫折的忍受性与意志力；活泼的性格、宽阔的胸怀；自信心与好胜心；远大的理想与目标。

在"家庭自我发展"中，家长要重点关注这些因素，及时引导，重点训练，定性评价。

七、"家庭自我发展"的设计要重视孩子自由精神的培养

一个人，必须首先是自由的人，才可能成为一个自觉的人。自由不是信马由缰，自由是一种可以舒展的空间，是一种能够托举的力量，它让孩子有能力去选择，并且有能力抵抗生活中的一切虚假和脆弱。

弗洛姆说过："在一切爱的关系中，自由最重要。"这句话适用于亲子关系、夫妻关系、婆媳关系、恋人关系等。

现实生活中我们也可以看到，几乎所有良好的关系都没有太多的教条和琐碎的管制，都是在亲切的相处中为对方留下自主的空间，允许对方按他自己的愿望去做事，允许他做得不够好而较少苛刻。这点说起来容易，做起来难，特别是亲子关系处理，不是不给孩子自由的空间，而是给的度很难把握。有的管理太严，给得太少。有的给得太宽，放任自流了。这两种现象，都是不可取的。如何做到宽严相济，自由有度，这就要我们家长用心用情去体会，去把握。原则是尹建莉说的"自由不是信马由缰，自由是一种可以舒展的空间"。我们很多家长的思维容易走极端，非此即彼，自由最重要，但不是放任不管，家长要把握的是那个可以舒展的空间，就是要管放适度。

八、"家庭自我发展"的设计要作好"家庭自我发展"的评价

家长要客观公正地积极地评价孩子的发展和自己的发展，达到相互激励，相互成长，直到共同成功，营造积极向上和谐的家庭文化氛围。同时学生在家中的"自我发展"评价可以经家长签字每期送达相应班级，作为学生校内"自我发展"参考。另外开展家校互评制度，每年开展评选"好老师、好家长、好学生"的评比活动。提升家校共育水平，实现家校双赢。

另外，家长的"自我发展"相当复杂，特别是农村家长，有种植、养殖、务工、经商等等，门类繁多，难以统计，其实家庭成员可以选择那些引以自豪的、重要的进行统计，不能统计的可以用定性的语言进行总结。家长如果没有统计能力，可以教给学生自己统计，这样既可以培养孩子的观察统计能力，还可以让孩子体会到生活的不易，体会到家长的辛苦。可以召开家庭会议，而且要有仪式感，对家庭非学生成员进行定量与定性评价，同时可以开展批评与自我批评，列出自己的优缺点，提出来期或来年各自的目标。

孩子在学校的"自我发展"得分折半记入家庭"自我发展"家长的得分中，体现孩子的成长成绩有家长的一半。

我有一个同事，他家每年的大年三十的晚上，必须召开一个家庭会议，会议很正式，有主持，有议程，大家正襟危坐，有茶点有水果。每个成员对一年来有一个总结，有一个自我评价，哪些做得好，哪些还做得不太好。家庭中德高望重的人对每位家庭成员进行点评。从对家庭的贡献、个人的闪光点进行总结。主要是肯定一年来大家的成绩和优点。当然做得不好的提出问题改进意见。大家心平气和，其乐融融。这实际上就是

一个定性评价。

　　同时，他们在孩子"自我发展"的过程中进行了榜样引领。

　　家里的书籍、报纸在茶几上、床头柜上，孩子可以唾手可得，家长有空就看看。孩子吃泡泡糖，随手把纸屑丢在人行道上，父亲主动拣起来，并告诉孩子，文明从小事做起。两个孩子，一个四川大学毕业，一个复旦大学读博士。现在孩子在接待家长时，一样地在他们的床头柜上放上家长喜欢的书籍和报刊。他们感到无比的骄傲和幸福。

第三章　"家庭四自教育"的实践操作

第一节　"家庭自觉文明"的实践操作

一、"家庭自觉文明"概念

"家庭自觉文明"指家庭成员要做到爱清洁、讲卫生，着装整洁、言语文明、行止有度、重德遵规。家长做学生的榜样，品德言行堪为生表，把家庭当作孩子人生的第一所学校，把自己当作孩子的第一任老师，时时训练自己和孩子的文明习惯，达成家人"自觉文明"。

二、"家庭自觉文明"实践操作

（一）加分部分

1. 积极主动做好人好事一次加1—5分。

2. 积极参加公益活动一次加1—5分。

3. 积极参加志愿者行动一次加1—5分。

（二）减分部分

1. 认真洗脸、刷牙，面部干净、清爽。违者酌情减1—2分。

2. 衣着合体、洁净，朴素大方。违者酌情减1—2分。

3. 使用礼貌用语。常用的："您好""请""谢谢""对不起""再见"。切忌粗言俗语、污言秽语，有失体统。出现脏话一次酌情减1—2分。

4. 不恃强凌弱，以大欺小，邻里关系融洽。违者酌情减 1 分。

5. 外出活动，恪守社会公德，行止有度，彬彬有礼。家长不能给孩子丢脸，孩子不能给父母丢脸。违者酌情减 1—2 分。

6. 保持房里房外的清洁、卫生。不随手乱扔果皮、纸屑，不随地吐痰，不乱倒垃圾。违者酌情减 1—2 分。

7. 父母慈爱，理解并尊重孩子，好好说话，不说伤害孩子自尊心的话，不辱骂孩子。违者酌情减 1—2 分。

8. 举案齐眉、相敬如宾，培养家庭民主意识，不因琐碎小事吵架。违者酌情减 1—2 分。

9. 遵循孝为百行先。孩子要孝敬父母，爸爸妈妈要孝敬老人，和父母老人说话要和颜悦色、温言细语，给自己的父母打洗脸或洗脚水等。违者酌情减 1—2 分。

10. 尊敬长辈，在家里帮助长辈做力所能及的事情，在家外帮助需要帮助的老人，如公交车上给老年人让座，扶老年人过马路，给老人提东西等。违者酌情减 1—2 分。

11. 友爱兄弟姊妹，不以大欺小、以强凌弱，要相互礼让。违者酌情减 1—2 分。

12. 不抽烟或不在人多的地方抽烟，不酗酒，不参与各项赌博，不玩网络游戏。违者酌情减 1—2 分。

13. 不做有损国家集体的事，违者酌情减 2—10 分。

14. 其他有违家庭道德和社会公德事项。违者酌情减 1—5 分。

每个家庭结合自己的特点，在和学生充分讨论的基础上制定适合本家庭的"自觉文明"细则。实现"一个学生影响一个家庭"的目标。

(三) 落实记录人及职责

1. 落实记录人。根据家庭成员的特点协商推荐记录人，这个记录人可以是学生本人。

2. 记录人的职责：每天收集家庭成员的行为情况，按照考核细则进行加分或者减分记录。

（四）考核与表彰

细则中，给每个学生和家长基础分 80 分，如果得分低于 70 分，就视为不合格。每周一总分、一总结。家庭每期评选出"文明之星"。

附："家庭自觉文明"表现记录

"家庭自觉文明"表现记录

家庭成员姓名：　　　　　记录人：　　　　时间：20　年　月　日

	时间	加（减）分原因	加分	减分	累计	成员签字
文明习惯表现						

备注：此表作为家庭成员"自觉文明"档案，连续记录，不够加页。

第二节 "家庭自我管理"的实践操作

一、"家庭自我管理"概念

"家庭自我管理",就是把家庭教育及相关事项分摊到力所能及的家庭成员身上,让他们人人有事做,事事有人做,人人能做事。强调责任担当,训练家长教育管理能力,交流沟通能力,训练孩子的责任意识,感恩意识。

二、"家庭自我管理"实践操作

家庭根据各自特点,共同讨论编制家庭事务相关项目和"家庭自我管理"岗位职责。

(一)根据家庭具体情况编制管理项目

学生教育管理;

家务劳动管理;

家庭学习管理;

家庭活动管理;

家庭安全管理。

(二)编制自主管理各项岗位职责

根据家庭的实际讨论编制各项岗位职责。

1. 家庭教育管理职责

根据《家庭教育促进法》、教育管理孩子的理论知识、家庭教育的成功经验,艺术地管理自己的孩子。树立正确的育儿观,做到合理期许。每天至少抽出一个小时的时间和孩子一起活动,一起完成开放式作业。合理安排孩子自由活动的时间和空间,鼓励孩子参加必要的社交活动。有意发现孩子表现出来优秀的道德品行，恰如其分地给予表扬，尽量避免说出伤害孩子自信自尊的话语。不粗暴专制地对待孩子，蹲下身来倾听孩子诉说，并和他讨论相关问题，引导、唤醒、表扬孩子。按照"家庭四自教育"的要求，做到及时评价，定期奖惩。

2. 家务劳动管理职责

负责组织讨论确立家务劳动的项目和质量标准。引导孩子自愿选择力所能及的家务项目，范围可以相对广泛一些。如：家务劳动、孝敬父母或者监护人的小事项，适当参加户外生产劳动、经营活动等，可以固定两项，其余选择性参加。指导孩子以更优效率、更高标准完成项目。适当安排和孩子一起进行家务劳动，培养亲子感情。管理评价家务劳动完成的时效及质量。

3. 家庭学习管理职责

和孩子一起共同编制读书计划（含亲子共读），培养孩子的阅读兴趣，制定作息时间，提出学习标准，督促学习过程，按时优质完成学习任务。配合学校做好双减管理。

4. 家庭活动管理职责

引导孩子参加有益于身心的文体活动及交际活动，强健学生体质，涵养学生艺术素质，培养学生交流沟通社会交往的能力。

5. 家庭安全管理职责

监管学生校外安全，注重安全意识培养，进行交通出行、上网和防溺水、防诈骗、防拐卖、防性侵等知识和技能的培训及行为管理。

（三）总结

管理项目每天一统计、一公布。家庭可以每天安排"家庭四自教育"总结时间，进行简要总结，有话则长，无话则短，表扬为主。

（四）评价

每期给基础分 80 分，学生在家主动承担家庭管理项目，家务劳动、孝敬长辈等事项每期加 5—10 分，工作认真、出色完成任务，效果显著每期每项另加 5—10 分，一期一次。学生参与生产劳动、经营活动每次加 1 分，家长可根据自己的管理项目自行决定加分及记录。家庭成员管理职责落实不到位，每次酌情减 1—5 分。每月、每期、每年可以用物质或者劳务费进行奖励，每期可以评"家庭责任之星"。

附件：1. "家庭自我管理"承包岗位表

　　　2. "家庭自我管理"表现记录

"家庭自我管理"承包岗位表

家长成员姓名：　　　记录人：　　　时间：20　年　月　日

管理项目	管理者	管理项目	管理者	管理项目	管理者
学生教育管理		家务劳动管理		校外活动管理	
家庭学习管理		学生安全管理			
家务劳动××		家务劳动××			
家务劳动××		家务劳动××			
家务劳动××		家务劳动××			

"家庭自我管理"表现记录

家庭成员姓名：　　　　记录人：　　　时间：20　年　月　日

	时间	加（减）分原因	加分	减分	累计	签字
自我管理表现						

备注：此表作为家庭成员"自我管理"档案，连续记录，不够加页。

第三节　"家庭自主学习"的实践操作

一、"家庭自主学习"概念

"家庭自主学习"是指一个家庭中每一个成员都应该根据各自的需要目标进行主动积极地学习，其中家长必修家庭教育理论书籍的学习，学生在家长的指导下进行自觉学习，达成家庭成员养成终身学习习惯。

二、"家庭自主学习"实践操作

（一）**自主阅读**。家长自觉学习《家庭教育促进法》等法律法规，学习家教方法，学习社会情感学，学习儿童心理学，和孩子共读一本书。当然学习与自己专业发展相关的知识也可。

（二）**开展亲子阅读**。亲子共读是提高阅读兴趣最为温馨的方法，具体流程：家长和孩子共同商定阅读书目，共同商定阅读时间安排，共同商定阅读形式。如读《安徒生童话》。每晚30分钟左右；双休日可每天分早晚共阅读1小时。具体时间安排及共读时间长短，家长可根据孩子的兴趣具体商定，酌情增减，但一定要坚持每天都读，不可三天打鱼两天晒网。具体形式可以家长范读、学生听读；也可以学生范读，家长听读；还可以是家长和学生分段读、分角色朗读；当然也可以是默读。文章读完后，摘抄优美句段，家长要与孩子及时交流看法，探索心得、跟进教育，最好让学生整理成书面文字，这样日积月累，定能读有所获。

语文教师可以和家长取得联系，以班级的名义共同推进亲子共读，效果会事半功倍。语文教师总结本班的亲子共读情况，做得好的在班上表扬，摘抄本展示，评选出优秀作品，全班交流、学习。还可以组织学生办读书心得的手抄报或心得集，物化读书成果，激励学生长期坚持阅读和积累。

（三）**相互讲授**。学生必须把当日所学知识讲给家长听，相当于温故知新，家长一定要耐心倾听，表现极高的兴致。家长可以根据孩子的兴趣讲故事、分享读书心得，学生还可以给家长讲故事，双方注意认真倾听。

（四）**学习评价**。给基础分80分，家庭成员每读完一本书加

10 分，有读书笔记加 10 分，有读书心得加 5 分，有读书分享每次加 1 分。可以是电子图书和电子笔记。学生讲一个故事加 1 分。根据慧曼学习法，学生给家长讲授当日所学内容加 1 分，未完成减 1 分。家庭作业按时完成加 1 分，正确工整、完成质量好加 1 分，没有按时完成或完成质量差各减 1 分。学生家长和学生共同签字，一期下来评出家长、学生"智慧之星"。

附件：学生"家庭自主学习"记录表

学生"家庭自主学习"记录表

学生姓名：　　　　记录人：　　　　时间：20　年　月　日

	时间	加（减）分原因（阅读、笔记、心得、读书分享、讲故事等）	加分	减分	累计	签字
自主学习表现						

备注：给基础分 80 分，此表作为学生"家庭自主学习"档案，连续记录，不够加页。

学生完成家庭作业及讲授记录表

学生姓名： 记录人： 时间：20 年 月 日

	时间	加（减）分原因（按时、正确、工整及讲授）	作业加分	作业减分	讲授加分	讲授减分	累计
自主学习表现							

备注：给基础分80分，记录时间可以以周为单位每天进行，加分减分可以划"正字"，一周一累计，这样可以节约纸张。此表作为学生"自主学习"档案，连续记录，不够加页。

家长"家庭自主学习"记录表

家长姓名：　　　　　记录人：　　　　　时间：20　年　月　日

	时间	加（减）分原因（阅读、笔记、心得、分享）	加分	减分	累计	签字
自 主 学 习 表 现						

备注：给基础分80分，此表作为家长"自主学习"档案，连续记录，不够加页。

第四节 "家庭自我发展"的实践操作

一、"家庭自我发展"概念

"家庭自我发展"指家庭各成员在工作、学习、生活、身心健康等方面以积极向上的姿态主动管理、主动进步、主动发展。家长的职业千差万别，但都可以用自己的发展业绩激励孩子克服困难、勇往直前、争取成功。同时管理好家庭成员身心健康，管理好自己孩子的作息、艺术训练、创新实践、非智力因素的训练等等，确保孩子"自我发展"在家庭的延续。

二、"家庭自我发展"实践操作

（一）"家庭自我发展"操作事项

1. 积极管理心理健康。孩子心理健康发展，按照心理健康标准，每周进行一次评估，根据优、良、中加3分、2分、1分，不足不减分（以正面激励为主，不给负面压力）。控制和管理好自己的情绪，出现无理取闹一次减0.5—2分。

2. 科学安排营养膳食。共同做好家庭营养膳食计划，作好营养搭配，每周小结一次，营养膳食计划合理，执行到位，给家长加2分，计划完成不到位减1分，没有计划减2分。

3. 合理膳食控制体重。按时进餐，不偏食不挑食，不过量饮食，否则每次减0.5—1分；每月进行体重监测，根据相关标准，过轻或过重减2分。

4. 适当安排体育锻炼。根据孩子兴趣，安排体育活动，根据天气状况安排室内或室外体育活动，如室外走、跑、跳、球类、体育游戏、玩等，室内可以有跳绳、跑步或利用器具锻炼等。上课期间每天坚持 30 分钟，放假期间坚持 1 个小时体育活动。完成加 1 分，不能完成酌情减 0.5—1 分。

5. 积极注重姿态管理。严格用眼卫生习惯，按标准保持阅读、作业时眼与书本的距离。训练走路的姿态、背书包的姿势，做到姿势正确、阳光、自信。做到时时纠正，每天一小结，习惯好加 1 分，否则酌情减 0.5—1 分。

6. 按时执行作息时间。按照起床、就寝、锻炼、学习、活动时间表，每天能做到按时的加 1 分，未能按时的酌情减 0.5—1 分。

7. 自觉参与艺术训练。孩子根据自己的兴趣自觉参与一项艺术练习或者实践，如器乐、声乐、美术等，每天完成较好加 1 分，完成得不好酌情减 0.5—1 分。

8. 用心参加创新实践。孩子在家创作文学作品，或科技小制作，有创意有制作的作品，有观察日记等。根据作品质量酌情加 1—5 分。

9. 力求做到道德健康及社会适应：孩子是非分明，遵规守纪，处事为人受到邻居、同学、老师表扬，一次酌情加 1—5 分，受到批评酌情减 1—5 分。

10. 充分训练非智力因素：孩子学习动机强、兴趣浓、态度端正，有顽强的意志，耐挫力强等，酌情加 1—5 分，相反可以酌情减 1—3 分。

（二）"家庭自我发展"的评价

每期给基础分 80 分，评价对象主体是学生，其次是家长。评价方式学生以定量评价为主。家长以定性评价为主，自由职业的家长评价分为很好、好、较好、一般，分别加 10 分、8 分、6 分、5 分。有单位的家长年度考核，优秀加 10 分，称职加 8 分，基本称职减 5 分，不称职减 10 分。获奖按照国家、省、县、单位分别加 10 分、8 分、6 分、4 分。论文发表按照国家、省、县分别加 8 分、6 分、3 分。评价的时效，学生以每天为主，家长每半年或者一年进行一次统计评价。学生在家的"自我发展"评价得分的一半记入家长的发展性评价项目中。学生非智力因素发展评价一周进行一次，根据非智力因素的主要内容进行定性评价，分为很好、好、较好、一般，按第 10 项酌情加减分。

  针对农村家庭的隔代教育，家长难以承担评价职责的，可由学生代为评价，但评价结果需经家长同意。对年级较低的学生，家长可以寻求老师的帮助，通过口述让所在年级的老师帮忙评价。一期结束，可以评"未来之星"，给予物质或精神奖励。

学生"家庭自我发展"记录表

学生姓名：　　　　　记录人：　　　　　时间：20　年　月　日

评价时间	心理健康		身体健康			习惯发展及社会适应道德健康					
	心理健康标准	心理健康管理	膳食控制体重	体育锻炼	姿态管理	按时作息	艺术训练	创新实践	非智力因素	社会适应	道德健康

续表

评价时间	心理健康		身体健康			习惯发展及社会适应道德健康					
	心理健康标准	心理健康管理	膳食控制体重	体育锻炼	姿态管理	按时作息	艺术训练	创新实践	非智力因素	社会适应	道德健康

注：给基础分 80 分，记录可以以周为单位每天进行，加分减分可以划"正字"，一周一累计，这样可以节约纸张，此表可以作为家庭成员发展档案，连续记录，不够加页。

家长"家庭自我发展"记录表

家长姓名：　　　　　记录人：　　　　　时间：20　年　月　日

评价时间	种植情况（定性评价）			养殖情况（定性评价）			经营务工情况（定性评价）			工作绩效及获奖情况					
	种植项目	经济收入	其他事项	养殖项目	养殖收入	其他事项	经营（务工）项目	经营（务工）收入	其他事项	年度考核	获奖名称	论文课题	营养膳食管理	孩子得分50%	其他事项

续表

评价时间	种植情况（定性评价）			养殖情况（定性评价）			经营务工情况（定性评价）			工作绩效及获奖情况					
	种植项目	经济收入	其他事项	养殖项目	养殖收入	其他事项	经营（务工）项目	经营（务工）收入	其他事项	年度考核	获奖名称	论文课题	营养膳食管理	孩子得分50%	其他事项

　　注：给基础分80分，学生在家的"自我发展"评价得分的一半记入家长的发展性评价项目中。此表可以作为家庭成员发展档案，连续记录，不够加页。

第四章 推行过程中的方法操作

第一节 开展"家庭四自教育"培训

但凡涉及到家庭教育的开展，必须要家长思想上认可，行动上支持，方法上正确，才能达到预想的教育效果。应加强有关家庭教育法律法规及家庭教育方法的培训。

培训目标：一是通过培训，让家长掌握有关家庭教育法律法规知识，从而理顺家校关系，共担教育之责，同履管理之职。达成家长明确教育责任，积极配合学校作好引导督促事项，依法履行家长的应尽之责，家校共育，履职同位。达成家庭教育和学校教育具有平等的地位，以合力分责为基础，以共同担责为前提，促进孩子在家庭中健康成长，快乐学习。二是通过培训，让家长树立正确的家庭教育理念，理解孩子发展的差异性。树立多元化的人才观，对学生合理设定培养目标，不好高骛远、不拔苗助长，不妄自菲薄、不自暴自弃；在共育方式上，坚持德智体美劳全面发展的观念。三百六十行，行行出状元。呵护孩子的每一个特长发展，不总以分数去评价孩子。三是通过培训，让家长掌握"科学育人、共育互补"的方法。坚持以问题为导向，开展针对性和个性化培训。达成家长运用科学的方法引领孩子的思想、规范孩子的行为、培养孩子的习惯、辅导孩子的学习、维护亲子关系、安排孩子生活。对孩子品德、行为、个性等方面存在的问题不回避，不隐瞒，不推诿，与教师及时反馈，友好沟通，通情达理，共商对策，妥善解决。着力提高家庭教育能力和水平，增强培训的时代性、针对性和实效性。在共育中自觉学习家庭教育知识，掌握科学的家庭教育方法，提高家庭教育的能力。

培训内容：一是"家庭四自教育"的理论源起、设计思路、具体操作、推行过程中的注意事项。二是有关家庭教育及与未成年有关的法律法规。如《中华人民共和国家庭教育促进法》《重庆市家庭教育促进条例》《未成年人保护法》《预防未成年人犯罪法》《中小学教育惩戒规则》等法律法规。重点以《促进法》第十六条与十七条为主要内容开展培训。特别是十七条的教育方式方法培训，要长期坚持。

"第十七条　未成年人的父母或者其他监护人实施家庭教育，应当关注未成年人的生理、心理、智力发展状况，尊重其参与相关家庭事务和发表意见的权利，合理运用以下方式方法：

（一）亲自养育，加强亲子陪伴；

（二）共同参与，发挥父母双方的作用；

（三）相机而教，寓教于日常生活之中；

（四）潜移默化，言传与身教相结合；

（五）严慈相济，关心爱护与严格要求并重；

（六）尊重差异，根据年龄和个性特点进行科学引导；

（七）平等交流，予以尊重、理解和鼓励；

（八）相互促进，父母与子女共同成长；

（九）其他有益于未成年人全面发展、健康成长的方式方法。"

三是有关教育理论专著。如《家庭教育学》《儿童心理学》等专业书籍以及家庭教育专刊。

培训方式：创建家长学校，充分运用老百姓喜闻乐见的方式进行，可以线上线下，最好以活动、案例、家长座谈为主，不能照本宣科，那样会枯燥无味，收效甚微。可以利用专家引领、同伴互助。比如和关工委、家庭教育指导委员会联系请专家到学校进行讲座。更多的还是要靠每一所学校、每一个班级、每一位教师倾情努力。靠家庭之间相互学习互帮互助。

一是举办家长会。以会代训，通过家长会培训家长教育孩子的方法，提高家庭教育水平。根据班级学生的年龄特点以及各阶段的教育任务，可以有计划组织内容、形式各异的家长会。如报告式家长会、交流式家长会、展览式家长会、会诊式家长会等等。通过这些形式的家长会达到有的放矢培训家长的目的。排除教育中消极的因素，为使学生健康成长提供方法指导。

二是设立学校开放日活动。可以安排家长参加升国旗仪式，接受爱国主义教育；进课堂听课，感受现代技术教学模式；参加学生的大课间与课外服务活动，感受学校生活的丰富多彩；进食堂参观操作流程，进行菜品品尝，体验孩子幸福的生活；与教师、学校领导座谈交流，提出意见建议等。设立开放日活动，可以使家长了解孩子的生存状态，体验久违的学校生活，唤醒久违的学校意识；感受学校的办学理念、"四自教育"育人理念；培训家长的规矩意识、纪律意识等。

三是请家长参加大型活动。如科技节、艺术节、运动会等。观看自己孩子的演出，参观孩子的作品展览，参与孩子的运动会为他们呐喊助威等。可以培养家长素质教育意识、科技创新意识、特色发展意识。同时在家庭教育中去有意识地延伸培养学生兴趣，训练孩子素质。当然还可以让家长了解学校素质教育的成果，增强自己孩子在家长心目中的好感度。对学校来说，展示"四自教育"成果可以提高学校的美誉度。

四是举行家庭教育经验交流活动。在实践中，首先以班级为单位进行交流，相信群众的智慧是无穷的。家长可以提出"家庭四自教育"推进过程中自己遇到的问题和困惑，大家可以进行讨论，以他们亲身经历和实际生活中出现的问题，作为鲜活的教材，使家长获得相应的"家庭四自教育"的知识。有些问题在交流的过程中，就得到了很好的解决，如果解决不了的，教师可以做权威解答，教师一时半会儿解答不了的，下去后可以查阅资料，咨询专家后进行解答。

对"家庭四自教育"中的典型经验，可以印发相关的资料，在年级段或在学校组织的家长会上交流。

我班上曾经有一个袁姓家长，高中毕业，当时在农村文化层次较高，教育自己的孩子耐心细致有方法，特别能呵护孩子的好奇心，他的孩子有一个特点，就是打破砂锅问到底，问题不得到解决决不放手。后来这个孩子考上了重点大学，在大城市工作。班上开家长会，我请他给家长们讲他的家庭教育经验，对其他家长产生了很大的影响。

第二节 家校配合的有效途径

在推行"家庭四自教育"过程中，充分利用传统手段加强家校联系，是积极探索家长配合学校，配合老师的有效路径。

一是书面沟通。可以使用告家长书、家校联系卡、家长意见表、问卷调查表、学生素质报告册等。

二是网络交流信息。充分利用 QQ、微信、钉钉、电话及时传递相关信息。

三是现场访问。就是教师到学生家里同家长面对面交流。访问内容：了解学生在家里的表现情况，家长的文化素养及对孩子的教育方法，学生的个性特点、兴趣、爱好以及在家里的生存状态等等，共同探讨针对性的教育的方式方法。如当学生特别是学困生有进步时，在家访中当着学生的面，向家长作恰如其分地报告，及时给学生与家长鼓励以树立信心。如学生生病，或者其家庭发生变故，教师可及时登门探视、慰问，并帮助解决一些力所能及的问题。如学生犯了错误，要与家长找到产生问题的原因，并共同努力及时解决学生心理、情绪等相关问题，取得教育的一致性。

参与家访的人员，不仅限于教师，学校中层以上干部要积极参与，效果会更加突出。只有深入家庭，你才知道其实在广阔的农村，尽管全部脱贫了，最低生活保障问题已经解决了，生活条件越来越好了，但是留守孩子还是需要心灵的关爱。教师在家访中，心灵会受到洗礼，师德会受到培养。我在家访中有这样一个故事。

2005 年 11 月 20 日，星期六，清晨，我带领余朝兵和初三年级的班主任、科任教师，冒着冬日的霜寒，走进浓雾弥漫的农家小院，对留守儿童进行家访。这是我每年都要做的一件事，每次的感觉都不一样，有的事让我终身难忘。

我们一行八人走到离中心校 12 公里的边远高寒的一个村，今天的对象是 20 名留守儿童，我们依次走访，每个留守儿童就是一个沉重的故事。当我们沿着崎岖的山村车道来到一户单独的人家，四间整齐的平房，几间猪圈，但里面没有猪。屋前约几个平方米的坝子扫得非常干净，屋子后面的山很陡很高，屋子周围环境很清幽，几十米内没有其他农户。迎接我们的是初三2班的一个姓吴的女生，还有一个十岁的男生，他们那忧郁的眼神中有丝惊喜，有点激动，有些无所适从。我们详细地了解了她们家里的情况，父母外出打工，家里只有姐弟二人，平时在学校住读，周五放学后回来背粮食，在家住两天。我们对她们在学校的表现给予了高度的肯定，来看看她们，主要是了解在家里的生活情况，希望能自立自强。同时班主任现场给她量身订制了学习计划，望她能好好执行。闲谈一会儿后，告辞到下一家开始家访。

当我们一个小时后从原路返回时，那一幕震颤了在场人的心灵，先前去的路被一条树藤拦住了，在前面土路的正中竖起一个木牌子，上面写着"张校长，我爱你"。墨汁未干，里面流淌的是对看望她们的教师们那种圣洁、纯真的感激之情，那种久旱逢甘雨的欣喜，那种对爱的深深渴求，让我们在场的教师受到了强烈的视角冲击，灵魂受到前所未有的触动。

后来我在全校教职工大会上讲了这个事，同时号召我们每位教师要对留守儿童关心多一点，呵护多一点，让幼小的心灵有爱的滋润。这件事后，我决定不论多么忙，我都要抽双休日或寒暑假时间带领我的教师们到学生家里访问。

记得还有一次，我和刘兴敏老师去家访，一进院落，几十坛咸菜映入眼帘，院子打扫得干干净净，一看就知道有一个能干的女主人。迎接我们的是一个白发苍苍的老奶奶，非常热情。我们说明此行的目的是例行家访，给她初三的孙子上门做学习计划。老人非常感动，炎炎夏日，校长教师一起为了他们孩子的未来，做得如此细致，他们从来就没有见过。学生也非常激动，父母长年在外，学校的领导和老师让他感受到了前所未有的温暖，有了克服困难的勇气，有了努力学习的动力。临走之时，我看到了祖孙俩眼里感激的泪光，心里很久也无法平静。我想这样家访的美好记忆于家长于孩子于老师于校长都是无法磨灭的美好记忆。

通过家访增进了同人民群众的感情，增强了对学生生存状态的理解。从学校的层面做了几件事，一是收回食堂由学校自主经营，不允许有任何营利，那个时候还没有政策性的强制收回，因为大多数学校为了普及几年义务教育，学校负债搞建设，食堂便承包出去盈利还债，虽然我校当时也欠了300多万的债务，但我们还是研究决定提前这样做了，学生生活质量得到极大的改善。二是在初中部建设班班通。全县首批建设班班通的三所农村学校之一，让学生提前享受到现代教育技术带来的效益。三是学生反映四楼五楼水压不足，立即要求总务处，给另外安装一条管道，保障学生用水。四是对困难学生予以减免住宿费。五是虽然计算机不收费了，大多数学校就停止上计算机课，但是我校哪怕每年要花几千元的维修经费，代课教师20多名的情况下，仍安排专人继续上信息技术课。

总之，凡是学生提出的每一个意见，我都会高度重视，尽最大可能给予解决。比如：学校操场没有硬化、绿化，我努力争取资金，迅速解决。后来又有学生提出学校校园面积太大，学生下了晚自习没有路灯，我找政府想办法，把路灯装上，让校园的夜晚不再漆黑。

第三节 "家庭四自教育"的运作机制

学校组织宣传发动：学校要进行宣传发动，组织教师培训

"家庭四自教育"的具体操作体系。

各班班主任组织家长进行宣传发动,对具体操作系统进行二次培训,同时组织学生进行操作系统进行培训。

教师指导评价要到位:各班班主任对"家庭四自教育"在家庭中的运行要对学生一周一过问,和家长一月一联系,一期一督查一总结,一年一表彰。利用家访进行指导督查总结交流。同时对于效果突出的家庭班级可以一期一表彰,并在班上进行经验推广。学校则可以一年一表彰,并在全校进行经验推广。

家长提供实践机会:每一个家庭应给学生践行"四自教育"提供机会。比如,提供孝顺的机会,从小只要孩子给你一颗糖,你一定要接受并且吃下,然后表达对孩子孝顺的肯定,表现你在接受孝顺后的高兴心情。比如给他们提供力所能及做家务及生产劳动实践机会,让他们去市场买菜、回家一起做饭、洗碗。农村孩子一定要让他们参与播种和收获玉米、土豆、红薯、蔬菜等农活。城里的孩子让他们参与家庭职业相关的劳动或者参观建筑工地工人的劳作,城市清洁工的工作场景拍摄,或者让他们打暑假工,当志愿者等。

家长率先垂范地参与"家庭四自教育":家长在家庭应该是"家庭四自教育"的组织者、直接参与者、实践者,做到身正为范。作为成年人,当自己的生活、事业基本定型后,就很难有动力去严格要求自己读书学习,很难规范自己的言行举止。往往对孩子马列主义,对自己自由主义,品德行为难以成为孩子的榜样。通过"家庭四自教育",达成大手拉小手,小手握大手,促进家庭成员的共同进步,从而达到社会的整体进步和民族素质的整体提高。

总之,家庭教育是国家教育法律法规赋予家庭的基本权利,同时也是为社会培养合格公民，为国家培养有用之才的教育义务。家庭主动做好"自觉文明""自我管理""自主学习""自我发展"的"四自教育"，是学生在校践行"四自教育"在家庭的延续，是让学生从小在"四自教育"文化熏陶下成长，意义深远，功在家庭，利在民族。

参考文献

［1］中华人民共和国教育部制定．义务教育语文课程标准(2011 年版)［M］．北京：北京师范大学出版社，2011．

［2］［美］埃德加·戴尔．视听教学法［M］．杜维涛译．上海：中华书局，1949．

［3］［美］杰罗姆·布鲁纳．教育过程［M］．邵瑞珍译．上海：上海人民出版社，1960．

［4］李风华．关于小学语文课前的几点认识［J］．课外语文，2012（08）．

［5］邢燕飞．浅谈小学语文课前预习指导的几点体会［J］．读与写：教育教学刊，2010（04）．

［6］武敬敏，田萍．常青藤教育的 99 个法则［M］．天津：天津科学技术出版社，2011．

［7］张文茂．做幸福教师［M］．北京：学习出版社，2012．

［8］朱永新．新教育实验：为中国教育探路［M］．北京：中国人民大学出版社，2017．

［9］李镇西．教育是心灵的艺术：李镇西教育随笔选［M］．上海：华东师范大学出版社，2015．

［10］李镇西．给教师的 36 条建议［M］．武汉：长江文艺出版社，2018．

［11］尹建莉．最美的教育最简单［M］．北京：作家出版社，2017.

［12］陶行知．陶行知谈教育［M］．沈阳：辽宁人民出版社，2015.

［13］白韬．陶行知的生平及其学说［M］．北京：生活·读书·新知三联书店，2012.

［14］［美］沃尔特·艾萨克森．史蒂夫·乔布斯传［M］．管延圻译．北京：中信出版集团，2011.

［15］朱寅年，曾国华．一生用来做教师：20 名当代教育名家的故事［M］．上海：华东师范大学出版社，2012.

［16］钱梦龙．教师的价值［M］．上海：华东师范大学出版社，2015.

［17］张康桥．在教育家的智慧里呼吸［M］．上海：华东师范大学出版社，2012.

［18］雷玲．教师要学苏霍姆林斯基［M］．上海：华东师范大学出版社，2013.

［19］历志红，王燕．犹太人的家庭教育［M］．郑州：河南大学出版社，2003.

［20］谢云．幸福教师五项修炼：禅里的教育［M］．上海：华东师范大学出版社，2013.

［21］肖群忠．中国道德智慧十五讲［M］．北京：北京大学出版社，2008.

［22］［英］赫伯特·斯宾塞．斯宾塞的快乐教育［M］．霍莹莹译．北京：商务印书馆国际有限公司，2017.

后 记

　　《"四自教育"：培养学生核心素养策略探究》是我的第一部教育专著。是我30多年教学生涯中有关学生的素质培养规律的思考与实践的积累与总结。仿佛大寐千年的爱情，一朝苏醒，急于表白，如黄河之水，浩浩一泻。四年的写书时光，不长不短，多少个静夜思，为了找到理论的支撑，我望眼欲穿，衣带渐宽，在故纸堆里去寻找前人的智慧。然后爬上巨人的肩上，居高临下去看自己研究实践的价值与意义，体验蓦然回首，那人却在灯火阑珊处的心动。

　　我有一句凡人名言：是知识的匮乏，智慧的肤浅导致我们个性的偏执，总认为自己的观念才是正确的。所以多年以来一直丰富自己的学识智慧。"四自教育"的成果是那样的丰硕而真实，我必须去寻找理论依据，证明自己的教育观念与理念的正确性，避免陷入个性的偏执。

　　当书稿大功告成的时候，有一种如释重负的欣喜！我在想，我们作为一线的教育工作者，其实有很多有益的发现，只是我们不敢相信自己，学识的浅薄让我们也不愿相信别人。当我从名家名人那里找到理论依据的时候，感觉就是伯牙遇到钟子期，也好像你走到一个三岔口，无所适从时，来了个引路的智者，和你目标一致。当你和高人对话的时候，那种惺惺相惜那种豁然开朗让你信心百倍、神清气爽。

感谢参与"四自教育"实践的同行者，是你们陪伴我研究实践"四自教育"；是你们的智慧丰富了"四自教育"内涵；是你们让"四自教育"成为一种教育传奇。感谢我的学生，是你们践行"四自教育"，用自信、阳光书写童年、少年绚丽的历史；是你们颠覆了传统教育方式，彰显"四自教育"对生命成长的教育成果与价值；是你们成就了我的教育理想；是你们让教师有了尊严与幸福感。感谢原教委主任陈洪荣同志，是您发现了"四自教育"的价值并要求在全县学习与借鉴，坚定了我研究推广"四自教育"的信心，也是您鼓励我一定要把专著写出来。感谢齐鲁名校长刘静、徐延明、曹瑞敏，中国教育网络行政学院教育管理中心主任李彬，是你们不远千里来我校对"四自教育"进行现场指导。特别感谢中国好校长特别奖、首届齐鲁名校长、首届山东省十大教育科研名校长、正高级教师刘静先生为本书作序，给我以莫大的信心。还要感谢出版社编辑同志为本书的出版付出的辛勤劳动。

需要特别说明的是，本书参考和借鉴了一些教育界同仁的研究思想，由于初次出书，有些内容在引用时可能对出处未能交代清楚，还望作者本着为教育事业奉献的初心，宽谅并与我联系，以便修正。

张行满

2023 年 3 月 2 日